中国银行业协会
CHINA BANKING ASSOCIATION

用真诚服务
感动大众

(第九辑)

—— 2018年银行业文明规范
服务千佳单位故事集

中国银行业协会◎编

中国金融出版社

责任编辑：董　飞
责任校对：李俊英
责任印制：程　颖

图书在版编目(CIP)数据

用真诚服务感动大众. 第九辑 / 中国银行业协会编. — 北京: 中国金融出版社，2019.5
ISBN 978-7-5220-0086-2

Ⅰ.① 用… Ⅱ.① 中… Ⅲ.① 银行 — 商业服务 — 先进经验 — 中国 Ⅳ.①F832.1

中国版本图书馆CIP数据核字 (2019) 第076000号

用真诚服务感动大众

Yong Zhencheng Fuwu Gandong Dazhong

出版
发行　**中国金融出版社**

社址　北京市丰台区益泽路2号
市场开发部　(010) 63266347，63805472，63439533 (传真)
网 上 书 店　http://www.chinafph.com
　　　　　　(010) 63286832，63365686 (传真)
读者服务部　(010) 66070833，62568380
邮编　100071
经销　新华书店
印刷　北京侨友印刷有限公司
装订　平阳装订厂
尺寸　169毫米×239毫米
印张　27
字数　333千
版次　2019年5月第1版
印次　2019年5月第1次印刷
定价　115.00元
ISBN　978-7-5220-0086-2
如出现印装错误本社负责调换　联系电话(010) 63263947

本书编委会

序

自2006年起，中国银行业协会历经十三年耕耘，持续开展文明规范服务"百佳""千佳"单位达标评估工作，真实见证了中国银行业积极进取、努力创新、与时俱进的网点发展历程。在评估过程中，银行业比服务、比技能、比创新，百舸争流，竞相绽放，各网点纷纷设立爱心驿站，改善无障碍设施，升级智能设备，举办服务大赛……在评估工作引领下，中国银行业服务能力不断提高，服务内容不断完善，服务方式不断革新，评价体系不断优化，在引领行业服务标准升级、推进消费者权益保护、引导行业提高客户服务体验方面发挥了重要的作用，打造了银行业不断改进、积极履责、促进社会和谐发展的正面形象。

2018年，在党的十九大"高质量发展，引导金融回归本源"的精神指引下，为进一步推动我国银行业文明服务管理工作，发挥典范的示范性、先进性、引领性作用，中国银行业协会继续组织开展了文明规范服务千佳单位达标评估工作，在千佳网点创评过程中，涌现出了很多感人的故事，有的是扶危救困、有的是智堵诈骗、有的是捐助公益、有的是长情守候……他们似暖流，似春风，似雨露，为大众带来温暖，为弱小带来帮扶，为焦急的心灵带来抚慰……这些故事正是银行业上万名战斗在一线的普通员工日常工作的缩影，是基层员工在平凡岗位上一点一滴服务客户、普惠大众、造福社会的真实写照，他们舍小家为大家，用深沉温暖的爱，用始终如一的坚守与担当，诠释着银行业服务大众的责任意识，普惠金融的高尚情怀，文明友善敬业的高贵品格，汇聚着推动社会主义文明建设不断前进的精神力量！

启事在教诲，成事在榜样。中国银行业协会特收集整理此案例集，讲述千佳达标评估过程中的感动故事，展示银行业服务工作的优良传统。希望广大金融工作者深入学习、广泛传播、立足工作实践，传承榜样的责任意识、奉献精神、担当品格，以新时代、新起点为契机，加快推动经济工作的高质量发展，以优异成绩为中华人民共和国成立70周年献礼！

中国银行业协会专职副会长

2019年3月

金融战线上
每个普普通通的人
都有着一段
感人至深的故事

目录

1　**为身患重疾客户提供暖心服务**
中国工商银行北京永定路支行感动故事

3　**多一点微笑　多一句问候　多一份提醒**
北京农商银行总行营业部感动故事

6　**与时间赛跑的服务**
广发银行北京金融街支行感动故事

8　**感动在身边**
上海浦东发展银行北京通州支行感动故事

11　**急客户之所急**
中国建设银行北京通州物资学院路支行感动故事

13　**一次不平凡的卡解锁业务**
中国民生银行北京分行营业部感动故事

16　**上善若水，大爱无疆——"小水滴"爱心公益之旅**
中国农业银行北京铁道支行感动故事

18　**百岁老人的温情存单**
中国银行北京崇文支行感动故事

20　**原来我是如此的重要**
中信银行北京知春路支行感动故事

22　**硬币的故事**
华夏银行天津北辰支行感动故事

24　**传递爱心　播撒温情**
交通银行天津新安支行感动故事

26   **用心服务赢得客户信赖**
中信银行天津滨海新区支行感动故事

28   **"推一把"我们为您竭尽所能**
招商银行天津分行营业部感动故事

30   **担当责任，回报社会**
保定银行唐县支行感动故事

32   **以爱之名　传递信任**
沧州银行廊坊分行营业部感动故事

34   **同心　同行　更亲　更近**
交通银行唐山北新道支行感动故事

36   **一张纸条**
中国建设银行邢台新兴东大街支行感动故事

38   **有一种服务精神叫老骥伏枥**
中国农业银行秦皇岛港城支行营业室感动故事

40   **"文优"服务得到客户表扬**
中国银行邯郸市邯山支行感动故事

42   **服务无小事　真诚暖人心**
河北正定农村商业银行营业部感动故事

44   **视客户为亲人**
中国光大银行太原南中环街支行感动故事

46   **真情相助　优质服务**
渤海银行太原北大街支行感动故事

48   **深入寻常百姓家**
兴业银行太原桃园支行感动故事

50   **百里孕妇的哭与笑**
中国建设银行太原二营盘支行感动故事

52　弯腰捡起责任
中国民生银行太原小店支行感动故事

54　用真诚服务感动客户
中国邮政储蓄银行山西省晋中市分行营业部感动故事

56　两个"家"的责任
交通银行鄂尔多斯伊金霍洛旗支行感动故事

58　文字悸动心灵　声音传递情感　行动展现未来
内蒙古银行营业部营业厅感动故事

60　镇静沉着　真情服务
招商银行呼和浩特分行营业部感动故事

62　每个光大人的责任
中国光大银行鄂尔多斯分行营业部感动故事

64　心怀大爱做小事
朝阳银行营业部感动故事

66　平凡中绽放绚烂
中国光大银行沈阳于洪新城支行感动故事

68　急客户所急，真情服务赢口碑
广发银行本溪分行营业部感动故事

70　您的心思我能懂　您的权益我守护
吉林银行沈阳青年大街支行感动故事

72　细心服务，挽救生命，温暖人心
锦州银行沈阳分行营业部感动故事

74　盛京送温暖　真情暖人心
盛京银行营口分行营业部感动故事

76　服务让情感升温　点滴间铸就真情
招商银行长春分行营业部感动故事

78 　**团队协作强服务　细微之处显真诚**
中国银行吉林省分行营业部感动故事

80 　**一日为军人　永不忘军魂**
中国建设银行长春大经路支行营业部感动故事

82 　**贴心服务　温暖人心**
兴业银行长春高新支行感动故事

84 　**来自大洋彼岸的亲人**
龙江银行营业部感动故事

86 　**真心服务　用爱感动**
青冈县农村信用合作联社营业部感动故事

88 　**用心服务见于点滴之间**
中国邮政储蓄银行哈尔滨市分行营业部感动故事

90 　**微笑，喜于眉　服务，铭于心**
招商银行哈尔滨分行营业部感动故事

92 　**用心服务　感动你我**
中信银行哈尔滨群力支行营业部感动故事

94 　**用心服务　以诚动人**
交通银行上海漕河泾支行感动故事

96 　**"小蜜蜂服务团队"的爱心故事**
中国建设银行上海浦东分行营业室感动故事

98 　**贴心服务　用心关怀**
交通银行上海罗店支行感动故事

100 　**"您的记忆、我的记忆"**
交通银行上海梅花路支行感动故事

102 　**关爱在心间　温暖在蔓延**
中国工商银行上海市分行第二营业部营业厅感动故事

104　推石头的人
中国银行上海市淮海中路第二支行感动故事

107　不忘初心　服务生花
上海浦东发展银行静安支行营业部感动故事

109　全力"挽救"养老钱
中国民生银行上海分行营业部感动故事

111　遇见爱　找到家
恒丰银行扬州分行营业部感动故事

113　真诚服务　感动你我
江苏银行营业部感动故事

115　大雪无情，交行服务显真情
交通银行泰州新区支行感动故事

117　用心服务　温暖如初
南京银行紫金支行营业部感动故事

119　春暖花开　遇见美好
宁波银行南京城东支行感动故事

121　轻伤不下火线　服务源自真诚
上海浦东发展银行苏州分行营业部感动故事

123　感动招行　因您而变
招商银行无锡分行营业部感动故事

125　开诚守信　热心为民
中国工商银行南京城西支行营业部感动故事

127　真诚服务　从心开始
中国光大银行常州支行营业部感动故事

129　服务无小事　细节暖人心
中国建设银行南京新街口支行营业部感动故事

131 上门服务说做就做
中国银行连云港分行营业部感动故事

133 有了牵挂　再远也不是距离
中国农业银行瑞安市支行营业室感动故事

135 用心工作　用爱服务
华夏银行湖州分行营业部感动故事

138 专业安心贴心　感动常在心中
上海浦东发展银行绍兴分行营业部感动故事

140 "就近跑一次"，一次就一生
中国邮政储蓄银行临海市支行营业部感动故事

143 葵花向阳　因您而变
招商银行绍兴分行营业部感动故事

145 用辛勤的汗水　浇灌出最美的未来
浙江临海农村商业银行营业部感动故事

147 老刘的改变
中国建设银行桐乡支行营业部感动故事

150 服务只要用心　没有什么做不好
中信银行舟山分行营业部感动故事

152 "拼"回来的血汗钱
中国工商银行阜阳颍泉支行营业室感动故事

154 协助病危客户办理　医疗保险续保业务
徽商银行淮南广场路支行感动故事

156 真心照亮雪夜　真诚温暖你我
交通银行芜湖分行经济技术开发区支行感动故事

158 "父女"情深
上海浦东发展银行芜湖分行营业部感动故事

160 真心服务温暖客户
中国建设银行合肥滨湖新区支行营业部感动故事

162 "真心"换"真情"
中国农业银行庐江县支行营业部感动故事

165 真诚服务，心系客户资金安全
华夏银行福州分行营业部感动故事

167 找回钱财曲折多　贴心服务获点赞
平安银行福州分行营业部感动故事

169 信守服务心承诺　热心上门解民忧
中国建设银行莆田分行营业部感动故事

171 事无巨细　用心服务
兴业银行惠安支行感动故事

173 成功解决"盗刷"事件
中国工商银行福州南门支行营业室感动故事

175 走进硖石村拆迁一线
江西银行萍乡分行营业部感动故事

177 用爱托起明天的太阳
交通银行九江分行营业部感动故事

179 真诚服务　赢得信赖
上海浦东发展银行赣州分行营业部感动故事

181 用真心换真情
中国建设银行上饶婺源天佑路支行感动故事

183 为老年人提供专业贴心服务
中国民生银行南昌分行营业部感动故事

185 用心付出　做客户最好的"守关人"
中国农业银行宜春分行营业部感动故事

187　**心系客户　与爱同在**
中海银行淄博分行营业部感动故事

189　**服务与爱同行**
交通银行临沂分行营业部感动故事

192　**急人所难　与人温暖**
齐鲁银行济南泉城支行感动故事

195　**这个冬天我们不再寒冷**
山东临沂兰山农村商业银行营业部感动故事

197　**有一束光直照心底**
中国工商银行荷泽分行营业部感动故事

199　**因为有爱　所以"无碍"**
中国建设银行临沂市中支行营业室感动故事

201　**服务的温度**
中国农业银行济南历城支行感动故事

203　**锦旗赠中行　真情鉴服务**
中国银行邹城支行感动故事

205　**中信梦　我的梦**
中信银行济南市中支行感动故事

207　**服务无小事　真情暖人心**
广发银行郑州分行营业部感动故事

209　**平凡中的坚持**
河南新郑农村商业银行港区支行感动故事

211　**点滴细节见真情　交行服务最像家**
交通银行焦作分行营业部感动故事

213　**至真至诚　因您而变**
招商银行许昌分行营业部感动故事

215 **为低血糖客户提供及时服务**
中国工商银行郑州陇海路支行营业部感动故事

217 **规则有限 服务无限**
中国建设银行洛阳南昌路支行感动故事

219 **上善如水 真诚相伴**
中国农业银行林州市支行营业室感动故事

221 **火灾无情 中行有爱**
中国银行濮阳分行营业部感动故事

223 **难缠的客户 浪漫的存单**
中原银行虞城支行感动故事

225 **感动厅堂——客户永远都是对的**
兴业银行长沙分行营业部感动故事

227 **小窗口 小故事**
华融湘江银行长沙分行营业部感动故事

229 **一张纸巾和一杯热茶的温暖**
华夏银行郴州分行营业部感动故事

231 **心系客户 用心服务**
上海浦东发展银行长沙分行营业部感动故事

234 **寒冷的天 温暖的情**
中国建设银行长沙人民中路支行感动故事

237 **于无声处 感动你我**
中国银行湘潭市板塘支行感动故事

238 **爱心共筑兴社区 阳光关爱在行动**
中国光大银行宜昌分行营业部感动故事

240 **用心服务**
中国农业银行松滋市支行营业室感动故事

242 准妈妈的"工作秘籍"
武汉农村商业银行江汉支行营业室感动故事

245 我是你的眼
交通银行黄石分行营业部感动故事

247 "泉"心"泉"意，"竹"够懂你
中国民生银行咸宁支行感动故事

250 党员志愿服务见成效，百姓真心称赞好
中国农业银行佛山同济支行感动故事

252 用心服务 用爱经营
中国银行佛山南海支行营业部感动故事

254 倾听一颗感恩的心
中国工商银行清远新城支行营业室感动故事

256 以最诚挚的服务为客户排忧解难
广发银行湛江廉江支行感动故事

258 用心去服务 用情去感动
中国建设银行广州海珠支行营业室感动故事

260 换零
交通银行珠海东风支行感动故事

262 行动不便心中急 特事特办暖人心
中国民生银行广州黄埔大道支行感动故事

264 真诚服务 相伴成长
兴业银行佛山分行营业部感动故事

266 做一家有温度的银行
招商银行广州盈隆广场支行感动故事

268 让人"心疼"的申女士
华夏银行柳州支行感动故事

271 暴雨见真情　服务暖人心
交通银行广西壮族自治区分行营业部感动故事

273 真诚服务　回馈温暖
柳州银行营业部感动故事

275 真诚为客户负责
中国工商银行桂林市阳桥支行营业室感动故事

277 特殊的退汇申请
中国光大银行南宁分行营业部感动故事

279 心有多细，工作的舞台就有多宽
中国建设银行海口海府支行感动故事

281 心系客户　营业部急客户之所急
中国银行海南省分行营业部感动故事

283 冬日暖阳
中国建设银行涪陵分行营业部感动故事

285 真挚服务　带动营销
中国民生银行重庆分行两路口支行感动故事

287 配送轨道零钞，为市民出行保驾护航
中国银行重庆渝中支行营业部感动故事

289 孩子，我要为你点赞
重庆农村商业银行开州支行营业部感动故事

292 用爱关怀　用心服务
重庆银行綦江支行感动故事

294 温暖小钦
大连银行成都天府支行感动故事

296 客户资金的守护天使
成都银行成飞支行感动故事

298 用真心赢得客户信任
招商银行成都光华支行感动故事

300 心系农民工　服务解难题
中国工商银行绵阳游仙支行感动故事

303 十六个字
中国建设银行成都岷江支行营业部感动故事

306 普惠金融事业的践行者
中国建设银行乐山城西支行感动故事

308 服务无小事　服务无止境
中国农业银行资阳分行营业部感动故事

310 心系客户，践行中行责任与担当
中国银行新都支行营业部感动故事

312 用温暖铸就不一样的人生
中信银行成都锦绣支行感动故事

314 用我真心　走进您心
贵阳银行直属支行营业部感动故事

316 让爱心在这里传递
交通银行毕节分行营业部感动故事

318 交行服务　心系客户
交通银行贵州省分行营业部感动故事

320 公益行　光大行
中国光大银行贵阳分行营业部感动故事

322 从"心"出发——对服务最好的诠释
富滇银行昆明滇池支行营业部感动故事

324 广爱无言见真情　发扬传统承美德
广发银行昆明分行营业部感动故事

326 用微笑化解怒气　用真诚收获客户
昆明市西山区农村信用合作联社滇池信用社营业室感动故事

328 和浦发一起关爱留守儿童
上海浦东发展银行昆明拓东支行感动故事

331 热心服务台湾籍客户　解决特殊困难
中国工商银行咸阳人民中路支行感动故事

333 服务无小事　爱心送温暖
恒丰银行西安融鑫路支行感动故事

336 塞上寒冬　兴暖人心
兴业银行榆林分行感动故事

338 点滴汇聚　真诚服务
中国光大银行西安经济技术开发区支行感动故事

341 用心服务　用爱感人
中国农业银行西安慈恩东路支行感动故事

343 争分夺秒化危情　通力协作献爱心
中国银行西安高新技术开发区支行营业部感动故事

345 履行社会责任　爱就在身边
甘肃银行兰州市中央广场支行营业室感动故事

347 一朵格桑花
中国建设银行嘉峪关分行营业室感动故事

350 真诚相伴　铸就品质
兰州银行安宁支行感动故事

352 真情服务"零距离"
招商银行兰州分行营业部感动故事

355 用心服务　感动你我
青海银行海湖新区支行营业室感动故事

357　**用心服务　用爱经营**
青海西宁农村商业银行西门支行感动故事

359　**客户办理业务突发疾病　员工热心救助转危为安**
招商银行西宁分行营业部感动故事

361　**用真情温暖客户**
宁夏黄河农村商业银行营业部感动故事

362　**用心服务不问来者**
石嘴山银行吴忠分行营业部感动故事

365　**优质服务　暖心你我**
新疆库尔勒农村商业银行北山路支行感动故事

367　**心服务　心温暖——用真诚赢得感动**
上海浦东发展银行乌鲁木齐北京南路支行感动故事

369　**真诚感动客户　拒收客户礼物**
乌鲁木齐银行和平北路支行感动故事

371　**无悔的青春**
中信银行乌鲁木齐南湖北路支行感动故事

375　**风中助客户寻回现金受赞誉**
大连农村商业银行开发区支行营业部感动故事

377　**爱一朵花，就陪她绽放**
大连银行第二中心支行感动故事

379　**少儿财商教育　托起孩子的未来**
中国工商银行大连甘井子支行营业部感动故事

381　**铸就捍卫客户资金安全的防线**
中信银行大连中山支行感动故事

382　**为外籍客户排忧解难获赞誉**
中国工商银行宁波市分行营业部感动故事

384　人间自有真情在
华夏银行宁波城北支行感动故事

386　让留守的"小候鸟"有个家
浙江泰隆商业银行宁波分行营业部感动故事

389　一封来自七旬老人的感谢信
中国银行厦门集美杏林湾支行感动故事

391　用心服务　感动客户
青岛银行胶州支行感动故事

393　传承爱老文化　践行敬老责任
日照银行青岛开发区支行感动故事

395　你好，我是李，无声
上海浦东发展银行青岛分行营业部感动故事

397　养老金融　点滴用心
上海银行深圳红岭支行感动故事

400　平凡细微之处见真情
深圳农村商业银行松岗支行营业部感动故事

402　携手私钻客户开展情系山区爱心助学活动
招商银行深圳金丰城支行感动故事

404　专业服务　精彩共赢
南洋商业银行深圳分行营业部感动故事

为身患重疾客户提供暖心服务

中国工商银行北京永定路支行感动故事

时光荏苒，岁月如梭，我与您相识已过十年。

记得那时您刚患重疾，卧床不起，一个酷暑天，我们到您家中核对挂失情况。您当时口齿不清，孩子不常在身边、爱人腿脚也不灵活，这让我们揪心不已。我们与您家只有一街之隔，从此每隔一段时间，我们都会到您家中探望，渐渐咱们成为了朋友。大伙儿不时去看看您家有没有体力活，有什么需要搭把手的地方，那时的我正值壮年。

我欣慰幸运之神眷顾您，您的身体渐渐转好，已经能够依靠着手推车独立来网点办理业务了。虽然口齿依然含混不清，但我却能准确地明白您要表达的意思，这也许源于我们多年来的默契。

有一次您办理完业务，我像往常一样把您送到门口，目送您离开。这时，我发现一个年轻人始终在您左右，眼神不离您取钱的布袋，我感觉情况不对，一个箭步跟了上去，大声对您说："阿姨，咱们是邻居，我送您回家吧！"随后，年轻人在我的注视下默默离开了。这次的经历提醒了我，工行有责任保护您的财产安全，您也需要我们的保护。从此之后，每次您办理支取现金的业务，我和同事都会护送您过马路，把您送到家门口。您不会知道当天发生了什么。

永定路支行的员工随着轮岗换岗，新面孔换了一次又一次，曾经您熟识的员工，都到了其他的网点和岗位。您也曾担忧地拉着我的手说："朱经理啊，你能不能不要走！"我很幸运，在这儿一干就是十几年。"阿姨，只要我在支行一天，就一定为您保驾护航，当您的贴身保镖。"不仅仅是我，我和我的小伙伴都会为您竭尽全力、服务如一、伴您如意。

　　永定路支行是一个拥有五十位兄弟姐妹的大家庭，我们会像接力赛一样，一棒一棒地把照顾您的重任接力下去。今年，我已经五十岁了，时间很公平，从来不会放过任何人，我的头发虽然被岁月染白，但我却从未消减对生命的热爱，我愿用我的余热，给予每一位需要帮助的朋友。

　　快乐源于分享，我是永定路支行的一员，我愿做一名新时代里懂得分享的工行人！

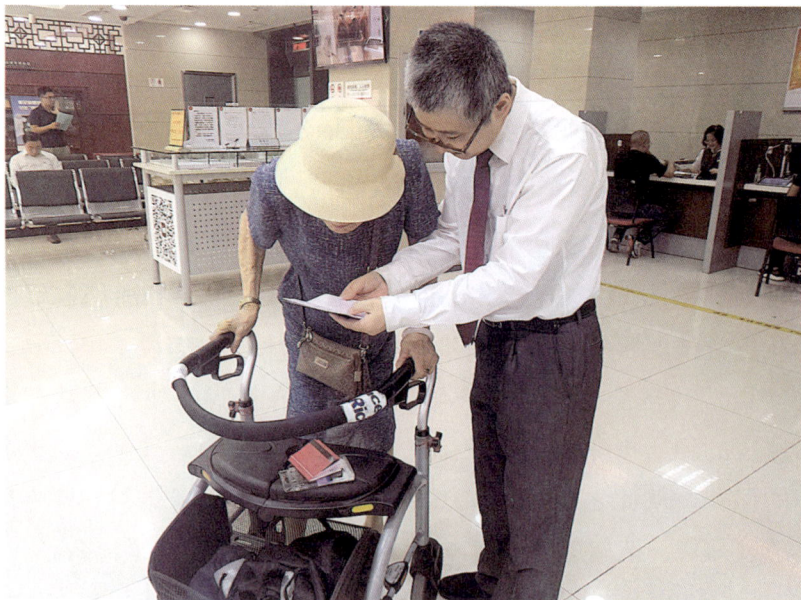

多一点微笑　多一句问候　多一份提醒

北京农商银行总行营业部感动故事

2018年7月的一个上午，烈日当空。这个夏天的北京，罕见的高温已经持续多日。在北京农商银行总行营业部大厅内，每名员工都在各自的岗位上有序地忙碌着，厅堂的服务人员热情地接待着每一名走进来的客户。大厅内环境舒适、温度适宜，客户们都耐心地在舒适的沙发上等候办理业务。

这时，当班的大堂经理章健突然看见门外有一位阿姨推着一位坐在轮椅上的叔叔想要进入网点，于是连忙上前帮助阿姨推开大门引导至大厅。"请问您办理什么业务？"章健弯腰询问道。"我有一张要领抚恤金的卡，居委会说让我来这边的农商行取。"大叔边擦着额头上的汗珠边从包里掏出身份证。章健赶紧为老人递上纸巾，并接过身份证说："请您稍等一下，您说的可能是民政一卡通，我帮您查询一下您的卡片情况，您先休息一下。"经过查询，章健发现在银行的网点库存中，并没有老人的民政卡，于是向叔叔询问道："不好意思，我没有查询到您的卡片信息，请问居委会跟您说的是到我们总行营业部领取吗？"大叔一听说卡片没有找到，顿时就着急了，不耐烦地说道："我不知道你们这个部那个部的，反正就是农商银行。""您别着急，我给您想办法解决，看看是什么情况。"章健回答道。随后，他联系会计主管查询到了叔叔的卡片信息，原来老人的民政卡应该是在临近的另外一个农商行网点领取。他继续联系卡片领取网点，让网点工作人员帮忙查询大叔的卡是否已经到达网点。经过好几通电话联系，终于确认了卡片可以在临近网点随时领取。于是他告知了大叔这些情况，大叔看见章健一直忙前忙后帮他联系，情绪有所缓和，但还是露出了为难的情绪。旁边的阿姨说道："这大热天的，好不容易来了这儿又要去别的地方取，主要是他前一阵刚把脚扭伤了，出门不方便，听说还非得本人是吗？""如果本人去不了，可以在居委会开一个证明就行了，您是哪个街道的我可以帮您联系。"章健回答道。随后，他又通过114查询老人所在居委会的联系方式，通过跟居委会的工作人员反映老人的特殊情况，居委会表示他们那边有老人的相关信息，可以将证明送到老人家中。为了方便老人之后取卡，章健特意准备了一张清单，上面有领卡网点的地址、电话、办理业务时间、居委会的联系方式、本网点的联系方式。当清单交到叔叔手中后，叔叔和阿姨终于露出了满意的笑容，说："小伙子，你真有耐心，谢谢你啊！"

旁边等待办理业务的老人目睹了这一幕，也说道："他们这儿就是服务好，我来过几次，对老人也耐心，给你点个赞啊小伙子！"章健不好意思地笑了："您太客气了，这都是应该的。"厅堂里一片欢声笑语。

一周后，那位叔叔和阿姨又来到了我们网点。原来他们为了表示对网点员工服务的感

谢，送来了一份礼物，是叔叔亲自画的一幅国画，接过这份礼物的章健无比激动。这样的故事其实经常在营业大厅上演。

随着互联网金融的发展以及社会老龄化程度的加深，走进银行的老年客户群体比重日益增大。同时，我行近年来全面承接了北京市一些民政、养老类等项目，来到网点的客户中70％为60岁以上的客户，于是就确立了我们网点重点对接老年客户的服务特色。服务好这样的客户群体，早已成为我们的服务工作重点。为此，我们在网点内为老年客户配备了血压仪、按摩椅、养生热饮、老花镜、拐杖夹等设备，让他们来银行办理业务时也能找到宾至如归的感觉。更加重要的是在和老人相处的过程中，除了需要用我们的专业知识给他们带去金融便利，更需要我们的耐心、细心为他们带去安心。总行营业部每一名员工每天都坚持做到多一点微笑、多一句问候、多一份提醒，为走进门的老年客户送去亲人般的温暖。老人对我们回馈的每一个笑脸、每一句感谢、每一份心意，也更加提升了我们"服务民生"的使命感和责任感。

与时间赛跑的服务

广发银行北京金融街支行感动故事

北京金融街是全国第一大规模的金融产业功能区，聚集了中国人民银行、中国银保监会、中国证监会等中国最高金融决策和监管机构，以及诸多大型金融机构总部。金融街支行作为广发银行树立在金融大街上的一张亮丽的名片，全体员工都把展现广发人的风采作为自己崇高的使命。

2016年7月，中国人寿成为广发银行最大股东的消息成为金融界的头条新闻，作为中国最大的金融保险集团和全国性股份制商业银行，如何开展银保协同合作成为了双方面临的巨大考验。金融街支行所处地理位置独特，中国人寿集团及所属各大子公司总部全部坐落在周边，因此便成为了打响银保协同攻坚战的"突击连"。如此艰巨的任务落在了金融街支行肩上，每一位员工都倍感压力，同时也都充满了使命感和责任感。

银保协同的第一步，就是为中国人寿员工办理广发银行工资卡。国寿集团及各子公司总部员工人数众多，开卡工作任务十分艰巨。金融街支行迎难而上，迅速成立了发卡工作小组。开卡过程中恰逢人民银行关于个人一类账户的261号文件出台，这给我们的制卡工作又增添了不小的难度，支行必须逐个梳理每一位国寿员工的个人信息。在制卡的过程中，还突遇卡版变更情况，金融街支行员工连夜赶往上海取回新一版工资卡，立即进行测试、制卡、封装，确保第二天发卡任务的顺利进行。最令人感动的是，支行客户经理李超为了能够在最短的时间内完成信息梳理工作，牺牲了许多陪伴怀孕妻子的时间，连续多天加班加点，终于按时完成了制卡工作，赢得了客户和同事的尊敬。正是在支行的全员参与下，发卡工作才得以有条不紊地进行下去。

在银保协同工作中，公司账户开立是业务开展的基础，金融街支行在短时间内出色地完成了各级账户的开立工作。其中寿险公司业务覆盖全国，要求全国分公司实现广发账户全覆盖，金融街支行员工不辞辛劳，兵分多路，在祖国大江南北都留下了他们的足迹。最为辛苦的是赵悦、董其为两位同事，乘火车辗转于银川、西宁和兰州三地，基本在火车上过夜。还有张麟、陈思伦两位同事，在两天的时间里飞行四次，途经拉萨、成都和贵阳，累计飞行里程超过5000公里，圆满地完成了开户工作，赢得了寿险公司的高度赞扬。

以上这些，只是金融街支行员工在日常工作中的点滴瞬间，但足以展现出他们的风采，像这样的感动事迹还有很多很多。正是因为有了这样一群敬业又可爱的员工，金融街支行的发展才能越来越好。

感动在身边
上海浦东发展银行北京通州支行感动故事

人活着到底应该追求什么？追求经济上的富有，生活上的安逸，地位的尊贵，名利的显赫吗？追求饱食终日，清静无为的个人雅趣？还是追求生命不息，奋斗不止的工作境界？人们自然会作出种种不同的选择，然而对于奋斗在金融战线上的我们而言，客户的满意才是我们追求的最终目标！

2016年冬季的第二场雪，漫天飞舞，为我行披上了一层冬装，每一位前来办理业务的客户裹在笨重的羽绒服里，小心翼翼地踱着小碎步。傍晚5点的冬季，黑夜已经开始降临。然而在通州支行的大堂中，灯火通明。虽然已经到了网点关门的时间，仍然有两位年迈的客户，徘徊在大堂里，他们身边是我行有着30多年银行工作经验的顾红梅经理。

原来，两位老人接到了不明电话，被告知他们子女在外地出了车祸，急需转账30万元到指定账户。两位老人心急如焚，一时间与在异地的子女也联系不上，所以前来我行赎回之前购买的理财产品，准备转给电话所示的账号。了解到这一情况，顾红梅经理依靠多年银行工作经验，结合近期我行正在开展的防范电信诈骗系列宣传，她当即警觉地发现了漏洞。顾红梅经理马上对二位焦急的老人进行了转账风险提示，并不断督促二老继续联系自己身处异地的子女进行情况核实。但是由于二位老人护子心切，不听顾经理的苦苦相劝，执意不进行核实就给对方汇款。考虑到客户的资金安全风险，以及我行"新思维、心服务"的服务宗旨，从心出发，果断判定如果客户不进行核查就转账必定后悔莫及。但是，苦口婆心的劝阻，沟通方式的转换，顾经理的晓之以情、动之以理仍然不能改变二位老人当即转账的想法。

在意识到5点是我行理财系统清算关闭的时间后，两位老人发疯似地对顾红梅经理进行拉扯推搡。顾经理也意识到了，只要自己扛过5点整这一关键时间，即使自己同意二老的转账需求也无能为力！由于雪天带入了大量积水，大理石地面比往日更加光滑，顾经理不慎被老人推倒在地。她坐在地面上右手捂着脚踝，眼睛盯着左手腕的手表："时间已经过了5点，请您二位回家后先和孩子们联系，明天再来转账吧！"

"在你们浦发办了这么多年业务，没见过你这样的，我要投诉你！"

"没关系，只要您确认了情况属实即使投诉我也值得了！"

二老愤愤离开，顾经理的右脚脚踝已经肿胀得像个馒头。经医院诊断，顾经理的右脚脚踝骨折，需要静养4个月。刚刚打上石膏的顾经理仍然不忘叮嘱身边的同事："明天一定要让他们核实情况才能转账，客户的钱我们得帮忙上心啊！"

第二天一早，网点的大门刚刚打开，两位老人第一时间冲进了通州支行的大门。"顾经理！顾经理！"他们高喊着。原来昨天刚刚到家，他们就接到了孩子们打回来报平安的电话，他们当即意识到自己中了电信诈骗的圈套！多亏了顾经理，他们辛苦了大半辈子攒下的30万元才保得平安。在得知顾经理因昨天的推搡骨折住院后，二老深感愧疚。他们特意制作了一面锦旗前来赠送，顾经理坐在轮椅上，微笑着说："您的资金安全比什么都重要！"由于顾红梅经理的行为深深打动了客户的心，让客户体会到家人的温暖，客户当即将他行的资金全部转入我行，成为了我行的钻石客户。

在平凡的岗位上，顾红梅经理把微笑挂在脸上，把真诚放在心上，把热情融入行动，把责任视为工作的追求。我们应该以顾红梅经理为榜样，急客户之所急，想客户之所想，在关键时刻为客户严把风险关，让客户放心、安心、舒心，这也将成为我们追求的目标，我们一定会为之不懈努力！

急客户之所急

中国建设银行北京通州物资学院路支行感动故事

3月10日，是2016年第一期国债发行的日子，一大早，我们网点就迎来了不少买国债的大爷大妈们，在我们的争分夺秒下，每一位早晨排队的客户都如愿买上了自己想要的期数和金额，看到大家笑着离开网点，我们觉得特别欣慰。

临近中午时，一位早晨买国债的阿姨神色焦急地赶来，询问她办完业务后有没有把身份证落在这里，我在自己的工位周围查看了一下，并没有发现阿姨的身份证。行长吴艳霜了解情况后立刻安抚阿姨的情绪，陪阿姨一起翻看了她的包，之后进屋查看阿姨办理业务时的录像，发现其办完业务后，确实带走了身份证。霜姐向客户说明情况后，建议阿姨回家再找找看，是不是夹在单子里，或是回去的过程中有没有去过哪里，向我们道过谢之后，她便急匆匆地回家了。

第二天下午，阿姨的老伴儿又来到了我们这里，说家里和路上都翻遍和找过了，确实没找到身份证，因为他们的户口不在北京，年纪又大了，要回老家补办实在麻烦，希望我们再帮他们好好找找，有没有可能是打扫卫生时被一起倒入了垃圾桶里。霜姐了解后意识到身份证对于阿姨来说确实特别重要，虽然认为他们猜测的情况的可能性不大，但还是放下手头工作，陪着他们到垃圾站翻找前一天的垃圾袋。这其中，有一个细节，当叔叔想要动手翻找垃圾时，霜姐立即制止，亲自弯下腰，用手在垃圾袋里翻找。就这样，每一个垃圾袋都翻过之后，依旧没有发现身份证的踪迹，而这时，客户已经被彻底感动了，对霜姐说："谢谢你啊，找不到就算了，给你们添麻烦了。"但是霜

姐还是让阿姨留下联系方式，承诺下班后再好好看看录像，找到线索后会联系阿姨。仔细查看当天的录像，霜姐发现阿姨办完业务后在大堂填单台上整理单子时，身份证不小心从业务回单中滑落到地上，自己没有发觉，收拾好后便离开了网点，更巧的是，身份证被一位弯腰捡单子的大爷不小心捡走了。接下来霜姐赶紧寻找那位大爷的联系方式，通过多方联系，直到晚上9点多，才与大爷通上话，确定了身份证的位置。第二天，员工周奎亲自开车到大爷所在的工地取回了身份证。当霜姐把身份证物归原主的那一刻，叔叔阿姨的感激之情无以言表，夸赞建行的服务真好，把钱放在我们这里很放心。3月17日，客户为我们网点送来了一面锦旗，上面写道："工作严谨，满腔热忱，排忧解难，尽心竭力。"接过锦旗的那一刻，我们感受到了更多的责任。

我们每天都在讲服务，其实在工作中，服务不仅仅限于我们的标准化流程，而更应真心地对待每一位客户。类似的事情在我们网点比比皆是，真心地为客户解决难题，发自内心地为客户服务，让每一位客户都能笑着离开网点，让我们赢得了客户的心。

一次不平凡的卡解锁业务

中国民生银行北京分行营业部感动故事

"银行卡解锁应该由卡主携本人身份证到柜台办理。"类似如此的理论知识和规章制度如一条条公式定理般镌刻在笔记本上，铭记在脑海中，像名言警句一样时刻提醒着自己作为一名银行运营人员应该遵守的规则和流程。然而，这一次怎么就变了呢？

"事情是这样的……"营业厅经理胡慧敏娓娓道来。客户杨先生使用其母亲的民生借记卡在中国邮政储蓄银行的ATM上取现金时连续3次输错了交易密码导致银行卡被锁无法使用，之后到我行柜台来办理卡解锁业务。虽然银行卡解锁必须是卡主本人携身份证到柜台办理，但是考虑到杨先生的母亲也就是卡主本人曹老太太是一位半身瘫痪、常年在家卧病不起的花甲老人，完完全全按照规章制度办理非常不近人情，因此，在取得应有的证明（如医院证明等）后，在能够有效把控风险的情况下，慧敏姐决定为他提供一次不一样的业务服务。那就是先由我行两名同事带着未签字的业务受理单去曹女士家中取得其本人的亲笔签字授权，再陪同她的家属来我行柜台替她办理卡解锁业务。

听完整个业务办理的来龙去脉，我不禁暗暗钦佩慧敏姐的睿智和条理清晰的思辨逻辑，她能够运用精准的业务知识和把控风险的能力，在不违背总行规章要求的情况下，智慧地解决这样棘手的问题，给客户一次五星级的服务，为民生银行的口碑锦上添花。"能完成任务吗？"慧敏姐笑道。"没问题！一定圆满完成任务。"

下午3点过后，我和同事乘地铁来到杨先生和曹女士在公益西桥

旁的家中，获得了曹女士本人在卡解锁业务受理单上的亲笔签字，在此期间我解答了杨先生几个关于密码锁定的问题，并且在临走前，我还不忘提醒他以后可以通过网上银行和手机银行修改和设置一个容易记住的密码。整个过程中，曹女士和杨先生一边不停地致歉，一边不停地称赞说："民生银行真是太好了，为我这个普通客户专门跑了两次。"我心里美滋滋的，为自己的行为，也为民生银行获得客户的赞许而骄傲。临近下班时，我与杨先生赶回行里，领号排队后在柜台替曹女士办理了卡解锁业务。任务顺利完成！看着绯红的夕阳，我暗暗回味着今天这次特别的经历。

客户无小事，民生送真情。这次业务，在不违背规章制度下另辟蹊径送服务上门，闪烁着人性的关怀，令客户满意，被客户赞许。仔细想来，我行的行名不就透露着这样的办行理念吗？《辞海》中对于"民生"的解释是"人民的生计"，是一个带有人本思想和人文关怀的词语，话语语境中显然渗透着一种大众情怀。我想，民生银行的发起人和创办者对我行的期许和希冀也正在于此。我相信，这样一笔特殊的业务，绝不是一个特例，类似的从客户利益的角度出发，巧办业务、灵活处理，在民生银行大家庭里一定比比皆是，不然我行如何会被客户认可被大众交口称赞呢？"情系大众，服务民生"的办行理念一定深入每一个人的心中，为我行的每一次进步和腾飞贡献不可磨灭的正能量和源动力。

民生银行北京分行营业部，处处起着先锋模范带头作用，以优质的客户体验和服务成为民生银行北京管理部中的标杆，我为身处这样的支行感到骄傲和自豪。在分行营业部的短短两个半月，收获良师、挚友，丰富知识储备并提高业务技能，感受到分行营业部从上到下对我们这批新员工的重视和爱护、关怀和期许，身处这里，处处都能体会到工作的专业和生活的温暖。民生银行北京分行营业部，注定是我成长和追逐梦想的地方，我将在这里挥洒自己的青春热血，昂首扬帆，梦想远航！

上善若水，大爱无疆
——"小水滴"爱心公益之旅

中国农业银行北京铁道支行感动故事

善举凝聚美德，爱心传递力量。"责任为先，兼善天下；勇于担当，造福社会"是农业银行的社会责任理念，农行北京铁道支行在提供优质标准化金融服务的基础上，积极承担社会责任，开展社会公益服务，努力推动爱心公益事业的发展。

"小水滴新生基金"是中国华侨公益基金会在2016年注册的专项基金，旨在为患病孤儿及困难家庭患儿提供医疗救助、术前术后护理、家庭多方位支持及愈后回访等服务。从2017年开始，农行北京铁道支行与"小水滴新生基金"建立了长期合作机制，定期到"小水滴之家"看望孩子们，为患病儿童提供爱心公益服务，将名为"爱心"的接力棒在农行铁道人手中传递下去！

继2017年6月17日"小水滴"爱心公益之旅开始之后，2018年6月2日，正值周末大家欢庆"六一"国际儿童节之际，早上7点，刚刚结束一周紧张工作的农行北京铁道支行员工爱心志愿队顾不上休息，统一穿戴"中国农业银行青年志愿者"服装，带着精心挑选的床垫、奶粉、婴儿用品、衣服和水果等物品来到了北京市昌平区益明医院的"小水滴之家"，看望成长中的小天使们，医护人员向志愿者们介绍了患病孤儿和困难家庭患儿的平日生活和健康状况。大家看到了很多熟悉的面孔，他们在医生护士的悉心照顾下，有的由残疾到可以正常缓慢走路，有的由自闭开始慢慢开朗起来，有的从不会说话到可以用手语进行简单的交流，铁道支行的青年志愿者们帮助患病儿童换衣服、冲奶粉，陪小朋友们做游戏、做身体检查，鼓励孩子们认真做复健，给孩子们带去了满满的祝福与关爱。

农行铁道支行网点主任宋柏灵在公益服务活动现场说："我们不仅希望以捐款捐物的方式支持儿童公益事业，帮助孩子们拥有同样美好的童年，更愿意长期关注这一群体，结合自身的平台资源，让儿童慈善公益的理念通过农行传递到更多人群，力求联合更多力量加入这一公益行动中、让更多孩子过上健康快乐的童年。"温馨的时刻总是短暂的，临别时分，有小朋友依依不舍地拉着员工的衣角，看到这一幕大家不禁红了双眼，纷纷答应一定常来陪伴看望他们。

"勿以恶小而为之，勿以善小而不为"，农行铁道支行多年来坚持组织参与社会公益服务活动，已经形成传统，除了定期举行的"小水滴之家"公益服务活动，铁道支行还积极组织高考助力活动为高考考生及家长送去温暖、定期参加永红社区志愿服务为老党员送去关怀、为"金穗圆梦"深度贫困地区大学生助学活动进行捐赠、为贫困地区的孩子捐赠书籍和冬衣等。可以说，公益服务成为铁道支行全体员工的自觉行动，我们希望通过自己的绵薄之力，给他人带去温暖和关爱，积极影响身边的人，向社会传递更多正能量，用实际行动诠释好"大行德广"的企业文化。铁道支行将持续关注社会公益服务事业，帮助更多需要帮助的人，为公益服务事业贡献一份力量，为他人带来一些感动，为社会带来一些温暖。

百岁老人的温情存单

中国银行北京崇文支行感动故事

随着生活节奏的不断加快，银行提供着日益多元化的服务，以解决人们生活中许多琐碎的问题，人们光顾银行的次数也日渐增多。工作在第一线的银行柜员的一举一动代表着该行业的职业规范，会给客户留下最直接的印象。作为银行柜员该如何体现银行的优质服务呢？

望坛棚改项目是首都功能核心区规模最大的政府重点棚改项目，由北京城建集团担任改造实施主体。2017年第一季度，支行又成功争揽望坛项目拆迁款发放业务。望坛棚改项目的成功争揽实现了助力首都经济建设与拉动支行业务拓展的互利双赢。

然而，项目争取来了，摆在支行面前最大的问题就是如何第一时间为客户发放拆迁款。因为这个项目位于老旧城区，客户年龄偏大。有一些老人因拆迁独自在外租房居住，生活不便，急需拆迁款来支付租金和生活费，对拆迁款发放的时效性要求比较高。同时，很多老人居住地址较远，行动不便，也给他们亲自来往网点办理业务带来了阻碍。

营业部了解到相关情况后，主动联系客户，筛选出一批确实存在困难、需要上门服务的老年客户。请示相关领导后，支行制定了安全、高效、合规的上门服务方案，与客户确认同意无误后，支行选派营业部业务骨干，双人携带业务材料上门服务。

我来到101岁高龄的老奶奶家中，老奶奶已经无法独立行走。在家人和工作人员的帮助下，完成相关文件的确认和签署后，她颤巍巍

地握住了我们的手，感激之情溢于言表。一张薄薄的存单，既是老人未来生活的希望和保障，也是中国银行担当社会责任的有温度、有质感、有情义的承诺。

对于银行服务工作，我总结了几点：服务重在用心；服务重在真诚；服务重在细节；服务促进营销共赢。让服务的阳光洒满中行，让更多客户走进阳光里，中行的牌子将愈加明亮！

原来我是如此的重要

中信银行北京知春路支行感动故事

银行大堂经理的角色是很平凡的，每日重复着同样的迎来送往工作。2017年5月的一天，中信银行北京知春路支行的大堂经理张利宁又像平常一样，早早来到了工作岗位，开始了繁忙而有序的一天。

上午11点左右，张利宁引导客户在等候区坐下，在贴心地为客户递过去了一杯热饮后，忽然，门口跑进来一个中年男子，神色十分焦急，气喘吁吁地向厅堂内张望。张利宁见后立刻迎了上去，面带微笑地说："先生您好，请问您办理什么业务？"男子急切地答道："我找人，你们银行有没有一个叫张利宁的？"这个回答着实让张利宁吓了一跳，但凭借着多年来从事大堂经理工作的经验，张利宁马上就平静下来，稍稍加快了一点语速："先生，我就是张利宁，请问您找我有什么事？"那名男子听到回答后，显得特别激动，大声说："太好了，我可找到你了！"似乎是发现自己的声音有点大，引起了厅堂等候的其他客户注意，男子连忙补充道："姑娘您别误会，我是来求您帮忙的。"接着，男子用略带急促的语气，说出了事情的原委。

原来，该名男子从事物流工作，今天上午骑着电动摩托送货时，由于一时疏忽，在附近的路口将一个过马路的老太太撞倒了，男子赶紧下车去搀扶老人，发现老人的脚崴得很厉害，根本站不起来，男子立即询问老人是否有家人及家人的联系方式，准备一边送老人去医院，一边通知老人的家人过来，谁知老人挣扎着仰起上身，抬起了右手，指向了马路的斜对过，轻声说："快去对面的中信银行找张利宁，她过来处理就好了。"

于是，就出现了本文开头的一幕，张利宁在听了男子的简单描述后，立即断定受伤的老人是经常来行里办业务的何阿姨，她很清楚何阿姨独自居住，其子女都在郊区工作，只有周末才回来，所以何阿姨才会找她过去的。在请示了值班经理后，张利宁带着2名同事赶到了现场，将老人送到了附近的医院，使老人得到了及时的救治。

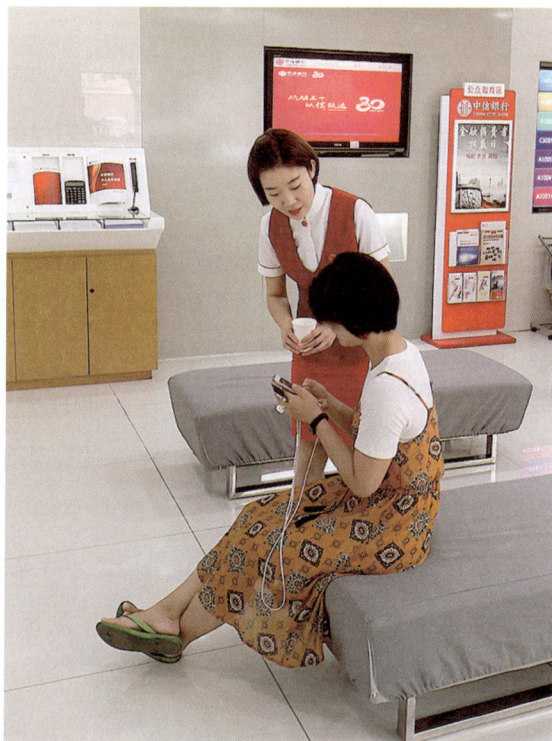

事后老人的子女得知此事，特意来到支行表示感谢，张利宁在婉拒了客户的礼物后，动情地说道："其实，我也同样要谢谢何阿姨，在这种时候，老人家第一个想到的人是我，这就是对我的最大信任啊！说真的，我真没想到，原来在客户的心中，我是如此的重要啊！"

这个小故事仅是中信银行北京知春路支行营业部服务客户的一个缩影，支行全员都坚信：只要用耐心、诚心、真心对待客户，你、我、他，原来都可以变得如此重要。

硬币的故事

华夏银行天津北辰支行感动故事

华夏银行天津北辰支行的全体员工，用行动诠释"客户是效益，服务是生命"的精神内涵，让华夏银行一切行动"以客户为中心"的形象更加熠熠生辉。高明，她在营业网点工作的4年来，历经风风雨雨，客户进进出出，唯一不变的是对身陷困境的人的无私扶助。"为需要帮助的人服务，用辛勤劳动换取幸福"是她执着的信念。

2017年11月，一位大爷手提一个大包来我支行办理业务，他看了看长长的队伍，又慢慢地走近柜台看着忙碌的柜员，一副欲言又止的样子。他在柜台外面闪转了几圈后，深深叹了一口气，就往门外走去。其实，自从他走进支行的大门，他的举止和神情就被大堂经理看在了眼里。见此情景，大堂经理赶紧喊住了大爷，亲切地问他有没有什么需要帮助。原来，大爷经营着一家小超市，多年下来攒下了很多的硬币，1角的硬币有1000元左右，想兑换成整钱，去了几家银行均被婉拒，今天他抱着试试看的心态来到我支行，没想到大厅里人这么多，每个柜员都是忙忙碌碌的，看来这趟又是白跑了。大堂经理听完大爷的述说后，赶紧对他说："没事！大爷，您一会儿把零钱送过来，我们帮您兑换。"大爷听闻此言立刻回家把钱拿来了。柜员高明赶紧放下手头的工作，并叫来营业室经理，一个人清点，一个人整理，连分管副行长也加入到了点钱的行列中。不一会儿，那些硬币就被全部清点完毕，总共是8524元。当换好的百元大钞递到大爷手中的时候，大爷感动得话都说不出来，非要把这8524元存到支行，还一个劲儿地说："钱虽然不多，但这是我的一片心意。我回家后要把存在其他行的钱也都转来这儿存。还有我孩子的钱，你们华夏的服务态度真是一流。"这时，在大厅排队等候办理业务的客户也纷纷称赞起来："这里的服务真是做到家了！"

服务工作要有高度的责任感。兑换零钱从眼前利益来看，确实费力而无利，可这毕竟是客户或者是潜在客户的需要。"聚沙成塔，集腋成裘"，公众对我行的忠诚和支持也是从一点一滴的好感积累的。所以，从长远来看，不要看"换零钱"事小，更不要嫌麻烦，这虽然是眼前的付出，但也是一种长期的情感投资，是吸纳潜在客户和培养客户忠诚度的一种有效策略。对银行来说，只要客户有需要，每个员工都要全力以赴。支行员工自觉践行了员工最基本的职业素质和责任意识。

传递爱心　播撒温情

交通银行天津新安支行感动故事

感动，见证着我们经历的过往。掬一捧光阴，握一份懂得。懂得客户，懂得朋友，懂得亲人。新安支行坚持"新安管理财富，安心享受生活"的理念，把客户当作亲人，不仅将服务传递在支行的大厅中，更是将爱心延伸到社会的每一个角落。

6月的一个早上，新安支行得知经常办理业务的郭先生要出国一段时间，无暇照顾生活在老年公寓的老父亲。父母是孩子一生的牵挂，父母安好，外出拼搏的孩子才能放心。新安支行主动提出在郭先生出国期间看望郭爷爷，以便郭先生安心工作。

经过联系，新安支行取得了南开区老年公寓的许可，看望在院老人，并得知近日有在院八十多岁的两位老人喜结连理。新安支行真心为老人们感到高兴，希望老人们都有一个幸福的晚年。

新安支行以支部书记为代表的部分党员和团员为老人们带去了真挚的祝福、慰问金以及防暑降温物品，为老人们唱歌、读报纸、捶背、梳头发……有的老人激动地流下了感动的泪水。

郭爷爷今年快七十岁了，身体还算健康，妻子由于身体原因早早地离开了他，儿子又时常出国在外，无法时时照料老人。新安支行的员工们为郭爷爷收拾了屋子，沏了热茶，陪郭大爷聊起了生活起居。郭爷爷说："平时最大的感觉就是寂寞，看到朝气蓬勃的你们真是高兴，和你们聊天感觉自己也年轻多了！"

时爷爷今年八十岁了，在老年公寓生活了三个年头，他和八十三

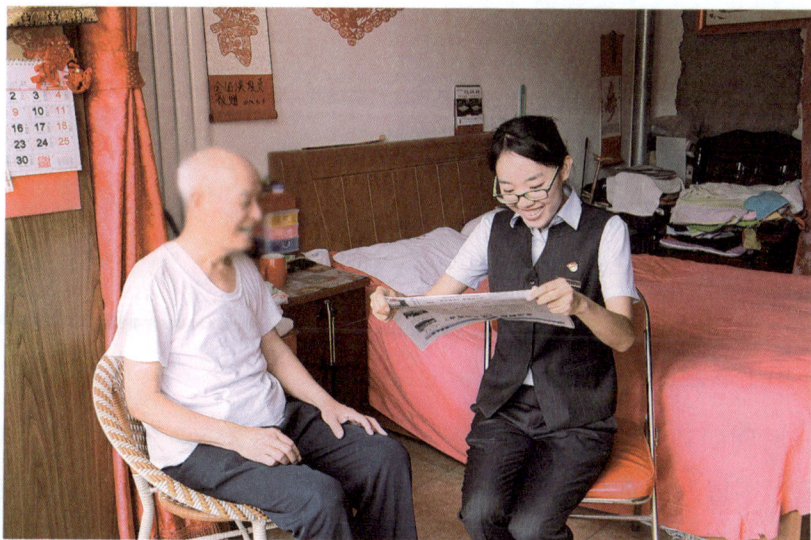

岁的李奶奶喜结连理，新安支行的代表们为两位新人送去吉祥的十字绣，希望老人们像十字绣上希冀的那样真爱永恒，晚年幸福。

　　天津市南开区老年公寓充分肯定了新安支行的慈善义举，为新安支行颁发了锦旗，代表全院的老人们表示了衷心的感谢。郭先生得知新安支行的做法后连声道谢，并表示在新安支行存的不仅是金钱更交的是一份份真心。

　　明媚的阳光下洋溢的是幸福的欢愉，温暖的是不言而喻的欣喜。新安支行用贴心用爱心见证了对社会的真情，用暖心用热心关爱了弱势群体，用一颗赤诚的真心诠释了服务的本质。

用心服务赢得客户信赖

中信银行天津滨海新区支行感动故事

2017年3月的一天，中信银行滨海支行走进了一位普通的客户，这位客户在营业大厅左顾右盼，当他看到大堂经理申智超的时候，脸上露出了欣慰的笑容。

时间回到2016年末的一个傍晚，滨海新区支行已经结束了一天的营业，零售人员正在进行当天的扫尾工作准备夕会，这时，一位客户焦急地敲响了营业厅的大门。这是我行的一位新客户，他的孩子因为需要进行高考网上报名，前一天刚刚在我行办理了储蓄卡，但是因为他不熟悉网络操作和网银支付程序，无法为孩子完成高考报名，而此时，离开发区高考网上报名工作结束仅剩下不到6小时了，情急之下，客户想到我行，直接带着笔记本电脑过来求助。

了解到客户的急切需求，经请示批准，大堂经理申智超将客户从后门请进了营业厅，从帮助客户登录中信银行免费无线网络开始，耐心细致地协助客户完成了考生信息录入，但在最后的付款阶段，却始终无法成功支付，经过多次尝试和检查，发现客户原来并未开通网

银，最后，申智超通过手工注册的方式成功为客户开通了银联支付功能并支付成功，协助完成了孩子的高考报名工作。

当网页上显示"报名成功"的字样时，客户一直焦灼的情绪一下放松了，他连声感谢大堂经理申智超的热情帮助，并对中信银行"急客户所急、想客户所想"的优质服务理念给予了高度评价。

时隔3个月，这位客户怀着对中信银行经营理念的肯定和信任，再一次来到我行，将自己刚刚到期的存款转存至我行，申智超热情地接待了客户，并将这位客户推介给相应的客户经理，从更加专业的角度协助顾客管理资产并配置产品，让客户全方位地体会我行的各项专业服务。

坚持客户至上的观念，积极履行社会责任，以一流的业绩和口碑打造最佳综合融资服务银行，这是中信银行企业文化的精髓。滨海新区支行在日常工作中，积极践行企业文化精神，不仅赢得了客户的信赖，而且也为中信银行赢得社会的赞誉，为成为最佳综合融资服务银行奠定了坚实的基础。

"推一把" 我们为您竭尽所能

招商银行天津分行营业部感动故事

2017年12月9日的天气十分寒冷。分行营业部的客户杨女士到营业部地下车场进行洗车，洗车完毕后突然发现汽车电瓶没电了，无法正常启动。情急之下拨打了营业部的呼叫电话，当班客户经理赵婷婷接到客户电话后，心里也很着急，但自己和身边的同事对汽车硬件故障问题也不太了解。急客户之所急，想客户之所想。赵婷婷立即联系当日营业部值班领导王均总经理汇报情况，王均总经理接到电话立即询问情况，寒冷的冬天顾不得穿外套，就与赵婷婷一起奔往地下车库。

冷冷的车库里，杨女士急得满头大汗，她平日很少开车出门，这辆车很久没有动过了，今天用车是因为需要接机，眼看飞机就快要降落了，车却发动不起来，杨女士越说越着急。王均总经理一边和赵婷婷不住地安慰客户，一边挽起袖子亲自查看汽车前机盖的情况，经过查看初步判断是电瓶缺电导致的故障。王均总经理立即跑到自己的停车位，用

自家车电瓶导电连接到杨女士车上，并协同洗车店员工合力将汽车推出车库并启动，听到汽车嗡嗡的启动声，杨女士激动不已，连连表示感谢。

由于汽车出车库需要通过一个滑坡，大家担心杨女士的车再出问题发生危险，于是，王均总经理、赵婷婷连同洗车店小哥一起推着车上滑坡，杨女士在车里驾驶，顺利地开出了停车场。

杨女士专门致电表达了自己深深的感谢，我们的员工急客户之急，想客户之所想，不怕严寒，不畏辛苦服务客户，这样的精神深深地感动了客户，让客户真正体验到了招行的用心服务。服务不在于轰轰烈烈，而是在于用真诚换真心，在于客户经理的尽职尽责，管理者的身先士卒！

担当责任，回报社会

保定银行唐县支行感动故事

保定银行唐县支行已走过近五年的风雨历程。回望过去，抛洒的是热血与汗水，收获的是感动与辉煌。在李岩行长的正确领导下，我支行一直以"客户为中心"的服务理念，以一个又一个感人的案例践行着我行"倾听需求，倾心服务；竭智尽力，竭诚尽责"的服务价值观，将保定银行优质服务的良好形象展现给唐县人民。

2017年6月5日，两名身穿警服的男子急匆匆地走进营业大厅，他们向工作人员亮出执法证、介绍信等相关证件，要求协助调取犯罪嫌疑人银行登记信息。原来唐县公安局在侦破一起绑架杀人案件中发现犯罪嫌疑人在保定银行有开户记录，立即向我支行提出协查申请。李岩行长高度重视，立刻安排员工全力配合公安部门调取信息，为破获案件提供有效线索。经调阅，犯罪嫌疑人持有一张保定银行卡，但开户行和最后一笔交易信息均不在我支行。李岩行长立即协调总行电子银行部请求帮助，及时准确地查明了犯罪嫌疑人银行登记流水等信息，为专案民警侦破案件提供了关键线索，赢得了宝贵的时间。

整个过程两位执法人员都全程在场，他们看到了我支行人员积极配合，争分夺秒为其服务的工作精神，由衷地表达了感谢之情。最后此绑架杀人案成功告破，唐县公安局为此专门向保定银行总行送去"警银合作，共创和谐"的锦旗和一份感谢信表示衷心的感谢，并对唐县支行为其提供的优质服务给予了高度评价，表示在今后的工作中进一步加强沟通联系，建立良好的协作关系，为共同维护社会治安持续稳定作出更大的贡献。

银行不同于一般企业，行业的特殊性决定了其必须担当一般企业无法承担的社会责任。回报社会、造福民众、担当责任是保定银行唐县支行全体员工自身价值最好的体现。我们将在李岩行长的带领下继续践行服务承诺，不断提升完善自己，真正打造精品银行，更好地服务唐县人民。

以爱之名 传递信任

沧州银行廊坊分行营业部感动故事

沧州银行廊坊分行营业部作为城市文明建设的"窗口"行业，始终秉承"服务地方经济、服务中小企业、服务广大市民"的经营理念，遵循"文明服务、便民利民"的服务宗旨，坚持"微笑服务、首问负责、诚实守信、快捷安全"的服务承诺，持续不断地完善服务设施，改善服务环境，提高文明服务标准。

有一次，一位年迈的老人拿着一个空折子在柜台上取钱，柜员操作后查询到老人折子上的钱早已被取空，就跟老人解释说钱已经被取走了，现在折子上没钱了。老人一听就急了："不可能！这折子上明明还有一万多块钱呢！"他拿着手里的存折找到大堂经理讨要说法，大堂经理在了解了事情的经过以后，和主管沟通，找来老人当时取钱的凭证，并核验了老人现在和当时的签名一致，拿到老人面前，老人

就是不承认："这不是我签的字，你们模仿我的签字，把我的钱弄没了！"我行的很多员工，包括大堂经理、柜员、主管轮流地耐心给老人讲，帮老人回忆、分析，可不管怎么解释，老人就是听不进去，说银行弄没了他的钱，还跪在我行的大厅门口，怎么劝都不起来。见此情形，大堂经理也采取和老人跪在一起的方式不断地劝导他，老人不但不听劝还越来越激动，甚至试图用头去撞墙，大堂经理见情形不对，立刻上前用身体挡住了老人的头，避免了事态的恶化。下班后，我们利用老人身份证上的地址信息，通过各种途径联系到了老人的家人，把老人送回了家。后来，他的家人在了解了事情的经过后跟我们说，老人精神有些恍惚，这样的事儿也发生了好几次，但你们银行是最让我感动的。恰巧这位老人的家人是廊坊当地一家摄影机构的老板，此事赢得了客户对我行的认可，并愉快地成为了工作上的合作伙伴，2017年中秋之际，我们合作举办了答谢老客户的免费拍摄全家福活动，取得了双赢的效果。

银行作为服务型行业，在金融市场竞争激烈的今天，只有以更加优质的服务才能赢得客户的信赖，才能赢得市场。我行的每一位员工都像对待家人一样对待每一位客户，微笑服务、热情周到、操作标准、服务规范，并大胆创新服务形式，始终坚持"想客户之所求，急客户之所需，排客户之所忧"的服务理念，为客户提供全方位、周到、便捷、高效的服务，赢得了客户的赞誉和信任。

同心　同行　更亲　更近

交通银行唐山北新道支行感动故事

　　"用心、用爱、用真诚创建和谐窗口"是交通银行唐山北新道支行的服务理念。北新道大家庭一直坚信和坚持，善待别人，就是善待自己，与客户同心，他便与我们同行，与我们更亲近。窗口服务的工作让我们每天面对很多客户，我们的一言一行不光代表着个人的修养，更代表着本行的形象，即使一件小事，只要我们为客户考虑了，他们就可以感受到我们的热情，开启我们与客户长期相伴同行的大门！

　　2017年9月4日，当时钟即将悄悄滑过5点，银行大堂里面的客户也逐渐散去，一天的工作接近尾声。这时，伴随着急促的脚步声，一位70多岁的阿姨满头大汗地朝柜台走来，营运主管王艳春接待了这位急切的阿姨。原来王阿姨90多岁的老父亲住院了，需要医药费，但是老父亲由于年事已高不记得自己的银行卡放哪里，家人也不知道，急于询问怎么办。主管告诉王阿姨不用急，可以先办理挂失然后再补一张卡，交行有柜台延伸服务。和阿姨约好时间地点，主管立即通知柜员张雅楠和客户经理李耀飞当晚去医院核实，接到通知后两个人伴着夕阳踏上去医院的路。他们到医院才知道老人突发疾病正在抢救，一家人都在焦急等待，时间在一分一秒地度过，家人的担心我们看在眼里。不知抢救需要多久，雅楠和耀飞买来了水，边安慰王阿姨家人边一起等候。两个多小时后老人脱离危险，看着王阿姨忙前忙后照顾年迈的父亲，不禁让人想起父亲这首歌："时光慢些吧，不要让你再变老了，我愿用我的一切换你岁月长留。"将心比心，服务用心，客户是能感受到的。大爷听到银行工作人员来核实为自己办业务，并且一直陪伴在家人身边，微微颤抖的手抬起来又放下，眨了眨眼睛，嘴里嗯几声，王阿姨说大爷这是非常感动啊！两人尽快跟大爷核实完，告诉王阿姨明天就可以去网点办补卡取钱了。临走时王阿姨非常激动，眼里闪烁着泪花，拉着雅楠的手一直说："谢谢，谢谢！"

尽管离开医院已经很晚，但是我们的等待解决了客户的急需，虽然累却见证了亲情和爱。唐山北新道支行的服务"心"理念，也正是用真心服务客户、赢得客户的体现。

尽心尽力为客户解决难题，客户总能感受到我们每一份付出与心意，会对我们产生信任与依赖，而客户的信任，又是对我们最大的支持和肯定。唐山北新道支行全体员工一直践行自己的服务理念，用心、用爱让客户伴我们同行，让我们与客户之间更亲更近。

一张纸条

中国建设银行邢台新兴东大街支行感动故事

冬天的城市冰冷而肃杀，北风卷起枯叶，无情地砸向路上的行人。一个中年男子犹豫片刻，推开了营业厅的大门。

"先生您好，请问您办理什么业务？"他摇摇头，眼睛漫无目的地扫视着大厅里的人们。

"那您需要什么帮助吗？"大堂经理的敏感让我发现男子微红的眼圈和他胳膊上的黑纱。"我……我想找一个人，她叫赵倩。""哦，我就是赵倩。"

这时，男子从口袋里拿出一张纸条递给了我，纸条折叠得整整齐齐，但是边缘已经磨成了毛边儿。

当我打开这一张纸条，往事涌上心头——

那是2016年的冬天，大雪将城市银装素裹。透过窗子，我看到一位老人拄着拐杖，颤巍巍地向营业厅走来。我赶忙迎了出去，将他搀扶进来。当我得知老人家已是93岁高龄，就全程陪同老人，迅速办

理了业务。临走时，按照他的意愿，我将自己的名字和电话写了个纸条，老人认真地把它折叠好，放在了胸前的口袋里。只是，我不知道这一放，竟放了两年！

日子久了，我了解到，老人膝下有四个孩子。我曾问他："您这么大岁数了，为什么不让孩子来帮您办业务？"没想到老人竟潸然泪下，他说："唉，我那老伴儿早就不在了，这么多年我是攒下点儿钱，可儿女们不孝顺，如果让他们拿到钱，恐怕就更不会管我了。"老人的话，深深地刺痛了我的心。正因如此，每次老人来，不管什么事情，不论我有多忙，我都会尽力帮他，和他聊聊天，陪他说说话，只愿老人家能多一点开心。老人常常高兴地说："真好啊，我在建行找到一个好孙女！"

再后来，老人的记忆力好像越来越不好了，自己藏起来的存单，常常自己也找不到。为此，他很着急，就拿出胸前口袋里的纸条给我打电话。我安慰他说："大爷，咱不着急啊，您看看是不是在常提的那个包里？就算丢了也没关系，挂失就行了啊！"那次，老人挂失了九张存单。补回存单以后，老人对我更加多了一份信任和依赖。

2017年中秋节，老人竟然连着三天到行里来找我，却因为我倒班没能见面。当我从同事那儿得知情况，担心老人又遇到急事，急忙给老人打电话，电话里却传来老人开心的声音："孩子啊，没事的，过节了，我只是想去看看你啊！"这个电话，让我的心里暖暖的。

两个月以后，出现文章开头的一幕：一个男子来到行里，指名要找我，原来，他就是老人的儿子。他说父亲一直到弥留之际，还抚着胸口那张纸条，念叨着要到建行来看我，而今天他来，为的就是完成父亲的心愿。听到这儿，我，哽咽了……

有一种服务精神叫老骥伏枥

中国农业银行秦皇岛港城支行营业室感动故事

当我们高高在上去看服务时，服务是抽象玄妙的，这时的服务仅是一个概念；当我们俯下身去看服务时，服务是细碎的，这时的服务是需要身体力行的。

来到港城支行营业室，你肯定会看到一位身材瘦削的老大哥在人头攒动的大厅穿梭的身影，他就是大堂经理王永合。王永合大哥是一名49岁的老党员，父母双亲均已80多岁高龄。父亲长期卧病在床，他的日常就是白天上班、下班马不停蹄地回家照料生病的父母，虽然每天忙碌，但完全没有影响他服务客户的热情，长期的疲劳也导致自己的身体严重透支。

众所周知，大堂经理这个岗位，必须日复一日、年复一年地重复为客户答疑解惑、营销维护、迎来送往、处理突发状况等繁杂事务，王永合作为大堂经理，平均每天在大堂站立时间超过8个小时，超级柜台业务量日均200多笔。一天下来腰酸背痛，就连年轻人也未必

有那么好的体力承受这么大的工作量。我记忆最深的一次是王永合带病还坚持工作，因每天为客户解答次数太多，嗓子负担过重，终于连一句话也说不出来了，还不停地咳嗽，直到有一天咳出了血，才请假到医院看病。港城支行每天客流量极大，王永合如果请假就会导致大堂人员紧缺，这种情况下他就带病坚持做一些后勤工作，不能说话他就录信用卡资料、帮同事打饭、打扫卫生，同事们一下子看到平时那么热情的王永合突然安静了还有点不适应，但心里更多的是心疼。厅堂客户多的时候他是呆不住的，忍不住出来帮忙分流客户。有的客户来了只找他办业务，他也不顾自己的病情，哑着嗓子服务客户，当客户发现他生病劝他休息时他仍然坚持帮客户办理业务。本来休息两星期就能好的嗓子，打了1个月的针也没好，还落下了咳嗽的毛病。

王永合对客户的细心、耐心、超强度的工作精神感染着港城支行的每一名员工，更是感染着身边的客户，王永合的各项营销业绩在支行排名总是第一，多次获得省、市分行"春天行动营销明星"称号，问起他的营销秘诀，他总是淡淡地说："没啥，把产品研究透，和客户讲透就可以了。"和客户聊起王永合，客户这样说："只要王永合推荐的产品，我买就是了，他比我想得周到！"

蜘蛛不会飞翔，但它能把网结在空中，它是勤奋、沉默而坚韧的昆虫，这样的成绩，让我们不得不想到身边那些默默奉献的人。王永合已经是50多岁的人了，他还每天坚持在自己的工作岗位上，用心服务客户，那份热情从未因时间消磨，反而变得更加浓郁，他那老骥伏枥的精神感染着我们身边每一名同事，甚至每一位客户，他曾说："在农行干了一辈子，有感情了，很珍惜在岗的每一天，我会尽自己的全力服务好我们农行的每一名客户。"

"文优"服务得到客户表扬

中国银行邯郸市邯山支行感动故事

中国银行邯山支行始终以客户为中心，高度重视文明优质服务建设。自省行开展文明优质服务动员会后，支行领导组织员工再次学习省行"文优"服务精神，统一思想，深入贯彻落实。2018年8月15日，支行收到95566表扬单，客户对支行的细致服务表示很满意并拨打95566提出表扬。

8月13日中午，客户李女士来到支行柜台，情绪激动，投诉说在8月11日办理磁条卡换芯片卡业务后，卡里的3700多元现金不翼而飞，向银行讨要说法。支行柜员迅速为李女士解决问题。

第一，安抚李女士情绪，并立即为李女士打印本人借记卡交易流水，查找原因。第二，在打印流水期间，柜员细致地为客户解释借记卡磁条换芯片流程，告诉客户新旧卡片卡号相同，卡片原有业务不

变，换芯片卡不会导致卡内现金丢失。客户情绪慢慢平复，但并未完全相信。第三，积极查找可能原因，逐项排除。通过分析，柜员认为有第三方支付转账、借记卡关联信用卡还款、信息泄露导致资金被盗刷等可能。查看交易流水并向银联客服咨询求证后，通过逐项排除，认为借记卡关联信用卡还款可能比较大。但客户坚决否认做过借记卡关联信用卡交易，认为不可能是信用卡还款，声称并未随身携带该信用卡，对我柜员提出的拨打信用卡客服查询交易流水建议不予采纳。此时，李女士丈夫已向95566拨打投诉电话，指责由于银行原因导致李女士卡内资金丢失。我行柜员面对可能升级的矛盾，沉着冷静，耐心劝说客户查询一下信用卡流水以确定是否为信用卡自动扣款，并利用客户影像和证件通过其他途径查询信用卡流水。功夫不负有心人，通过查询，发现客户名下某张信用卡有关联还款，与借记卡流水时间、金额相同，遂打印该流水提供给客户。客户通过核对查证，证实借记卡减少的资金做了信用卡自动还款。客户对支行表示感谢，主动拨打95566撤销投诉，并通过95566对我行提出表扬。

通过努力，支行成功地为客户解决了问题，将95566投诉单转变成表扬单，维护了中国银行的声誉，提升了我行的形象。我行将继续发扬优良传统，克服困难，切实做好"文优"服务工作。

服务无小事　真诚暖人心

河北正定农村商业银行营业部感动故事

　　2018年5月的一天，一位中年男子急匆匆地来到正定农商银行营业部的大厅办理社保卡挂失业务，客户十分着急，大堂经理连忙询问原因，经了解，该客户要求办理挂失业务的社保卡并不是他本人的，按照我行业务要求，银行卡挂失必须本人才能办理。但是该男子说，社保卡卡主是其母亲，已经70多岁了，现在老人家正在住院，不能来银行办理，但是不办理就无法报销住院费用，全家为此急坏了。听到客户的情况后，大堂经理一边安抚其不要着急，一边向主管领导进行汇报，领导当即决定特事特办。为保障客户权益，中午一点多部门主任

带领一名大堂经理和一名柜员放下手头工作，三人驱车前往县医院为客户办理社保卡挂失业务，来到医院后，客户正在县医院住院部楼道内输液，我行员工认真核对了老人的身份信息，留取影像资料，并第一时间为客户办理了社保卡新卡补卡。客户拿到社保卡，满含热泪地说："真的太谢谢你们了！"银行工作人员客气地表示：您的需求，就是我们的责任。

一次上门服务，一个微不足道的善举，对于患者客户来说，却意义重大。正定农商银行表示：客户的满意就是我们工作最大的动力，将银行服务送上门、让特殊客户享受到同样的银行服务，对我们来说不是第一次，也不是最后一次，我们将时刻本着以客户为中心的原则，想客户所想，思客户所忧，做客户所需，致力于为社会大众提供最便利、周到、热情的服务，尽心尽力做您身边最贴心的银行。

视客户为亲人

中国光大银行太原南中环街支行感动故事

银行大堂经理天天都在厅堂做着一些看似普通的服务工作，然而发自内心的服务品质却需要长期的磨砺和培养，优秀的服务态度则包含着对生活的态度、人生的阅历以及所期望达到的高度，服务是需要我们融入其中、用心经营的事情。大堂经理韩媛就是这样一位用心诠释服务的人。

2017年6月的一天中午，一位中年阿姨焦急万分地来到我行，手里拿着未到期的50000元定期存单。也许是因为跑了很远，阿姨上气不接下气地对大堂经理韩媛说要赶紧把定期中的钱都取出来。一看这情形，韩媛想客户一定是遇到什么着急的事，于是一边扶着阿姨到休息区坐下，一边询问阿姨具体出了什么事，阿姨焦急地站起来说："请你帮帮我！我要取钱救人啊！"

听到"救人"两个字，韩媛马上向阿姨确认是不是家人真的出了事，这时阿姨急得哭了起来，一边哭一边说："我老公出了车祸，我到医院的时候，医生说要抓紧手术。家里没有钱，只好把定期的钱取出来！要是耽误了手术，不知道他能不能挺过来啊！"

韩媛赶紧安慰了一下阿姨，之后立刻和即将叫号的客户沟通，让阿姨上柜办提前取款手续。谁知上柜时，柜员发现阿姨的存单是老公办理的，必须要有办理存单本人的身份证和签字才能提前支取，而阿姨情急之下无法提供老公的身份证，看着阿姨泣不成声、手足无措的样子，韩媛一边劝慰阿姨，一边请柜员赶紧向柜台经理、主管行长报告。在向分行主管部门请示后，决定让阿姨办理一张借记卡，然后将

提前支取的5万元存入该卡中，由她和一位柜员陪同阿姨赶往医院，在确认情况属实、信息无误后再将卡交付阿姨。最终，阿姨的老公完成了手术，韩媛和同事们又继续着自己的工作。

类似阿姨这样急办业务的情况还有许多，厅堂默默无闻的服务，却能解客户燃眉之急，甚至挽救生命，感动了客户也感动了我们自己。服务的岗位就是付出真心、收获感动的岗位，韩媛用自己的行动赢得了客户的感激和尊重，把客户变成了亲人。

真情相助　优质服务
渤海银行太原北大街支行感动故事

古人云："以利相交，利尽则散；以势相交，势败则倾；以权相交，权失则弃；唯以心相交，方能成其久远。"

2017年8月30日，渤海银行太原北大街支行的工作人员接到客户冀女士的求助，冀女士表示由于家庭条件困难，房子已经被拆迁，所以急需取钱来租房子，但卡主为其丈夫，她的丈夫张先生因在监狱服刑，无法来我行办理业务。了解情况后，我行营运经理赵佳及时向冀女士解释了该卡处于未激活状态，按制度规定须由本人办理激活业务。了解到客户的特殊情况，我行员工及时向分管行长席亚丽汇报情况，席行长第一时间联系分行营运部门及总行相关部门进行沟通，并与太原市杏花岭区住房和城乡建设局以及街道办相关工作人员取得联系，力求通力合作解决此事。

在我行和有关政府部门共同协调下，2017年9月2日，北大街支行营运柜员袁静和客户经理王欢在征得客户同意后，前往监狱对客户进行现场卡激活业务办理，但由于监狱环境因素的影响，机具设备无法

连接网络，在征得客户本人同意后，席行长又及时与相关部门沟通联络，将其卡中的拆迁款扣还回太原市杏花岭区住房和城乡建设局对公账户后，再划转到冀女士卡中。2017年10月19日，冀女士向支行领导表示感谢，并送来锦旗，感谢我行员工的真情相助，这是对我行优质服务的认可。

此事得以圆满解决，正因为北大街支行一直秉承"用真诚的服务，换取您满意的微笑"的理念来解决每一位客户遇到的问题及困难，积极主动地帮助客户，解客户燃眉之急。这次业务使我行"精致服务、携手创富"的理念更深入每个员工的内心，我们将一如既往地用心服务每一个客户，打造属于渤海银行的优质服务品牌。

无数个用心奉献的鲜活案例都来自你我他的身边，而这些感人至深的故事从未间断，我们有理由相信，在今后无数个明媚的日子里，会有更多用心奉献的故事，等待我们去搜集、去讲述……

深入寻常百姓家

兴业银行太原桃园支行感动故事

2017年3月的一天，荣获兴业银行全国金牌理财师荣誉称号的王娟像往常一样忙碌着。此时大厅内进来一位女士，在大堂经理的热情招呼与引导下，女士来到了理财中心。经过简单的一番了解，王经理得知该女士为一名有潜力的高端客户，由于客户非常忙，简单表明了需求，留下一个电话号码后，就匆匆离开了，王经理没有机会与她深入交流。

但是王经理没有放弃，而是坚持为客户提供兴业银行的金融服务信息，接下来，王经理每周给客户打一次电话，每天用短信发送最新的金融短讯、股市行情、基金净值、经济走势等，时刻和客户保持联系。客户由最开始的抵触，到感谢王经理提供的金融信息，再到逐步产生了信任，最后客户愿意相信兴业银行，再次走进了兴业银行。

5月底，当该客户与她的老父亲一起来到兴业银行桃园支行时，王经理又惊又喜，经过深入的沟通后，王经理获知，李女士是某公司的负责人，平时忙于工作，无暇顾及资产的保值增值，她父母就住在桃园支行附近的小区，平时老两口在家，总觉得退休后的生活没意思。在了解到李女士的情况后，王经理根据李女士的家庭需求、收入情况、投资喜好、预期收益等情况，做了一个全面的资产规划，一番促膝长谈后，李女士当场转入我行100万元，开始做资产规划。

之后，王经理始终惦记着李女士的父母亲，为老人家退休后单调的生活而着急，于是王经理定期给老人家打个电话问候，常常邀约老人家参加兴业银行举办的各种公益活动，包括鉴别假币讲座、金融知识万里行活动、理财沙龙讲座等，极大地丰富了老两口的生活，得到老人家的大力赞赏。让王经理意外的是，在老人家的口口相传下，小区里越来越多的老人都慕名而来，找王经理办业务，王经理总是耐心地为每一位老人讲解金融知识，得到了老人们的一致认可。赠人玫瑰，手留余香，王经理的工作也越来越出色，并获得了兴业银行总行2017年度全国金牌理财师的荣誉称号。

老子说过："天下难事，必做于易；天下大事，必做于细。"细节的实质就是态度，要想在激烈的市场竞争中，获得社会更高的认可度，靠执着的态度，靠真诚的服务，这是最基本的法则。用心动人、用心感人、用心留人。作为一个银行工作人员，不仅要具备较高的业务水平，还要始终怀有一颗真诚服务于客户的心，急客户之所急，想客户之所想，深入实践，深入生活，这样才能融入客户，不断地为客户提供超出预期的优质服务，使服务创新不断推进下去。

百里孕妇的哭与笑

中国建设银行太原二营盘支行感动故事

2017年11月的一天，下班后，我到太原万科房地产有限公司取购房合同。一进银行驻场大门，看到一位客户来回踱步，手持电话不停地安慰对方："别哭，别哭，千万别哭，我再想想办法。即使不能面签，不就损失点折扣吗，我给你挣回来就是了。"

了解得知，这个客户是忻州人，贷款购买一套万科城的住房。这天是"交首付享9.5折优惠"最后一天，因爱人怀孕在家，无法与银行办理面签，首付交不了，优惠也享受不上。妻子得知后，急得直哭。

望着客户，我既为其享受不到优惠而惋惜，也为其怀孕妻子着急上火而担心。我抬头看了看表，已过晚上8点。望了望外面，暮色中阴沉沉一片。瞧了瞧驻场银行人员，你看看我，我看看你，没有任何反应。于是，我走到万科工作人员面前。

万科工作人员似乎看出了我的心思，跟我说："这个客户虽然不属建行受理范围，但情况特殊，你可否到他家里搞个面签？"我二话没说，拉上客户就走。客户高

兴得不知说什么才好，马上给妻子打电话。电话那头，发出爽朗的笑声。太原距忻州80多公里。路上，雪花飘了起来。我小心翼翼地驾驶着车辆，家中电话不时响起，一概未接。到晚上10点多，终于赶到客户家里。

早已在门口等候的客户妻子，热情地把我迎进家里，连忙端茶倒水。我迅速掏出有关资料，与客户妻子办完面签。这时，客户妻子像个孩子，兴奋地在屋子里跑来跑去，不时发出开心的笑声。

返回时，小两口把我送到门口。正准备握手告别，女儿打来电话："爸爸，你说话不算数，你说晚上给我过生日，可左等右等也等不回来，电话打爆了也不接。"我连忙道歉："爸爸对不起你。但今天有个特殊情况，回去给你解释。"

女儿的话，小两口听得真真切切，男的哽咽了，女的哭出了声。我在已是银装素裹的雪地里走出大门，小两口送了一程又一程，不停地挥手。

弯腰捡起责任

中国民生银行太原小店支行感动故事

民生银行小店支行成立于2011年3月，原地址位于小店人民南路十字路口，周边有同业多家网点。为了更好地发展支行业务，更大程度地提升小店支行的企业形象，小店支行于2014年搬迁至现营业网点。网点面积的扩大带来了很多新的客户，优质服务的体验获得了客户们的一致认可。

因小店支行地处城乡接合部，到店客户多为网点周边村民及打工流动性人口。刚搬迁到新网点时，地上随时都可以看到饮料瓶、纸巾、废纸、烟头等垃圾，更能看到客户随地吐痰。支行内所有工作人员都惊呆了：天呐，怎么可以在银行出现这么不文明的举动？

小店支行边虹行长看到这样的情况后召开了支行大会，在大会上员工们的眼圈都红了，新的支行是大家一点一滴建设起来的，地面是大家一起打扫的，家具是大家一起搬来的，玻璃是大家一起擦干净的，垃圾桶是大家一个一个倒完之后整齐摆好的。这样的心情就好像看到自己的家被别人弄乱，自己的孩子被欺负一样。但是大家都无可奈何，边虹行长在会上什么都没有说，只是要求大家明天将自己的仪容仪表做到最好，精精神神地面对明天的工作。

第二天一早，所有女员工化着精致的职业妆，男员工穿着笔直的西装准时在自己的岗位上开始工作。边虹行长站在一楼大堂，看到一位客户随手丢掉纸巾，她立马走过去当着客户的面弯腰捡起了被扔掉的纸巾，然后面带笑容用标准的普通话对客户说："您好先生，您的右手边有我们支行准备的垃圾桶，您可以把垃圾丢到那里，谢谢您。"客户刚要反驳，扭头一看，所有工作人员都面带微笑地看着他，其他客户也用莫名其妙的眼光看着他，顿时，客户面红耳赤，赶紧把垃圾丢到了垃圾桶。有一位男客户光着膀子在大厅大吵大闹，边虹行长同样用标准的微笑对他说："先生您好，这里是公共场所，其实您可以将自己打扮得更加符合您的气质，您看您旁边的小朋友都被您吓到了是吧？轻声细语，也同样可以反映出您的高品质不是吗？"接着，客户便在等候区等待着自己的号码，旁边的工作人员递上了一杯温水对他说："感谢您的耐心等待。"

点点滴滴，所有的客户都看到了边虹行长平时弯腰擦地上的痰，将客户丢掉的东西不厌其烦地扔到垃圾桶。有客户问她："你让保洁弄就行啊，你一个行长还弄这些？"边虹行长微笑着说："把支行越办越好，这是我的责任。"

员工们看到边虹行长的行为，也都向她看齐，在基础服务的标准上做到服务理念的提升。后来，在小店支行的营业厅内，再也看不到乱扔垃圾、随地吐痰、大声喧哗的客户。边虹行长用自己的一个个的行为，改变了员工们的服务理念，同样也改变了客户们的文明习惯。

"你们民生银行就是和别的银行不一样！"一位客户竖着大拇指在大厅说着，听到这句话，员工的脸上浮现的笑容是自豪的！

用真诚服务感动客户

中国邮政储蓄银行山西省晋中市分行营业部感动故事

时光的积淀让人睿智，也酿造出最浓郁的情感。银行也需要在很长时间里累积客户的信任，成为客户真正信赖的朋友。也许只是那么一句简单却朴实的话语，一个平常却真诚的举动，却让你倍感温情！营业窗口是银行明镜，是联系客户与银行关系的重要桥梁和纽带，作为银行重要的大堂经理岗位，狄华丽在自己的位置上真诚服务，不断创新，无私奉献，将微笑融入服务，带给客户最优质的服务。能够体现她微笑服务无微不至的例子有很多，比如，在春节前的一天，一名拎着旅行包的男子走进营业厅办理借记卡。

狄华丽指导客户填单，填写联系电话时客户表现出了迟疑，"我不想留电话，因为总接到莫名其妙的推销电话和垃圾短信，很烦人！这项不填应该也不会影响办卡吧？""电话确实很重要，方便日后及时与您联系……"经过耐心解释，客户最终将信息填写完整，顺利办理了借记卡。

送走最后一批客户，狄华丽开始营业厅巡视，在座椅的边缘发现了一张火车票。本以为是废弃的过期火车票，但一细看却发现火车发车日期就是当天，而距发车时间也仅有几个小时了。这立刻引起了狄华丽的关注，顺着线索努力回忆这一天中接待过的客户：火车票—出门—旅行包……应该是他！下午来行办卡的那位客户，他来的时候拎着旅行包，像是要出门的样子！

狄华丽迅速通过当天凭条查找到这位客户的电话，核实后发现信息果然和火车票上的吻合。时间不多了，尽快联系客户是此刻她头脑中唯一的念头。多次拨打电话却总是占线。如果不能找到客户，他就要错过火车了。想到客户焦急的心情，狄华丽又继续拨打了十几次，电话终于接通。"您好，这里是邮储银行晋中市分行营业部，请问您是张先生吗？我们在营业厅拾到您的火车票。""火车票？不会吧，"客户半信半疑："我看看……坏了，车票真没了，哎呀，还有一个小时就要发车了，这可怎么办！肯定赶不上了！"

听出客户的焦急和沮丧，狄华丽安慰说："您别着急，您现在在哪？我可以把票给您送过去。"客户一听，难掩心中激动，"真的吗？不敢相信，我现在人就在火车站了，回去取真的就赶不上车，要麻烦你了。""没关系，我这就出发，保持电话联系。"听到这儿，客户才松了一口气。狄华丽一分钟也没有耽误，马不停蹄赶往车站。

当狄华丽亲手把车票交到客户手上时，客户感动地连声道谢，匆匆道别。在疾驰远去的火车上，客户发来一条短信："从没想过一家银行能为客户做这些，真的让人感动，谢谢你。"元宵节过后，这位客户不但又一次来到分行营业部，还将其公司的基本户开到了晋中市分行营业部，成为我行忠实的客户。这虽然只是发生在狄华丽身边一件普普通通的小事，但是她认为，服务无小事，只有做好细节服务，才能提升整体服务的价值，留住客户、赢得效益。

两个"家"的责任
交通银行鄂尔多斯伊金霍洛旗支行感动故事

消毒水洒满的楼道，穿过几缕温柔的粉红色的阳光，带着微褶的暖暖的气流，间或响起不远处医生和护士的脚步声。

这样一个纯净的浅秋，他睁开了小小的眼睛，肆无忌惮地哭了起来。那躲藏在哭泣中的黑亮的珠眸里写满了欢乐的无知和澄澈的美丽。

"老公，宝宝乖吗？有没有哭闹？"

不知电话那头说了什么，我看到她灿烂满足的笑容。听到喊"授权"的声音，她匆忙地挂断电话，奔走在营业室的各个柜台。

2013年秋天，这个宝宝来了。来得太辛苦，所以她异常珍惜和爱护。

过去的两年，其实她明明有机会得到那两个未曾谋面的孩子，可是，也许她不是一个称职的妈妈，在明知道自己身体不好的情况下，却日日奔走在单位的各个地方，扛起作为会计主管的责任。她没错，可她好像也错了。她忘记了这个新成立的支行需要她，她肚子里的宝宝也需要她。

"晓利姐，这个验印不过。"

"晓利姐，5+0授权。"

"晓利姐，你帮我看一下这个代发工资不知道怎么总是报错。"

"晓利姐，调7·21服务录像。"

"晓利姐，大堂扫票需要一个人顶班。"

"晓利姐，……"

　　她是这个家的女主人，肩负责任，担着使命。2014年，她成为伊金霍洛旗支行副行长兼任营业室会计主管，穿梭在单位外拓营销和营业室大大小小的事情中。是的，她是行长当之无愧的"贤内助"，行长主外，她主内，带着伊金霍洛旗支行在低迷的经济状态下依旧稳步前行。

　　渐渐地，他长大了。他不会哭闹着不让妈妈去上班，不会眼巴巴地看着妈妈生怕她离开。他学会了跟妈妈摆手说再见，学会了乖乖地在家等妈妈，想妈妈了就和姥姥去单位找妈妈。

　　妈妈陪不了他太多的时间，但是满满的爱都是给他的。她对宝宝，有爱，也有责任。

　　时间过得太快，转眼已经是2018年6月，而我，入职交通银行也五年有余。在这些成长的日子中，她呵护我们如兄弟姐妹，她一再地跟我们说："一定要有自己的生涯规划，平时要多学习多看书，这些，未来都是你的财富。"也一再地告诉我们："不管你对单位满意还是不满意，都要善待、感谢你的单位，因为不管是你的生活物品还是社会的尊重，最初的给予者都是你的单位。"

　　是的，温和、谦逊、敬业、负责的她，我们敬佩、爱护、尊重。4年前她是鄂尔多斯伊金霍洛旗支行的会计主管，2年前她是鄂尔多斯伊金霍洛旗支行的副行长，如今，她是这里的行长，是这里的"女主人"，她叫韦晓利。

文字悸动心灵　声音传递情感 行动展现未来

内蒙古银行营业部营业厅感动故事

我们之所以阅读，是希望人生在世有更多自由和可能。

2017年冬，寒冷一如往常，冬日里太阳却在室内升华着情感。我们的公众教育区也迎来它的客人。比起大厅里行色匆匆的顾客，那里仿佛被分隔成两个世界，时间都被放轻了。那是位老先生，我们不知道他的年龄，问他，他笑着说："老了。"至于职业嘛，宽大的橘色外衣已经表明了一切。他不常来，也不多说话，最多的交集是大堂经理为他续上温水时的道谢。

我们很好奇，他都看了些什么，但每次都不一样。后来我们知晓他看书是为了讲给外孙女听，讲的是什么呢？是他看过的故事，还是图片上的美丽风景，或者是他所看到的任何事情？他会不会编织成质朴的语言，向外孙女讲述这个世界的美好？那么他的外孙女，会不会心怀美好心愿，向往着外

公口中的世界？他未多说。而我们，又能做什么？

像是种默契一样，大家会时常拿来自己的书，放置在我们公众教育区的书架上，暗暗地期盼着这位老先生的到来，会选择自己带来的书，再编成一个个的故事，讲给外孙女听。

日复一日，年复一年，作为银行员工的我们，每天办理着相似的工作，接待着不同的顾客，满足着不同的需求。

这一天，网点临近日终，营业厅忙碌依旧，这位老人家来到了营业厅内，操着方言问大堂经理："能问点事吗？"

大堂经理将老人搀扶至柜台办理，原来记着老人存折密码的小本子丢了，密码忘了。老人知道这得要户主本人办理密码冻结开启业务，可老伴儿的存折怎么办。原来，老人的老伴儿前段时间做了手术，目前正在家中休养，现在老伴儿身体不便，老人只能独自前来。

了解情况后，大堂经理向主任请示能否提供上门服务，主任当即作出安排。工作人员来到老人家中，发现老人家中虽然无子女在家，但家里干净整洁。老人热情招呼，还拿出一张全家福，逐一介绍。工作人员问是否有子女陪同时，她笑着说："孩子们都成家了，也应该有自己的事情，我们身体都还好，有点小毛病，不碍事，也不需要时时陪着。"虽然老人这样说，但她轻柔地抚摸照片的手，和言语中的自豪，仍看得出老人对子女的深爱与期盼。工作人员向老人询问到了子女的电话号码。在回来的路上，联系了老人的女儿。

回到行里后，讲述了事情的经过，大家沉默了，也不知在思考什么。

工作、生活不是一本小说，现实是平淡又幸福美满，我们用文字悸动心灵，用声音传递情感，用行动展现未来。我们的行动，为客户提供便利，也可以用行动为客户提供幸福。

镇静沉着　真情服务

招商银行呼和浩特分行营业部感动故事

　　我们经常思考，什么样的服务能算作是优秀服务。微笑露出八颗牙是优秀的服务吗？站姿像模特是优秀服务吗？抑或语气柔和是优秀服务吗？显然，这些只是构成优秀服务的一部分，而非全部，对于真正服务的内在含义，呼和浩特分行营业部王文韬就有很好的身体力行。

　　这一天，招商银行呼和浩特分行营业部像往常一样井然有序地办理着各项业务，忽然，刚刚在柜面办完业务的一位老阿姨站在原地不动了，旁边的儿媳妇询问她怎么了，只见老阿姨面露痛苦地说："我忽然心口痛，可是今天出门忘记装我的心脏病药了，可咋办？"说完已经站不住了，全身倚靠在儿媳妇身上。年轻的女

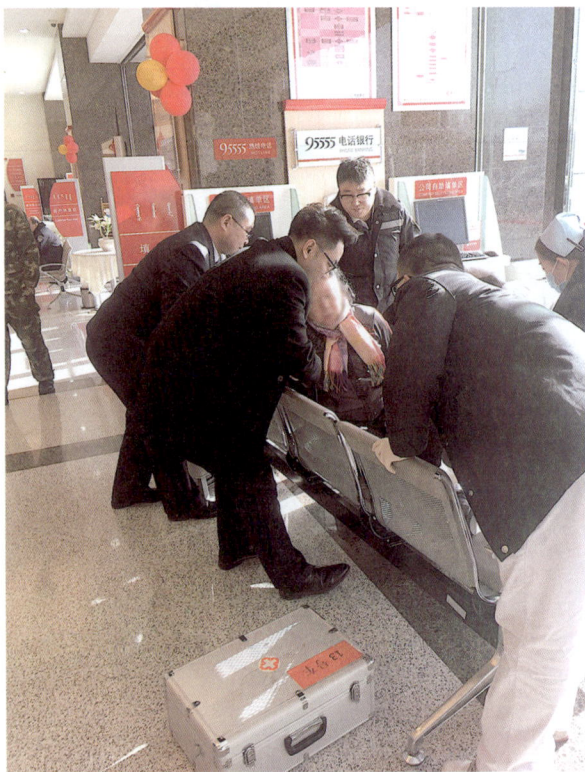

士顿时慌了神，大声向厅堂工作人员呼救，而这一切早已被大堂经理王文韬看在眼里。这突如其来的事情没有让他慌神，他脑子中飞快地闪过平时反复演练的紧急情况处理办法，这种情景是曾经预想过并演练过的，他一面赶紧施救，一面通知了分管行长。领导立即赶来，高度重视，组织全厅堂人员为这母女俩提供帮助。王文韬先和女士一起把阿姨安置在长椅上，并从便民设施箱中取出靠枕和毯子，让阿姨依靠着躺在长椅上盖着毯子取暖。这时阿姨说感觉自己不是心梗，可能是早晨走得急没吃早点导致的心慌，听到这番话，大堂经理安娜立即取来我们为客户准备的爱心早点和热茶。与此同时，大堂主管询问女士是否赶紧呼叫救护车，女士表示同意，并希望我们能帮阿姨去药店买救心丸先服下，为了客户的人身安全，王文韬详细地询问了所需药品的具体信息，虽然是数九寒天，他却连大衣都顾不上换就飞奔着去药店了。同时，大堂主管立即拨打了120急救电话求救。几分钟后，他赶了回来，女士按照阿姨平时的药量帮她服用了救心丸，阿姨说感觉自己好多了，脸色和精神状态明显好转，大家这才都舒了一口气。没过多久，120救护车赶到了，医护人员替老阿姨简单检查了一下，认为问题不大，但还是需要带回医院详细检查。临走前，阿姨和阿姨的儿媳妇都感激地对大家说："今天真是多亏了你们了，真的不知道咋感谢你们，尤其是这个小伙子，真的谢谢你！"王文韬露出灿烂的微笑，说："阿姨，不客气，这都是我应该做的，您安心养病，等您好了再为您服务！"虽然正值腊月，窗外天寒地冻，但营业厅内却充满了爱的温暖。

这件事过后，大家更加重视紧急情况的处理预案，同时，大家都为王文韬镇静沉着、真诚服务的精神点赞，并以他为榜样，提升自己的服务意识和能力，做更好的招行人！

每个光大人的责任

中国光大银行鄂尔多斯分行营业部感动故事

　　尊老爱幼，助人为乐，是每一个光大人应尽的责任。2018年2月的一天，在中国光大银行鄂尔多斯分行营业部的营业大厅里，大堂经理正一如既往地为每一位顾客带来最好的服务和最真诚的微笑。在迎来送往一个又一个客户后，她发现有一个老人在外面徘徊了很久，于是马上上前关切地问老人是否需要帮助。老人神情焦急，语无伦次，武羽琪耐心地安慰老人，并了解到老人回家迷了路，不知道该怎么办。为安抚情绪焦急的老人，武羽琪将老人扶到营业大厅的等候座椅上休息，为老人倒了热水并当即报警。警察同志来到我行后，了解询问了情况，随后联系到了老人的家人。在确认无误后，将老人安全地交给

了家人。离别时，老人依依不舍，老人的家人也一遍又一遍地表示感谢。武羽琪认为自己并没有做什么感动天地的大事，然而，正是这些真实平凡的小事，感染和感动着身边的每一个人。大学毕业后，她就来到光大银行鄂尔多斯分行工作，把"爱岗敬业，以行为家"的企业文化牢记心中，她说："我只是做了一个光大人最平常的工作，用一颗真诚的心将做人的态度传递到工作中的每一个角落，客户满满的信任、理解和认可，是我最大的收获。"

在繁忙的工作中，我们每天要遇到好多人，但尊老爱幼，助人为乐，是我们应尽的职责，更是每一个光大人一直都在践行的社会责任。

心怀大爱做小事

朝阳银行营业部感动故事

服务是现代城商行发展的一张软实力名片，是客户了解银行企业文化的第一印象。朝阳银行营业部的服务文化是"诚"。代表着营业部人要时刻谨记用真诚微笑，以诚信经营，凭借一颗赤诚之心诚挚地欢迎每一位客户……

2017年7月的一个中午，朝阳银行营业部迎来了两位特殊的客户，大堂经理李雯文上前询问需办理何种业务时，发现这是一对聋哑人夫妻，客户显得有些紧张，双手不断地比划，大堂经理立即用熟悉的手语跟客户问好交流，标准化的手语服务让客户倍感亲切，紧张不安的情绪也随之消散，夫妻俩露出欣慰的笑容。

大堂经理在询问业务需求时，拿出了纸和笔同他们进行"交流"，在了解到客户需要办理个人网银业务后，她立刻帮助客户取号，并陪同客户到爱心窗口，开立了一张朝阳银行卡并存入5万元，同时开通了个人网银。对于网银系统的流程、注册、登录、改密等每一项操作、大堂经

理都耐心讲解并按顺序写下了操作步骤，生怕不能为客户解释到位，还让客户亲自操作一遍才放心。经过了满满两张纸的交流，客户终于办理好了相关业务，得知他们要把这5万元跨行汇入他人账户时，李雯文及时给予客户防范诈骗等提示。了解到是付货款后，李雯文指导客户成功地完成一笔跨行汇款业务。办完所有业务后，客户竖起了大拇指，并向李雯文表示感谢。李雯文也连忙摆手，说不用客气，应该做的。

过了几天，夫妻二人又来到了营业部，看到了大堂经理李雯文，如同见到老友一样热情地挥手点头示意。他们从包里拿出10万元，办理了5年期储蓄存款，并再次与大堂经理进行了指尖上的"沟通"，写到网银对他们来说用处太大了，解决了他们平时的汇款业务问题，还可以办理生活缴费，为他们提供了很多方便，以后办业务就来朝阳银行啦！

朝阳银行营业部凭借专业的职业素养取得了客户的信赖，用细心服务赢得客户的赞扬，以坚定的信念践行着"选择朝阳银行，共沐财富阳光"的承诺。细心服务聋哑人，无声问候充满爱。特殊客户群体需要我们更细致的指导和服务，朝阳银行营业部的优质服务渗透到每一个角落，感动着客户的心，温暖着每一个人，让无声的世界充满爱，让人与人的距离不再遥远。

平凡中绽放绚烂

中国光大银行沈阳于洪新城支行感动故事

一个周一的下午，在营业时间快结束的时候，一位50多岁神色焦虑的阿姨在保安的引导下慌慌张张地来到大厅。

"阿姨，有什么可以帮您吗？"张泽阳微笑着走过去问道。

"刚才乘公交车的时候，钱被偷了，里面有光大银行卡，卡里有一大笔钱，是我儿子的购房首付，这可怎么办啊？"阿姨显然不知道银行卡的挂失流程，说着快要哭出来了。

"阿姨您千万别着急，这个可以通过电话银行挂失，挂失后，您的存款就安全了……"

在张泽阳不厌其烦的帮助下，阿姨按照操作流程，迅速办理了挂失手续，很快完成了挂失，张泽阳看到阿姨放下心来，自己也非常高兴，最后又嘱咐她明天带着身份证过来，再补办一张银行卡。这个时候，天已经黑透了，张泽阳将阿姨送到公交车站，看着阿姨安全上车，挥手宽慰道："阿姨，不用急，路上小心。明早过来找我就行了。"

第二天一早上班的时候，阿姨果然如约而来，这次心情就轻松多了，张泽阳一边帮助阿姨操作补卡，一边随意地和阿姨聊了起来，阿姨说："最近手头有点闲钱，大概10万元，你看我在你们行买一个什么理财产品好？"

"我们这里有新客户专属理财产品，投资灵活，收益高于同期产品。"在他详细地给阿姨介绍过产品以后，阿姨连连点头："这个

好，这个好。"毫不犹豫地当场买了这款理财产品。

　　一来二往，阿姨对张泽阳产生了极大的好感和信任，此后不管办理什么业务，都要找他，还不断推荐亲朋好友把钱都存到这里来，成了我行的高端客户。每次来网点办理业务，阿姨总会亲切地和他聊一会儿，总是说："你办事，我放心。"这虽然是句普通的话，却饱含着客户对他的认可与信任。

急客户所急，真情服务赢口碑

广发银行本溪分行营业部感动故事

助人为乐是中华民族的传统美德，更是我们广发银行本溪分行一直秉承的精神。

2017年8月4日上午，大堂经理王姝正如往常一样，认真巡视大堂。在巡视大堂的时候，发现了一位"特殊"的路人。这时大门外一名阿姨，步履蹒跚、汗如雨下，并且脸色苍白，双手捂着胸口。王姝见情况不好，马上走出门外询问这位阿姨是否需要帮助，阿姨双手握住王姝的胳膊，但是张开嘴却怎么也说不出话来。8月伏天，骄阳似火，没有一丝的风。工作经验丰富的王姝见状二话不说马上拨打120

急救中心电话，并搀扶阿姨到营业厅沙发上平卧休息，她为阿姨准备了水和纸巾，并帮助阿姨倒水吃药。阿姨断断续续地表示自己有高血压和轻微脑梗，亲人都在大连，需要到医院进行治疗。王姝帮助阿姨联系手机中的最近联系人，并找到了阿姨的一位好朋友，阿姨的朋友表示就在附近，会马上赶过来。这时120急救车已经到达行门口，王姝为120急救车开道引路，将急救车直接引导到侧门，方便就近抬担架进出。急救人员对阿姨进行了现场急救治疗，阿姨的朋友也赶到了现场，随后阿姨被送往医院进行进一步治疗。

虽然事情发生只有短短的10分钟，但是我们的员工表现出了镇定。真诚服务是对客户的尊重更是对客户的感激。

您的心思我能懂
您的权益我守护

吉林银行沈阳青年大街支行感动故事

　　这一天，正值周日，吉林银行沈阳青年大街支行迎来了第一位客户——一位衣着普通、神色焦急的女士。"早上好，欢迎光临，您请坐，请问您办理什么业务？"现金柜员像往常一样，热情地向这位女士打招呼。但随即，她便发现了异样。这位女士没有说话，只是嘴里发出"嗯嗯"的声音，用手指了指自己的耳朵和嘴巴，并一直在摇动自己的手臂。原来这位女士是位聋哑人，她面露难色，用手语比着自己的需求，柜员立即举手呼叫理财经理王辉。王辉同志从业多年，有着专业的业务素养并且精通手语。当他用手语向客户表达了"您好，您需要什么帮助"的信息时，客户先是感到惊喜，然后便焦急地与王辉开始进行手语交流。

　　经了解这位女士的孩子在外地上学，她收到短信称孩子的学校要求当天补交学费，便赶来银行给孩子汇款。王辉了解到情况后察觉此事有电信诈骗的嫌疑，于是便向这位客户告知了他的想法，让客户先与孩子进行联系，客户用微信联系到了孩子，得知孩子并没有发信息给她，更没有需要补交的学费，客户这才恍然大悟，原来是自己轻信了骗子发的短信，还这么着急地赶来银行，要不是有理财经理王辉的帮助，自己肯定就要上当了。辛辛苦苦的劳动所得差点被骗走，多亏了王辉的提醒才避免了一次电信诈骗。客户紧锁的眉头舒展开了，感激地紧紧握住王辉的手，并多次用手语表达感谢。王辉会心一笑，表示这是作为吉林银行员工应该做的。虽然他们的交流是无声的，但在场的每一个人都感受到了服务传递的温暖，这份感动也默默地流进了客户的心间。

　　青年大街支行一直致力于为特殊人群提供个性化服务，强化公平对待消费者意识，满足残障人士对银行金融服务的需求，并定期组织手语培训。今后也会继续坚持以人为本，理解、尊重、关心、帮助残障人士，扛起这份社会责任，将保护残障人士合法权益落实到底。

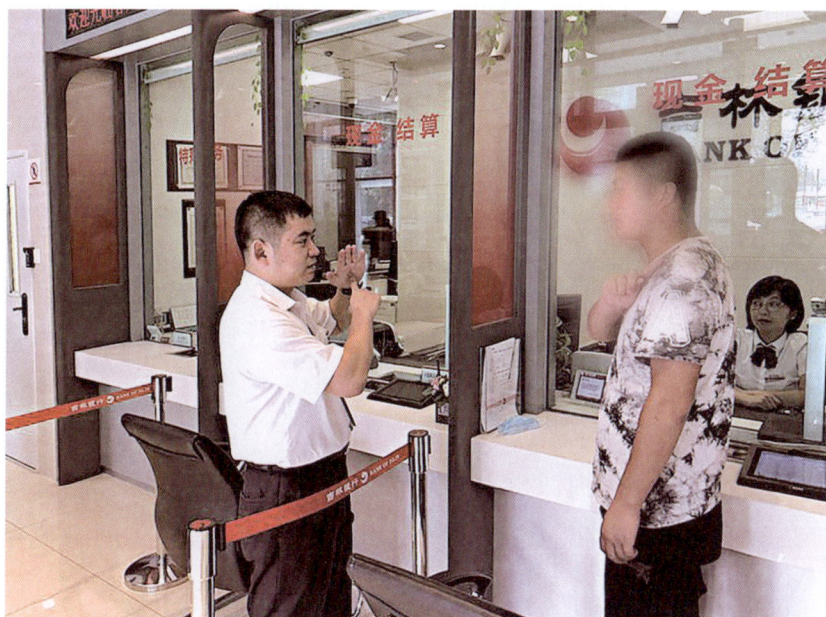

细心服务，挽救生命，温暖人心

锦州银行沈阳分行营业部感动故事

2018年7月11日中午，锦州银行沈阳分行营业部来了一位60来岁的阿姨，她头上硕大的汗珠，沿着额头一直流到了衣领。大堂经理刘琳立即上前，请阿姨坐了下来，并递上一杯冰凉的冷饮，对她说："阿姨不着急，先凉快一下，再办业务。"阿姨轻轻地点点头、摆摆手，示意不需要大堂经理帮助。然而刘琳看着阿姨神色有些异常，就一直默默地关注着她的一举一动。

阿姨站起身，向卫生间走去。财富中心主任白津也不放心地跟着阿姨一同去了卫生间。果然，她发现阿姨的脸色骤然发白，汗珠比刚刚更多了。见状，她立即询问阿姨的身体状况，得知阿姨患有多发性心脏病。情况危急，白津也立即通知主管行长，并拨打了120急救电话。在急救车到达之前的这段时间里，白津也一直在卫生间陪护着阿姨，帮她拿药、询问情况、联系家属，一刻都没有离开。阿姨在救护人员的抢救下度过了危险期，白津这才把心放了下来。

7月19日中午，这位阿姨又来到营业部，她的精神好了许多。她带来了一封长长的感谢信。阿姨说，其实她那天来锦州银行并不办业务，就是想借用卫生间。因为沿街走了好几家商铺都不肯借用卫生间给她，她越发着急，才发了病。而锦州银行，不仅能为客户提供全面的服务设施，更是对她这样一个不是客户的客户关怀备至，救人于危难，让她大为感动。她感谢那天的大堂经理白津也和刘琳、感谢对老年人特殊关注的七彩阳光服务理念，更加感谢真心实意、细致入微为客户着想的锦州银行！

故事并没有就此结束，阿姨和营业部年轻的员工们成为了朋友，关系越来越亲密，也了解了锦州银行的企业文化，切身感受到营业部的优质文明服务，阿姨不仅将自家的存款陆续地转存到锦州银行，还成为了我们的义务宣传员，向亲朋好友大力推荐锦州银行，使更多的沈城客户了解锦州银行，感受优质文明服务。

感谢信：

感谢白津地、刘琳两位同志：

我是一位59岁的老同志，2018年7月11日中午来锦州银行上卫生间时，突发抽羊病，不醒人事，是两位美女同志不离不弃的一直守护在我身边。那时我一会上卫生间，一会吐，两位美女一直关心我，给我家人打电话，又给120救护车打电话，分分钟钟的不离开，处处给病人着想，我非常感谢。今天我的病已好转，写上到银行来，感谢她们，给我第二次生命。但愿银行领导能给这些传达正能量的同志一次奖励机会，祝我们锦州银行越办越好。

盛京送温暖　真情暖人心

盛京银行营口分行营业部感动故事

在渤海之滨——美丽的港口城市鲅鱼圈，活跃着一支充满了朝气和爱心的团队，他们用青春和热情在这片土地上谱写了一曲又一曲的赞歌，他们就是盛京银行营口分行营业部青年志愿者团队。

7月的天气很炎热，可是窗口常来办业务的张书记却满面愁容，柜员亲切地问她："您这是怎么了？"张书记怅然道："还不是为村里的低保户们发愁，也不知道最近过得怎么样了……"张书记的话引起了我们青年志愿者的关注，时值党的生日，想到山村里生活困苦的低保户们，想想我们自己优越的生活，再想到习总书记关于"精准扶贫"的精神指示，志愿者们决定立即行动起来，用自己的关爱去帮助他们。

青年志愿者们当即成立了送温暖小组，兵分两路，一面同张书记取得联系，了解哪些低保户需要帮助；一面组织策划营业部全体员工们捐款捐物。张书记积极地为我们提供了名单，并热情地要领志愿者们上门去为低保家庭送温暖。

仅仅用了一天的时间，青年志愿者们就筹集好了钱物，第二天就随着张书记到山村里为低保户送温暖。当志愿者们拿着米面油和衣物到达低保户家里的时候，都被眼前的场景震惊了。这些低保户，有的是丧失劳动能力，有的是孤寡老人，还有的是没有谋生能力。志愿者们一面为他们送上物资，一面在心里默默地承诺：以后自己勤俭节约，下次还来看望他们，为低保家庭贡献自己的一份力量。

此次送温暖活动，进一步弘扬了志愿服务精神，达到预期效果，基本取得成功。通过与低保人士的交流，了解到他们生活的现状、面对的难处和对未来的渴望，在一定程度上给予了低保残障家庭物质帮助和精神慰藉，激发了他们的热情，从侧面引导他们积极向上，热爱生活。此外，也在一定程度上提高了志愿者们的能力和素养，让他们珍惜现在的生活，并在以后的工作生活中坚持"勤俭节约"的精神。同时，更使盛京银行"市民银行，服务市民"的服务理念得到充分凸显，为挣扎在生存边缘的人们尽了一份力量。

服务让情感升温
点滴间铸就真情

招商银行长春分行营业部感动故事

在美丽的季节里，有这样一朵"金葵花"，那就是招商银行长春分行。在招商银行里有这样一朵"金葵花瓣"，她耐心服务着招行每一位客户，用热情和专业耐心帮助每一位客户，如何提升客户更好的服务体验是她每天研究的课程，她不断充实自己，在实践中不断成长。她，就是招商银行长春分行营业部的大堂经理张楠。

银行的服务工作不仅需要对工作的满腔热忱，更要有一颗追求完美的心，做好优质服务不仅只是嘴上说说，而是要放在心上，付出行动。

今年72岁的李叔叔是我们行的一位普卡客户，每月的下旬都会来我行办理取款业务，每次取款的金额都在2000元左右，是身在外地的儿子给他汇的生活费，由于金额不多，每次都是在自助设备上进行操作。但是，李叔叔的视力和听力都不佳，需要他人协助才可以完成。李叔叔第一次来办理业务时恰巧是张楠接待的，得知李叔叔的情况后，她耐心地协助李叔叔办理取款业务，并且告诉李叔叔以后办理任何业务都可以直接过来找她，李叔叔后来总是习惯叫她楠楠。之后每个月，李叔叔都会过来找张楠帮他取款，时间久了，张楠感觉到李叔叔不仅是客户，更像是亲人，他也说来我行办理业务就是舒服。几次交谈后，张楠得知李叔叔以前是一名军人，参加过抗美援朝战争，也就是那次战争损坏了他的视力和听力，自此，张楠对李叔叔更是多了几分佩服和敬仰。这个月28日李叔叔又如约过来取款，张楠得知再有几天李叔叔就要搬去外地与儿子同住了。李叔叔说："人老了总是喜欢回忆，想想来这儿办理业务也有一年半的时间了，每次都是麻烦你帮忙，得亏有你才能这么顺利取款，就要搬走了，还有点舍不得，我们拍张照片留念吧。"

服务无小事，客户的满意是给我们工作最大的动力，不管多累，只要看到客户满意的笑容，我们的付出就是值得的。

东北的冬天很冷，东北的冬天又不太冷，来自招行人的爱，让世界变得温暖。招行人感动着客户，客户同样感动着招行人……

团队协作强服务
细微之处显真诚

中国银行吉林省分行营业部感动故事

中国银行吉林省分行营业部多年来致力于提升文明服务，优化客户体验。这支专业的队伍在业务上常思创新、不断精进，在团队合作上力求同心、真诚至深，在强化服务上无微不至、孜孜不倦。

一个风雨交加的下午，临下班，营业大厅来了一位腿脚不便年近60岁的阿姨，她姓胡，是一家服装企业的出纳员，她要开一个外币账户。胡阿姨刚坐下便懊悔、自责地说："人老了就是不中用啊！我竟然少拿了法人身份证！"说着阿姨急得哭了起来："法人在吉林开会，要一周以后才能回来，如果今天不把账户开好，我们会丢掉很大一笔订单。"柜员安抚阿姨说："大娘，身份证原件是我们核实法人开户意愿的要件之一，但是您先别着急，我们帮您想想办法。"柜员立即将这个情况反映给当班主任，主任第一时间赶到柜台跟胡阿姨说："大娘，您别着急，您看这样行不行，您联系下法人，把他的信息告诉我们，我们现在就安排吉林市分行的同

事做见证业务，争取今天把账户开好。"胡阿姨激动地说："那真是太感谢了，给你们添麻烦了！"吉林市分行得知情况积极帮助推进，最终顺利完成法人身份证见证。那天晚上，很多同事都主动留下来帮忙，胡阿姨眼神不好，有的同事指导她填单，有的同事帮她复印材料，还有的为胡阿姨买晚饭。胡阿姨感动地说："你们的服务真是太贴心了！"

从那天起，胡阿姨成了大家的老朋友，每个人都热情地帮她办理各种业务。每到节日，胡阿姨就把自己包的饺子、粽子带来送给大家，大家纷纷称她为"胡妈妈"。原来胡阿姨是这附近单位的退休职工，退休前就常来办理外汇业务，现在返聘到另外一家企业做出纳，距离很远，但她却坚持劝说法人一定要把外币账户开在中国银行吉林省分行营业部，因为这里的外汇业务最专业，服务也最周到。

正如胡阿姨所说，营业部从未让她失望。此后，胡阿姨来做企业外汇业务时，遇到汇入款久久未到账的情况，营业部英语专业的柜员们都主动帮胡阿姨，经常是由于时差原因，要后半夜起来和对方企业、银行联系，第一时间找到问题所在。也正是一次次的热情和精准服务，感动了企业法人，在胡阿姨的介绍下，该企业上下游十余家企业纷纷来到营业部开立结算账户，拉动对公存款千余万元，同时大大提升了国际结算量。

服务是一种文化，也是一种传承。营业部真正做到了用真情、真心、真诚与客户沟通。他们就这样日复一日、持之以恒向着"建设新时代全球一流银行"的战略目标持续迈进！

一日为军人　永不忘军魂

中国建设银行长春大经路支行营业部感动故事

"有困难，找常哥！"在中国建设银行长春大经路支行营业部客户中流传着这样一句话，大家口中的"常哥"，就是营业部大堂经理常海龙。当你走进建行长春大经路支行营业部，总会看到一个挺拔的身影穿梭在大堂中，走路带风、目光坚定、声音充满力量。

"一日为军人，永不忘军魂"是常海龙的座右铭，作为一名转业军人，虽然早已褪下戎装，穿上了一身建行蓝，但骨子里仍是一个兵。常海龙常说："以前我是部队的兵，现在我是建行的兵，一样是服务老百姓，没差！""纪律严明"是刻在骨头里的，"百姓为先"更是融入了血液中。无论是需要办理业务，还是生活中需要帮助，客户都愿意跟"常哥"说一说，因为他们都清楚地知道，一定会得到"常哥"的帮助。背着不舒服的老人去医院、陪忘带钥匙的孩子等待晚归的家人……一桩桩、一件件"常哥"口中的小事，都被大家默默地铭记于心。

最近，"常哥"又多了一个新外号——救火英雄。5月的一天，附近社区的居民焦急地跑进营业大厅，"不好啦，着火啦！怎么办啊？你们快去看看吧！"常海龙同志闻讯，拿起灭火器就随着居民冲向火灾现场。由于起火点离社区居民楼非常近，如果火势控制不住，将危及人民群众生命财产安全，在简单对火灾现场进行勘察之后，常海龙同志迅速找准方位，冲在灭火最前线。由于连日来气候干燥，又恰逢当天风力较大，火势越来越大，现场情况十分危急，常海龙同志一边救火，一边大喊，组织周围群众利用消火栓进行灭火，成功控制住了火势，最大限度地保护了公共财产安全，最后协同赶来的消防战士成功扑灭了大火。

　　面对群众和社区送来的表扬信，这个在烈火面前眉头都不皱一下的东北汉子腼腆地笑了。大家要给他送锦旗、送奖状，他摆摆手："别弄这些，太不好意思了，都是我应该做的。"

　　常海龙的责任心和勇气真正体现了一名建行员工的优秀素质、临危不惧的军人作风，也充分彰显了一名共产党员的强大内心，事后对名利、赞扬的坦然处之，更是凸显了他作为一名转业军人的高尚品格。当兵多年高强度的训练，使得常海龙的腰部、双眼、膝盖都落下了病根，但从未见他驼过一次背、喊过一声疼。他树一般可靠的身影一直坚定地伫立在大经路支行营业部的大堂中，守护着建行人"客户至上"的理念，守护着一名军人"为人民服务"的誓言。

贴心服务　温暖人心

兴业银行长春高新支行感动故事

现代银行的竞争就是服务的竞争，只有服务工作做得好，才能在银行业产品同质化越来越严峻的形势下争取到更多的客户资源。服务工作是一项使命，更是一份责任。我们的服务工作要从用心开始，用心对待每一位客户，想客户之所想，急客户之所急，这样我们的服务才能得到客户的认可和赞扬。兴业银行高新支行客户经理谈媛，就是这样秉承以客户为中心的理念，时刻做到贴心服务，受到了客户的一致好评。

2016年11月的一天上午，谈媛正在厅堂巡视，遇到一位客户，神色匆忙，说要开卡。谈媛立即带领客户到自助办卡区指导客户办卡，在闲聊中发现，客户李先生是一家工程企业的法人，办理银行卡要存钱230万元，用来给200多位员工发工资。由于受到大雪影响，冬季工程无法开工，因此这次工资是给施工队的农民工发的2016年最后一笔工资，发完工资以后，这批农民工就准备回家过冬了，因此今天必须办卡并把工资发放出去。听到这些，谈媛加快办理速度，首先为客户开立了银行卡，再为他开立了电子银行转账功能。之后，李先生通过其他银行卡转账到兴业银行230万元。

谈媛知道，如果通过手机银行跨行转账，每日最多汇款50万元，而网上银行每日可转账额度为500万元，因此决定通过网上银行为李先生办理网上跨行汇款业务。谈媛请李先生登录网上银行。但在登录时，遇到了麻烦。李先生曾在我行办理过信用卡，网上银行自动关联了信用卡账户，而客户信用卡刚好到期，无法通过信用卡账户来登录网上银行，这就使业务办理陷入了困境。谈媛及时向会计主管请教，通过柜面办理，再次尝试，仍然无法登录网上银行。眼看时间一分一秒过去，200多名农民工还在询问何时能发放工资，李先生焦虑不安，认为我行效率太低，表示非常不满意。

谈媛赶忙安抚李先生，表示一定尽快办理。在多次咨询后，她发现这种特殊情况从来没有遇到过，今天是第一例。难道真的就无法办理了吗？难道200多人的工资就发放不了，农民工就得空手回家吗？谈媛开始尝试其他方法。她想到，是否可以通过销掉信用卡，再用借记卡账户来登录网银呢？她向李先生解释了目前面临的情况，李先生也表示理解，随后谈媛帮助李先生销掉了信用卡。这一次终于凭借借记卡账户，顺利登录了网上银行！李先生非常激动，特别开心，整个过程耗时一个半小时，李先生表示非常感谢谈媛的耐心帮忙和贴心服务，之后利用网上银行顺利为200多名农民工发放了230万元工资。李先生满意离去，临走前对谈媛竖起了大拇指，认为兴业银行的服务太到位了，以后还要经常来这里办理业务。谈媛也感到很高兴，帮客户解决了难题，同时让200多名农民工可以顺利拿到工资回家。

谈媛的贴心服务得到了客户的好评，给高新支行的员工树立了榜样。服务无小事，只有贴心服务，才能温暖人心，才能获得客户的认可，才能打造兴业银行高新支行服务一流品牌，让高新支行越来越好！

来自大洋彼岸的亲人

龙江银行营业部感动故事

2018年7月6日，对于其他人来说，是普通的一天，但对于龙江银行营业部主管柜员王岩来说，却是一个不平凡的日子，因为这一天，她接待了一位特殊的、陌生却又熟悉的、远道而来的客人。

上午10点20分，王岩在行门口等到了来自大洋彼岸的、白发苍苍的乔大爷。老人家一见面，就紧紧握住了王岩的手，并连声说："孩子，你辛苦了，谢谢你！"

这究竟是怎么回事呢？事情还要从一年前说起。2017年，按照人民银行关于加强客户信息管理的相关规定，营业部开始进行存量身份证信息过期客户的筛查、清理工作，王岩作为该项工作的重要参与者，负责客户信息的整理及电话沟通工作。在工作过程中，王岩发现了乔大爷这位特殊的客户，系统内信息显示乔大爷于8年前在营业部开卡时所使用的护照已于2017年2月过期。通过电话与乔大爷沟通，王岩得知，原来老人原户籍为哈尔滨，但因经商缘故已旅居美国多年，回

国次数寥寥无几，第一时间更新身份证件信息存在较大难度。热心的王岩得知情况后，在电话里详细向乔大爷解释了证件过期存在的风险及可能给乔大爷造成的困扰，并诚恳地邀请乔大爷如有机会，在条件允许的情况下可来行办理信息更新业务。乔大爷对王岩的热心及耐心十分认可，并在电话里表示了对龙江银行及营业部相关业务的认可和信任，以及身在异国的不便和对故土的想念。让大爷没有想到的是，细心的王岩每逢中国传统节日便会给乔大爷发一个问候短信，还向大爷描述了哈尔滨近年来发生的变化。一次乔大爷因商务需要回国，在广州办理刷卡业务时出现障碍，第一时间便想到了王岩，通过电话沟通，王岩帮助乔大爷顺利将业务办理完毕。多次未曾谋面但热情周到的服务，让乔大爷深为感动。终于，在2018年夏天，乔大爷返回了离开多年的故乡哈尔滨，并特意选择住在营业部对面的香格里拉酒店，第一时间到营业部办理了信息更新业务。王岩还记得大爷在聊天过程中提到，大爷离开多年还怀念附近一家粥铺的味道，特意趁着午休陪着老人去吃了一餐普通却不平凡的午餐。乔大爷感慨地说，故乡是最难忘的地方，营业部的员工就像是他久别的亲人，让他深切地体会到什么是故土难离，并表示以后每次回国都会来营业部看看，也邀请营业部的孩子们去美国家里做客。

"感动"在词典中有两种释义：受外界事物的影响而激动和触动。前者激情浓烈，是王岩对工作、对客户的热情；后者持久细腻，是王岩对客户的真诚和坚持。王岩是平凡的，她只是营业部44名员工的一个小小的缩影，对于营业部人来说，急客户之所急、想客户之所想，是职业操守，更是心之所在，只因我们坚信用心服务，方能收获信任与成功！

真心服务　用爱感动

青冈县农村信用合作联社营业部感动故事

服务本身没有情感，但用心、真诚的服务却可以直达心灵，在本是平静的心灵里升起一次暖潮，在孤单无助的境况下给予最大的帮助。青冈联社营业部的每名员工都将真心作为服务的前提，让每一位客户在青冈联社都能找到家的温暖。

2018年3月的下午，客户赵女士来到柜台前要求办理密码挂失业务。在柜员对照身份证核实身份时，这位女士的目光总是闪躲，柜员询问她是不是本人时，她说自己是本人，但却答不上要挂失的银行卡的相关信息。办理业务的柜员觉得可疑，便叫来了业务主管张国光。客户这时有些紧张，要求拿回身份证及银行卡，要离开网点不办业务了。出于对客户资金安全的考虑，张国光拒绝了这位女士的要求，并进一步向其了解情况。在与她耐心的沟通下，客户说出了事情的原委。原来卡的户主是这位女士的姐姐，户主生病住院了，不能来网点办理挂失业务，她们也是没有办法，因为住院需要用钱，密码却又想不起来了，都说她们姐俩长得像，所以她就来了，想说自己就是本人，好替姐姐把密码改了，但毕竟都是老实人，不会骗人，客户一脸的无奈。张国光告知客户理解她的这种情况，其实她并不需要冒充客户本人来办理业务，只要客户说明情况，银行会组织工作人员进行上门服务。然后便带着柜员去为客户办理密码挂失业务，解决了客户的燃眉之急。客户不停地感谢，感谢他到病房来帮助办理业务，更感谢他送来的温暖。

想客户之所想，急客户之所急，一直是张国光的工作原则。对待腿脚不利索的老人，他总是主动帮忙办理业务，提供绿色通道；对于经常换零钱的顾客，他总是不厌其烦，帮助解忧；对所有需要提供业务帮助的客户，在联社允许的情况下，他都能主动热心办理。

在你困惑时，我们愿为你点亮一盏灯，照亮你前进的方向；在你无助时，我们愿为你伸出一双手，给你力量，陪你前行。信合人，愿与你风雨同舟，共享阳光。

用心服务见于点滴之间

中国邮政储蓄银行哈尔滨市分行营业部感动故事

　　这是一个洋溢着青春朝气、团结向上的集体。"塑业务精英，组高效团队，创一流服务，建精品支行"是他们始终不变的信条。他们坚信优秀是一种习惯，不断用耐心至诚、细致入微的服务感动着每一位客户。

　　"您好，请问您办理什么业务？"伴随着清晨柔和的阳光，一声声亲切的问候，一张张温暖的笑脸，挺拔的站姿，标准的手势，微笑着迎接每一位客户——这是邮储银行哈尔滨市分行营业部服务客户的一幕。

　　2017年12月11日，16点25分，一位40多岁的女士拿着一沓零钱匆忙走入营业部，要求汇款，大堂经理在指导黄女士填单时，得知客户是接到了给农用车车补的短信而先给对方汇税金，想到行里刚结束的关于短信诈骗的安全培训，他十分警觉，赶紧提醒客户，但是客户并不认同。为了让客户清醒认识，大堂经理先将公安局下发的关于防止短信

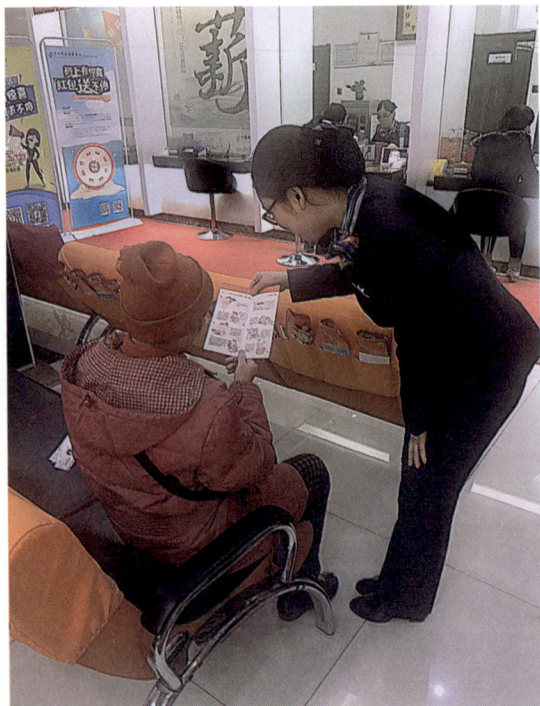

诈骗的宣传资料给客户了解，又通过电话查询，层层转接，找到农资委的有关部门，确定没有这样的补助，且明确告知客户，凡是此类短信，都属诈骗。直到这时这位淳朴的大姐才相信自己差点被骗。握着手中刚刚凑齐的零钱，大姐的眼泪落了下来，握着大堂经理的手，不住地说着谢谢。送走了这位大姐，已经16点50分了，虽然耽误了正常的结业时间，但避免了客户的资金损失，就是值得的！

这感人的一幕一幕经常在营业部上演，感动着客户，也温暖着每一位员工的心灵。卓越的银行源于卓越的服务，卓越的服务源于卓越的员工。"欲诚其意者，先致其知。"分行营业部全体员工秉承着"客户至上、贴心至诚"的服务理念，时刻践行"想客户之所想，急客户之所急"的服务宗旨，全力为每一位客户提供最优质、最贴心的服务。

微笑，喜于眉　服务，铭于心

招商银行哈尔滨分行营业部感动故事

我是招商银行哈尔滨分行营业部的大堂经理李思雨，2008年入行，10年来，始终坚持"干一行，爱一行，钻一行，精一行"的工作态度和职业精神，服务每一位客户。多年来不断激励我前行的是对工作的热爱，还有客户给予的温暖和与客户发生许许多多的故事……

一个深冬的早晨，像以往一样，我带领员工在大厅开晨会，窗外传来"咚咚咚"的敲击声，寻着声音望去，窗外一位拉着行李箱的男士焦急地向屋里面张望，时间刚刚8点。"还没开门呢！""到自助等会儿！"这时员工们朝窗外喊着……我走到窗前，隔着玻璃很难听清楚客户说什么，看着窗外飘着雪花，我指引客户到自助区域。经过了解得知，客户从大庆坐火车过来要赶10点飞机回英国，想领金葵花卡。本来时间充足，但是遇到大雪天气必须得提早出发，所以想要提前领卡。这种情况还没有先例，需要与运营部门沟通，见此状况我将客户邀请到厅堂中等候，同时向运营主管说明情况，经查询卡片需要先从会计调出，做入库，然后做领取。涉及三个部门的配合！当时我就一个想法，只要有办法解决就立即行动，向上级申请特事特办。在我的积极沟通和协助下，仅仅利用15分钟的时间客户便成功领取了金葵花卡。先生拿到卡片时既惊喜又感动，连连赞叹道："都说招行服务好今天我是亲身体会，日后介绍我的家人都来招行。"客户在起飞前还专程拨打了总行客服电话对我和伙伴们进行表扬与感谢。我的亲身示范服务和应急处理，大家都看在眼里，经历了这件事员工们也真正意识到了"急客户之所急，想客户之所想"的重要意义。

这就是我，一个在平凡的岗位上用实际行动践行着最不平凡工作的人。服务是招行的金字招牌，"因您而变"是招行人始终的服务追求……这些早已成为我铭记于心的服务信仰。9年中我每一次的微笑都那么灿烂，每一次服务客户都发自内心，我常说："我与招行共成长，很荣幸我是一名招行人。"我的勤奋、坚持、责任、感恩都在激励着身边的同事。未来，我将继续为客户提供最温暖的服务，我坚信有一天招商银行的葵花服务会洒遍龙江大地，会深深地植入每一位客户的心中。

用心服务　感动你我

中信银行哈尔滨群力支行营业部感动故事

　　服务是品牌，是形象，是一个单位核心的竞争力。作为服务行业，商业银行除了出售自己有形的产品外，还要出售无形产品——服务，银行的各项经营目标需要通过提供优质的服务来实现。服务分两端，一边是员工，一边是客户。为让员工从内心深处养成服务意识，将优质服务贯穿到自己的日常工作之中，用心服务，是我们支行对每位客户的庄严承诺。

　　记得去年冬天，我送别客户的时候，有一位老奶奶来群力支行办理业务，她行动不是很方便，再加上外面下着鹅毛大雪，雪地特别滑，于是作为大堂经理的我立马前去搀扶老奶奶，咨询着办理什么业务的同时给老奶奶倒上一杯热水。交谈中我得知老奶奶是给外地的小孙女汇钱，每个月她都

会给孩子打点生活费，孩子的父母在国外。这时老奶奶电话响起，是孩子叫她下雪天不要出去了，这时在一旁的我看见奶奶用的是智能手机，于是教会了奶奶用中信银行的手机银行，足不出户即可进行资金

转账。老奶奶反复练习了几遍，轻松地学会了，一直握着我的手连说谢谢。从此，我跟这位老奶奶成了"朋友"。孩子们从国外回来时，老奶奶还特意让他们来中信银行群力支行办理业务，增加了我行的管理资产。老奶奶的孩子办完业务后说："我走了好几家银行，中信银行的服务是我最满意的，你们的服务更让我觉得细心、温暖。"其实我只是做了我应该做的而已。

我行特为女性朋友提供专属活动"女性俱乐部"，为女性朋友打造沙龙活动。因为群力地区附近居民较多，来参加活动的女性大部分都是成功人士，家里资金的管理者。她们一般不太懂得理财，需要专业人士给予指导及建议，支行建立了客户微信群，由专业理财经理为女性客户提供理财建议。女性俱乐部使大家成为"一家人"。我们会记录每一位女性客户的生日，在生日当天为女性朋友送去短信问候，同时每季度会邀请过生日的女性客户为自己亲手制作生日蛋糕，活动中她们积极、踊跃、面带笑容，能够服务她们，我们心里真的非常高兴，温暖了客户也温暖了每一个群力支行人。

每当想到这些朴实的笑容和真心的感谢，我内心就特别欣慰。作为银行从业者，真心为客户考虑，真诚为客户服务，赢得客户的信任，看到客户的笑容，让我们感到无比满足。

用心服务　以诚动人

交通银行上海漕河泾支行感动故事

法国著名作家雨果曾说过："花的事业是尊贵的，果实的事业是甜美的，让我们做叶的事业吧，因为叶的事业是平凡而谦逊的。"在漕河泾科技园区，有这么一群人，他们27年如一日，谦逊地从事着叶的事业，为平凡的工作岗位注入新鲜活力，他们就是漕河泾的交行人。

时间回转到2008年，小刘还只是交通银行上海漕河泾支行一位年轻的对公客户经理，偶然间接待了一位大学毕业生小陈，小陈在大学期间主修软件设计，在校期间拥有多项专利技术的他一直心怀一个创业梦，然而缺少起步资金却成为了他圆梦路上最大的阻碍。在与交通银行接洽的同时，已有多家国内外企业向小陈的设计抛出了橄榄枝，却由于缺乏资金，始终无法将设计转化为成果，为此小陈很是着急。

同样作为职场新人的客户经理小刘，对于小陈创业中遇到的困难感同身受，不仅仅在业务办理中为小陈寻找最匹配的产品，更是义务帮助小陈咨询大学生创业优惠政策。从跑工商局办理公司注册，到在交通银行开立账户，再到筛选审核订单与贸易合同……经多次与分行相关部门沟通与商讨，凭借小陈获得的优质订单，客户经理小刘为他放下了第一笔款，小陈终于将自己的设计转化为实践成果，他的公司逐渐走上了正轨。

十年间，漕河泾支行的公司部已成长为一支专业的团队，他们与小陈的公司多年守望相助。投资创业并不总是一帆风顺，公司成立头几年，流动资金不足，账款回笼较慢，小刘的团队熬过了一个又一个夜晚，为小陈匹配最为合适的融资产品，为公司跟进每一笔款项的落实。直到其他科室一间间关灯离开，那一张张年轻的脸庞却依然专注。

十年来，随着对高科技企业的扶持，大量的科技型企业获得了腾飞，小陈的企业也日渐红火，生意规模不断扩大，当年的小陈已经成为了员工们口中的陈总，公司成功上市并成立了多家子公司，而这些子公司均选择了交行，他总是对小刘说："我信任你！"

"服务本身就是我们工作的一部分"，当年的客户经理小刘如今已经是交通银行漕河泾支行的信贷科科长，但对这份十年的信任却倍感珍惜。

正如交通银行上海漕河泾支行的服务口号——"每一步，心相伴"，业务成功与进步固然使我们为之振奋，但更让我们感到欣慰的是与客户携手前行的每一步，是网点与客户们相伴成长的峥嵘岁月。现如今，交行漕河泾支行作为漕河泾科技园区的金融服务窗口，已经逐渐成为一个闪耀科技之光、传递爱与真诚的地方，我们致力于让科技流行起来，与企业共同成长。

"小蜜蜂服务团队"的爱心故事

中国建设银行上海浦东分行营业室感动故事

建行浦东分行营业室本着"以客户为中心"的服务理念，进一步扩大服务价值的外延，着力构建"暖"服务格局体系，成立了"小蜜蜂服务团队"。关爱特殊客群，将服务送上门，让特殊客户能享受到同样的银行服务，竭力为客户提供高效、便捷、人性化的服务。于琦是建行浦东分行营业室的一名普通员工，她二十余年扎根基层第一线，兢兢业业办好每一笔业务，尽心尽力服务好每一位客户，她也是"小蜜蜂服务团队"的一员。

在一个细雨蒙蒙的上午，有一位没撑伞的男性客户急吼吼赶到网点，满身雨水，引起了于琦的注意，她主动招呼客户坐下并询问情况。当她得知客户是拿着家里老人的卡前来办理银行卡的密码重置业务时，就告知他这项业务是需要本人前来办理的，但得到的信息是老人此时正躺在东方医院等待手术，根本无法动弹，更别提赶到网点办理业务了。但不能取款就无法支付医院的手术费用，不能手术老人的病痛就无法及时得到妥善的医治。看到客户心急如焚的样子，于琦立即将情况向领导进行了报告，并立即带领"小蜜蜂服务团队"上门为客户提供服务，让客户享受到了温暖。

这件事不仅感动了客户和家人，也感动和激励着营业室的整个团队，一个微不足道的善举，对于特殊客户来说却意义重大，让特殊客户享受到同样的银行服务，这是"小蜜蜂服务团队"的职责。客户服务无小事，上门服务暖人心，于琦始终将客户体验放在首位，以真情服务为客户解决切实困难，急客户所急，想客户所想，用专业、真诚

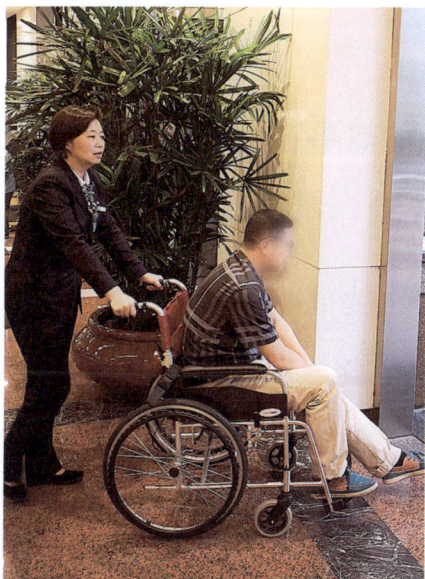

的服务打造有"温度"的暖心服务，这也是她对"想客户所想，急客户所急"服务承诺的最完美的诠释。

除了帮客户解决疑难杂症以外，平时于琦在网点，在岗位上服务老年客户，以实际行动打造暖心服务的事例更是不胜枚举。每次在大堂里看到老年客户时她都会主动搀扶，每次她都会耐心回答老人们所提出的每一个问题，每次有行动不便的老年客户需要上门服务她都主动请缨，每次遇到70周岁以上的老年客户前来办理业务时，她都会引导他们进入理财中心享受优先服务，带动整个团队形成敬老爱老的服务氛围，让营业室成为敬老之家。在其父亲患白血病之时，她白天仍坚持认真工作，夜晚又去医院陪床，从没有请过一天假；即使在她骨折需要静养恢复的时候，为了保证行内系统测试的圆满成功，她仍坚持每天到岗，经常跟战友们工作到凌晨，吃住在单位，连续几天甚至一周不回家。

于琦就是这样一位既普通又不普通的员工，在她身边，客户会觉得踏实，因为她有一流的技能；在她身边，同事会觉得放心，因为她有敬业的精神；在她身边，老年客户会觉得温暖，因为她会把每一位老人当成自己的家人……她就是这样一个用自己的工作热情和敬业精神在平凡的岗位上谱写新的服务篇章的人，用一流的服务水平与扎实的专业技能，赢得了大家的认可。年复一年，日复一日，她用自己的实际行动讲述着一个又一个的故事，她用自己的小宇宙为同事和团队制造着"正能量"，带动所有人把爱岗敬业的精神不断传承下去，生生不息，源远流长。

贴心服务　用心关怀

交通银行上海罗店支行感动故事

老年人是一个特殊的社会群体，也是值得人们尊敬和关爱的群体。作为一名交行人，作为一名大堂经理，王臻璐将敬爱老人视为自己的职责和义务。为了更好地服务他们，她坚持敬老为善、助老为乐的原则，始终把老年客户的利益放在首位，在日常接待客户的工作中做到热情周到、文明礼貌、细心耐心。

罗店支行有这样一位特殊的老年客户，今年已经80岁高龄。对于这位高龄老人，王臻璐付出了不一般的用心。年事已高的周女士双耳几乎已经失聪，家里的子女没有人陪在她身边，身边也没人照顾。针对周老太太的特殊情况，每次她来办理业务，王臻璐都很耐心地在纸上写好："请问您要办理什么业务？……"就这样，王臻璐一边写周老太太一边口述，与这位老人家之间形成了特殊的默契，久而久之，只要周老太太一来，看到她手中拿的东西，王臻璐就知道老太太要办什么业务了。由于她的细心服务，周老太太显然已经把王臻璐当作家人看待。出于对王臻璐的信任，每次水电煤账单寄到家中，周老太太第一个想到的就是找她，让她协助完成水电煤的支付工作。每次办完业务，老太太都双手合十表示谢意，并露出一个质朴却温暖的笑容，每当那时，小王的心也变得暖洋洋的。对于一个孤单的老人，王臻璐总是适时地给予老太太家人般的温和关怀，希望她能把交行当作家，将自己当作家人。

还有一位老人，是一位空巢老人，每次来网点她总喜欢找人话话家常、发发牢骚。随着她办理业务的次数增多，王臻璐也慢慢地了解到她的情况，每次看到她来网点，便主动迎上去，陪她说说话并为她处理各项业务。渐渐地，小王走进了老人的内心，她也把小王当成了自己人。有时候老人想上网买点东西，却苦于自己不会操作，便第一时间打电话给小王或是到网点来找小王帮她处理；有时候她跟儿子发生口角心情低落了，也会打电话向小王诉说一番。久而久之，她们就成了忘年交。

大堂的服务忙碌且繁琐，却又有着不可或缺的重要性。王臻璐在大堂经理的岗位上通过自己的努力付出，给老人带去关爱、欢乐和温暖，从自身做起树立榜样，营造尊老敬老爱老的良好风尚。这样无私的服务精神感动着罗店支行的全体员工，不断地传递着爱心的接力棒，给更多的老人们带去内心支持和精神关怀。

"您的记忆、我的记忆"

交通银行上海梅花路支行感动故事

如果问我入行8年以来最难忘的记忆是什么，那一定非这位82岁高龄的奶奶莫属。因为"多亏"她，我在交行有了个绰号——"王阿姨"。

陈奶奶一家都是梅花路支行的客户，她的两个女儿都是私行客户，相比之下，陈奶奶却很低调，每次来柜台都是定期转存，没有家人陪同，一直都是独来独往。后来通过客户经理得知陈奶奶的两个女儿常年在海外，老伴很早就过世了，陈奶奶一直都是独自居住。

几年过去了，当我休完产假回到工作岗位，发现此时的她已经身体状况大不如前，走路颤颤巍巍，口齿也有点不清楚。一次陈奶奶开完存单，临走前不放心想试一下密码，但无论怎么输都提示错误，陈奶奶很慌张，我一边想办法安抚她的情绪，一边为她重置了密码。因为密码七天生效，我告诉她下次可以把存单都带来改成凭证支取，并把要办什么业务、需要带的东西全都写到纸条上。当时陈奶奶问我："你姓啥？"我微笑着告诉她："我姓王。"直到现在，我还记得那时陈奶奶的眼神，仿佛时光回到过去外婆看我的眼神一样，那是一种充满依赖的眼神，不掺一丝杂质，天真得和孩子一样。一周以后，一个开门营业的早晨，只见大堂的同事们一见我就笑，我一阵莫名，直到陈奶奶朝我的柜台走来，"王阿姨，我来找你啦！"从此我就有了这样一个绰号，一个让我并不反感、反而还有些喜欢的绰号。

如果说记忆有敌人，那便是时间，因为时间的步伐总是匆匆赶着人往前走，未曾停歇过。陈奶奶还是会偶尔来网点，只是频率越来越

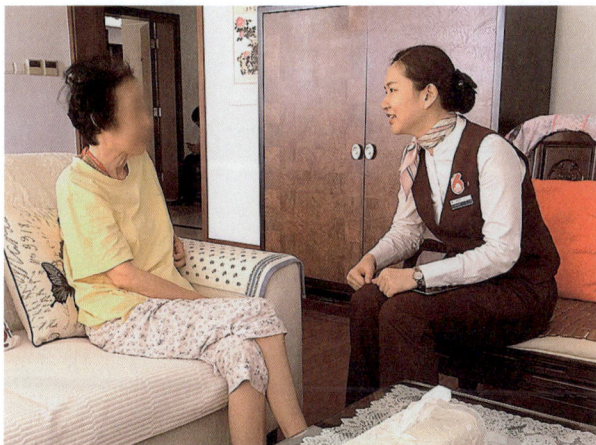

少，从一个人变成需要保姆陪同，从行走变成坐轮椅，再后来，就几乎见不着她的身影了。有一天，我们接到了一通电话，原来是陈奶奶的女儿打来的。陈奶奶的身体每况愈下，现在不便出门，而她的退休工资卡是交行的，现在需要用钱，但是陈奶奶无论如何都记不起密码。了解了情况以后，我们决定上门为陈奶奶办理密码重置业务。过去交行对于特殊人群的服务流程是先上门核实再由家人至柜面代为办理，而如今交行推出了手持终端业务，将柜面业务整合到平板电脑上，这样柜员可以上门操作，客户无须往返银行，足不出户就可以在家中办理。听说是久未露面的陈奶奶，我自告奋勇，带上慰问品和手持终端，和同事一起去了陈奶奶家。

我不确定陈奶奶是否还记得我，心中充满了忐忑。但陈奶奶看见我就说："你是不是有个女儿？应该很大了吧，我记得长得很漂亮。"我心里的那块石头终于落了地。曾经有一次我女儿到单位来，陈奶奶正好在柜台上办业务。

如果说时间有敌人，那便应该是记忆，因为有些记忆是抹不去的，再想起时，还是可以回味良久。那天在陈奶奶家里，她牵起我的手走到镜子前："姑娘你长得好高，和我女儿一样高。"

陈奶奶，如果有时间我还会去看望您。

关爱在心间 温暖在蔓延

中国工商银行上海市分行第二营业部营业厅感动故事

商业银行除了提供金融服务之外，还需要承担起一定的社会责任。中国工商银行上海市分行第二营业部营业厅的一则感动故事，就深刻体现了银行员工如何在做好本职工作的同时帮助有需要的对象，传递社会正能量。

2018年6月，天气渐渐开始炎热，室内外的温差也变得明显，某日，第二营业部营业厅来了一位对公熟客，她一来便瘫坐在座位上。见客户神情有异，对公柜台员工陈盈盈立即关切地询问客户，此时客户显得有些有气无力，表示自己在来的路上因为高温已经有些头晕，现在更是天旋地转不能动弹。

柜员了解情况后，立即呼叫大堂经理陪伴客户并拨打120救护车，自己前去向网点负责人汇报，网点负责人陈佳君得知消息后赶忙来到客户身边协助安抚客户，大堂经理则不断与客户聊天，试图让客户保持清醒并擦去客户头上的汗水，帮助她发送微信通知其家人情况。

救护车很快就赶来了，网点负责人和大堂经理在等待救护人员询问了一些简单问题和常规检查后，协助救护人员将客户抬上担架送上救护车。随后，网点负责人和大堂经理一路小跑来到了网点对面的东方医院，始终陪同在孤身一人的客户身边。

在救护员的指引下，网点负责人为客户先挂了号，在医院做完全身检查后，网点负责人和大堂经理又协助运送担架上的客户，一个在前拉，一个在后推，带领客户进入各个检查室，完成了验血、心电图、脑CT等一系列检查。在等待报告的同时，两人始终陪同在客户身边，不断安抚客户，直到得知客户各项指标均正常，仅钾元素稍低，但医生表示并无大碍，挂瓶点滴就可出院时，大家悬着的心才终于放下。直到客户家人到达医院后，网点负责人和大堂经理才放心地把客户交给其照顾。这时客户的身体状况也有所好转，客户本人及其家人对于网点员工的关心帮助非常感动，向一直陪同在旁的网点负责人和大堂经理连声道谢。

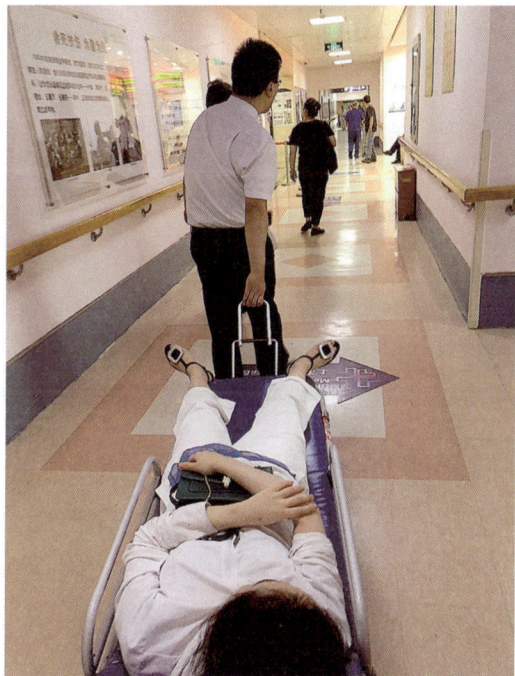

患难之中见真情，这只是中国工商银行上海市分行第二营业部营业厅日常运营中的一件小事，却折射出了营业厅干部员工面临突发状况时临危不乱、训练有素的高效应急机制，以及雪中送炭、不辞辛苦的拳拳爱客之心。

推石头的人

中国银行上海市淮海中路第二支行感动故事

在希腊神话中，西齐弗因为冒犯了宙斯，被惩罚要把一块石头推上山顶，当他费了很大的力气终于快要将石头推上山顶时，石头又会滚落下来，不得不继续将石头向山顶推，他所面临的是永无止境的困难和挫折。而这也是银行人的生活，也是黄瑛的生活，她亦是那个推石头的人，能力越大，责任的石头就越大，推向山顶的过程会越加艰难，然而遇横逆之来而不怒，遭变故之起而不惊，当非常之谤而不辩，黄瑛用自己的坚持和热情拨云见日，用她的顶端的专业水平和宜人的温度感动每一位客户。

她从名下客户资产为0到目前管理近12亿元资产规模，她在内外部竞赛中展露锋芒，成为中国银行上海市分行唯一一位获得总行首届客户经理劳动技能大赛银奖选手。除此以外，她还先后获得中国银行总行级"优秀经理"称号、总行理财经理专业技能竞赛南方片区十强、中国银行上海市分行中行好党员称号、中国银行上海市分行理财经理专业技能竞赛最具突破奖、第九届福布斯富国中国优选理财师区域优

选理财师等众多荣誉。

在卢湾财富管理中心这样专业有序的平台中，黄瑛悟出一流的客户维护需要宜人的温度、顶端的专业水平。

温度始于初次接触客户，暖于充分了解客户。客户的资产情况、产品风险偏好、家庭结构甚至客户的人生梦想，都需要她去层层挖掘。她曾经有一位财富级客户，高知、精明，每次当她来行里购买短期理财的时候，都甚少提及自己的情况，黄瑛如日常服务客户一样为她服务。直到有一天，突然有一位老人来找她，说她女儿去世前把黄瑛的名片留给她，感动于黄瑛平时热情周到的服务，想着黄瑛可以帮老人处理一些财务问题。原来是那个财富客户，她去世了。这个客户已经罹患癌症4年，性格却非常坚强，从不与人说起，这次是在香港的常规治疗过程中突然离世的，遗嘱都没有来得及设立，留下了仅有的两个亲人，80多岁的老母亲和即将成年的女儿。当黄瑛坐下来和老太太谈起家里情况时，伤感排山倒海地涌过来。客户的女儿患有自闭症，心智如同两岁孩童，一个80多岁的老太太一边要照顾她，一边担心自己一旦辞世，孩子该如何安稳地过自己的下半生。而她逝去客户手里的几套房产，抛售过户都有困难，还被远房亲戚觊觎着……她考虑了良久给予了老人成立家族信托的财富管理方案，帮助老人办理遗产公证继承后，历时半年，经过种种努力成立了家族信托，老人和自闭症外孙女的日常生活的资金有了保障，还可以得到医疗、教育、特别救济等方面的资金支持，使老人和小孩真正衣食无忧，生活无虑，家族信托为老人和孩子撑起了一片天。

专业让热情升温，足以融化客户内心的冰川。她每季度都会给客户最专业的产品情况报告，小到产品构成中一个分支的分析，大到产品涉及的市场情况以及产品经理的后续运作思路，客户都能在她的报告里看到详尽而专业的分析。随着金融信息系统的升级发展，有很多便捷的方式可以给客户简单明了的资产报告，抑或是资产配置建议，但黄瑛始终奉行高提炼、纯原创、易理解、再手打的原则，给予客户更贴合的报告建议。她认为只有守之以初心、付之以真心、动之以精心，才能让客户感受到中行的温度，从而增加客户的信任。"靡不有初，鲜克有终"，而黄瑛的坚持不是一次两次，不是一年两年，不是"小富即安"，也不是"饥不择食"，她已经把这种高水准的坚持转变为了工作习惯。

理财经理是一个需要每天都悉心浇灌的职业，努力乘以时间就是财富。茶，慢慢品；路，悠悠走。花繁柳密处，拨得开，才是手段；风狂雨急时，立得定，方见脚跟。人生如逆旅，君亦是行人，把握逆行向上的力量，创造出无限未来，做一名幸福的推石头的人吧！

不忘初心　服务生花

上海浦东发展银行静安支行营业部感动故事

　　3月20日，浦发银行静安支行行长室收到一封饱含真情的手写表扬信，古朴的信笺，劲健的字迹，述说着一件寻常的"小事"——

　　3月14日傍晚，沈老先生像往常一样来到静安支行营业部办理信用卡还款业务。来得不巧，营业大厅窗口有不少人正排队等候办理业务。望着一旁的自助柜员机，沈先生脑海里蹦出过尝试的念头，但又有诸多顾虑——操作不当卡被吞了怎么办？提示的步骤不明白该找谁？自己弄得慢万一影响了后面的人岂不尴尬……正当沈老先生处于踌躇犹豫之际，当班的大堂经理王步云径直微笑着向沈先生走来，原来王步云正进行分流引导。知晓沈先生的情况后，他当即决定要教会沈先生在自助柜员机上办理日常业务。"老先生，放心吧，很简单，肯定学得会，呵呵！"小王具有亲和力的笑容和亲切的言语瞬间打消了沈先生的疑虑，使他获得了尝试的勇气。

　　来到自助机器前，小王耐心细致地向沈先生介绍机器的功能并亲自示范，指导沈老先生使用存取款一体机进行自助还款。初次尝试银行电子设备的沈先生在操作时还不甚熟练，小王便在一旁一一提醒，"对，先点这个……不急，您慢慢来……"小王循循善导，直到老先生彻底学会为止。"下次您再有问题，不要介意，还是可以找我。"临了，这句最朴素的嘱托让沈先生内心暖意融融。"在家都是小辈教我用电子产品，他们不在我就没了方向，现在好了，在你的指导下，我也可以自力更生了，谢谢你啊，小王！"

　　到家后，沈先生决定用最朴实的方式，用最真诚的文字，将内心的感动诉诸笔端……

这件小事只是王步云工作中的一个小小插曲，他没有卓越的功勋，却在平凡中创造感动，始终以客户为中心，怀着一颗赤子之心为客户提供最有效、最优质、最贴心的服务。王步云自从毕业进入浦发银行以来，长期服务于基层网点一线，迎来送往的客户众多却始终不曾懈怠。"赠人玫瑰，手有余香"是他的服务理念，"想客户之所想，急客户之所急"是他不变的初衷。

王步云是基层网点工作人员的佼佼者，也是其中的典型代表。见微知著，恰是细微之处流露出真情，静安支行营业部的每位员工，正是通过这一桩桩小事，才走进客户心里，将静安支行打造成一家有温度的银行。我行员工也必将始终秉持"新思维，心服务"的理念，不忘初心，砥砺前行！

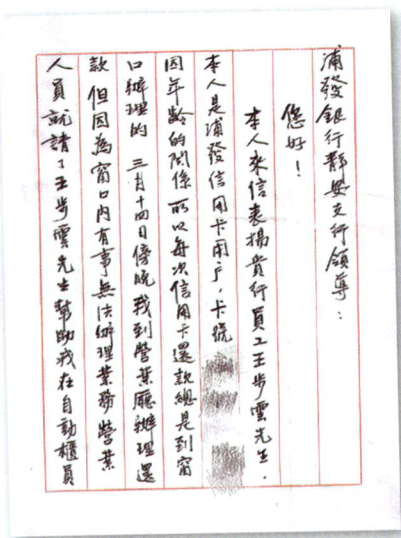

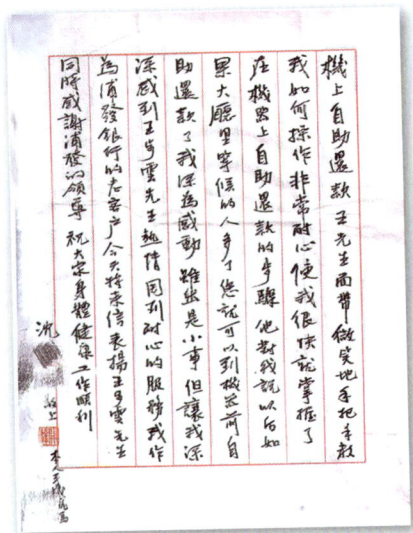

全力"挽救"养老钱

中国民生银行上海分行营业部感动故事

直到现在回忆起2017年发生的这则故事仍旧是百感交集、记忆犹新。事情发生在2017年2月14日的一天早晨，厅堂主管接到了一通客户李老先生的咨询电话，经验丰富的厅堂主管经初步分析疑似客户资金被诈骗，建议客户立即报警。随后第一时间经分行领导同意，提前营业并跨分行将嫌疑人的异地账户办理了冻结手续。当我们采取完紧急措施后，厅堂主管回拨给李老先生。当下，电话那头的李老先生意识到了自己的养老钱很有可能被不法分子骗取一空，情绪激动，已经报警，等待警方后续处理。

2017年3月16日上午10点左右，分行营业部厅堂来了几名特殊的客户，4名身穿制服的特警带着双手被铐的犯罪分子丁某来我分行营业部，要求我行协助公安机关将犯罪分子丁某借记卡账户及直销银行账户中诈骗所得款460余万元资金安全转账至被害人账户中。我支行得知情况后全力配合公安机关，鉴于该名客户身份的特殊性，厅堂主管暂时关闭了VIP贵宾室对外营业，将这批特殊的客户请入贵宾室为其办理业务，以减少对其他客户的影响，也避免一些不必要的风险。而这名特殊的客户就是我行于2月紧急冻结诈骗案的犯罪嫌疑人。厅堂主管与运营监控岗立即根据该客户的账户特殊情况制定一套紧急处置方案，针对这类疑难账户，向分行运营管理部领导汇报，并寻求分行账户室协助为借记卡账户增加"只进不出"账户锁。经过近5个小时的努力，最终为被害人安全追回诈骗资金4636680.58元。

公安局警官对我行"客户至上、积极为客户所想"的服务态度给予了高度的评价。事后李老先生非常感谢分行营业部在第一时间的积极响应和果断的处理方案，为自己"挽救"了存了一辈子的养老钱，还特地制作了锦旗委托其儿子亲自送至我行表示感谢。

这几年，国家不断通过各种渠道提醒公众警惕电信诈骗，但是我们厅堂仍旧会遇到一些被不法分子蒙蔽双眼的客户。通过平日里持续的学习和演练，在有些风险还未真正形成时我们就能帮助客户认清骗局。然而像上述的突发事件一旦出现，如何在第一时间采取措施，尽力挽回客户的损失是我们重要的职责。相信我们这把保护伞会变得更大更稳，保护好每一位客户的资金安全是我们永远的坚守。

遇见爱　找到家

恒丰银行扬州分行营业部感动故事

"谢谢恒丰银行，谢谢你们，要是没有你们，我真不知道去哪里才能找回儿子，会发生什么样的后果真不敢想。"5月5日上午，市民孙女士急匆匆地赶到恒丰银行扬州分行营业部，感谢该行员工帮助她走失的孩子顺利回家。

2018年5月5日上午9点30分，恒丰银行扬州分行营业部当值大堂经理胡迪在厅堂外巡查时听见远处传来的哭声。循声望去，只见暴雨中一个小男孩没有任何雨具，赤着脚，湿漉漉的衣服粘在身上，泪水和雨水混在一起，单薄的身影在风雨中瑟瑟发抖。"这么大的雨怎么也不打伞？你的爸爸妈妈呢？你一个人要去哪里？"胡迪赶紧撑了把伞冲到小男孩身旁，并把他拉进了营业大厅。

一连串的问题问蒙了小男孩，这个还处于焦急与恐惧中的男孩什么话也答不上来，只是一味地抹眼泪。细心的胡迪向营业部负责人薛庆红报告了这件事，从休息室拿来干净的毛巾，将男孩身上的雨水擦拭干净，大堂保安脱下自己的外套给孩子穿上，胡迪又找来了崭新的T恤和袜子给男孩换上，以免他着凉感冒。男孩说，以前他和妈妈到恒丰银行扬州分行办理过业务，这里的工作人员非常热情，给他留下了深刻的印象。今天迷路时碰巧路过，正犹豫着是否可以进来求助，没想到反被工作人员先发现了。原来，这个男孩叫佘庆，是附近小学的三年级学生，当天早晨因为作业不符合要求，被妈妈训斥后夺门而出。为了摆脱妈妈的追赶，在小区内整整绕了三圈才出了小区大门。为让小孩的家人安心，扬州分行工作人员拨打了110请求民警帮助查找

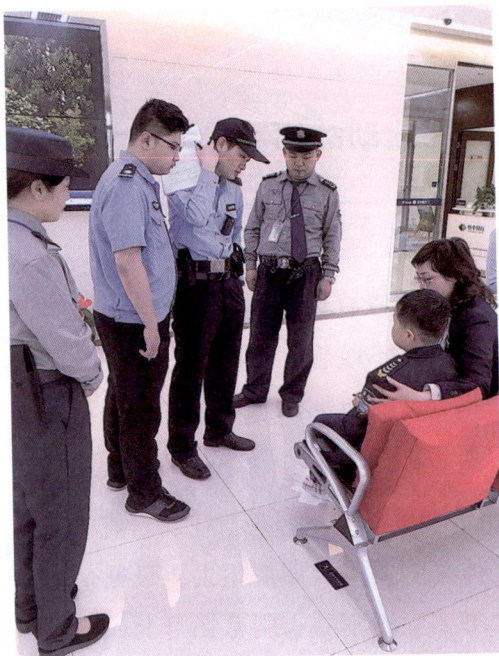

孩子家人。几分钟后，两名民警赶到分行营业部，最终与佘庆的妈妈取得了联系。

得到儿子的消息，佘庆的妈妈连鞋也没顾得上换，穿着拖鞋就赶到了分行营业大厅。"其实出了小区门我就后悔了，没有伞、没有鞋、没有钱，也不知道要去哪里，我很害怕，没走几步就被雨淋得浑身湿透，特别冷，又害怕一个人在路上遇到坏人，就想赶紧去附近的外婆家，可没想到走着走着就迷路了……"就在这时，雨渐渐停了，雨后的阳光透过玻璃幕墙，佘庆妈妈抹着眼泪紧紧握住薛庆红和胡迪的手连声道谢。

恒丰银行扬州分行始终秉承"恒必成、德致丰"的核心价值观，全面推广"全心服务"新品牌，以客户为中心，想客户所想，思客户所忧，做客户所需，让客户在恒丰银行扬州分行体会家的温暖、风的和煦、心的滋润，将履行社会责任与业务稳健发展相结合，传播文明风尚，弘扬社会正能量，充分展示恒丰银行良好的品牌形象，打造有温度的银行。

真诚服务　感动你我

江苏银行营业部感动故事

江苏银行一直秉承着以客户为中心的服务理念，竭力为客户提供真诚的服务，营业部更是将"服务创造价值，责任铸就未来"作为口号，将其融入了日常工作之中。

11月中旬的一天，江苏银行营业部的大厅像往常一样井然有序地营业。一位60多岁的男客户步履蹒跚走入网点办理业务。大堂经理陈燕微笑上前问候，见其面色不好便关心地询问道："您是不是身体不舒服？"客户只是摇了摇头示意并无大碍。虽然客户表示身体状态可以，但是大堂经理陈燕还是将此事放在心上，对客户进一步问询，得知客户要汇款给他女儿。大堂经理陈燕便帮助指导客户填写单子，并让客户在座位上休息，倒了一杯水递给客户。过了一会儿后，大堂经理陈燕再次上去询问，此时见客户面色苍白，说话无力，便与网点保安一起想扶客户到理财贵宾室休息，但因客户体态较胖加上客户仍示意可以坚持，暂时没有让客户移动。

柜员主管仔细观察，发觉客户的精神状态愈来愈差，便决定马上采取应急措施：网点值班负责人密切看护客户；大堂引导员致电客户的家属，告知客户的女儿其父亲目前的身体情况；柜员主管立即汇报营业室主任；大堂经理陈燕随时准备拨打120急救电话及110报警。

危情就是命令，营业室主任接到报告后马上要求柜员主管不要慌，要视客户情况，如有加重就拨打120，一边迅速向支行综合管理部、安保部及分管行长作简要汇报。没过多久，大堂经理陈燕便拨打了120、110，并与保安、110陪同客户随120急救车一起赶往了附近的医院。营业室主任了解简况后，随后也赶往医院，为客户挂号、协助拍片，做各类检查，急救措施完成后向医生了解病情，得知病人体温高达40℃，血压也高，片子显示有轻微脑梗。医生说幸亏送医及时，否则后果说不好。

银行工作人员在医院陪同患病客户2个多小时后，客户的女儿终于赶到了医院。客户女儿一见到银行员工就激动地说："我爸太幸运了，遇到了这么好的银行人。"

大堂经理陈燕与主管对客户的实时关注，网点各部门间对突发状况的及时沟通与处理，以及将客户放在心上，对客户负责的使命与责任感，让每一位客户感受到了家一般的温暖。

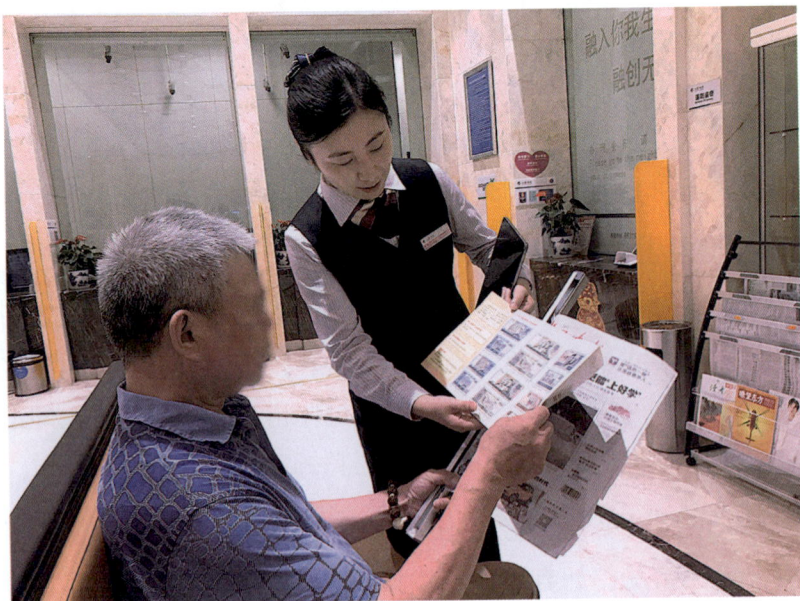

大雪无情，交行服务显真情

交通银行泰州新区支行感动故事

2017年冬季的一个周日，街道上一片银装素裹，寒气笼罩着整座城市。孙莉莉卧在房间里享受着暖气，心想一周的工作终于结束了，今天可算能放个假，陪陪女儿了。就在她给女儿准备着一道精致的甜点时，手机铃声却响起了。

"喂，你是孙经理吗？我是名流的，我们这家易通怎么不好转账了？我这急着拨货款呢，这可怎么好呀？晚一天大单子就得黄了呀！"

"喂，好，我知道情况了，您先别着急，您先检查一下家易通……"孙莉莉负责维护名流家具城。她一边安抚客户情绪，一边一步步指导客户操作。因为没有现场的实物教导，客户还是不会操作。

窗外下着鹅毛大雪，新闻也一直播放地面结冰的警告，可想到此时着急的客户，莉莉毫不犹豫地说道："您稍等，我马上到！"挂了电话，她也顾不上穿好外套，就拿着车钥匙前往客户店里。雨刷不停地转动，雪一会儿就铺满了挡风玻璃。路上车辆都行驶得很缓慢，结冰的地面也有打滑的危险。在行驶到凤凰路口时，前面突然发生了四辆车碰撞的事故，离电话打完已经过了40分钟，孙莉莉心里十分着急，要是一直堵在这儿可来不及。为了不给客户造成损失，她立马找地方停车，冒着风雪穿行在马路上。地面上积雪比较湿滑，莉莉一脚没踩稳，跌坐在花圃边，雪水也渗入了她的鞋袜。还好离名流家具城已经没多远了，孙莉莉只是拍拍湿雪，还不忘拨打了电话让客户安心。到名流的时候，她已经成"雪人"了。她不顾整理衣衫，就奔到了客户的家易通机器旁，最后发现原来电话已经欠费才导致客户怎么都操作不了。了解了原因，她毫不犹豫帮这位老板娘缴纳了座机话费。接下来就很顺利了，客户在孙莉莉的指导下成功汇出了货款。市场上其他的客户看到一位如此为客户着想的银行人员都很是感动。帮客户解决问题后，孙莉莉婉拒了客户的挽留，身影又融入了风雪中。

回到家中，虽然路上摔得那狠狠一跤还隐有痛感，但有一股股暖流在孙莉莉的心中流淌。

孙莉莉的亲力亲为，高效率解决问题的能力，热忱的服务，让她和家具市场的客户结下了深厚的情谊，家具市场的家易通客户也成为了我支行家易通客户的主力军，为家易通客户存款的沉淀打下了坚实的基础。

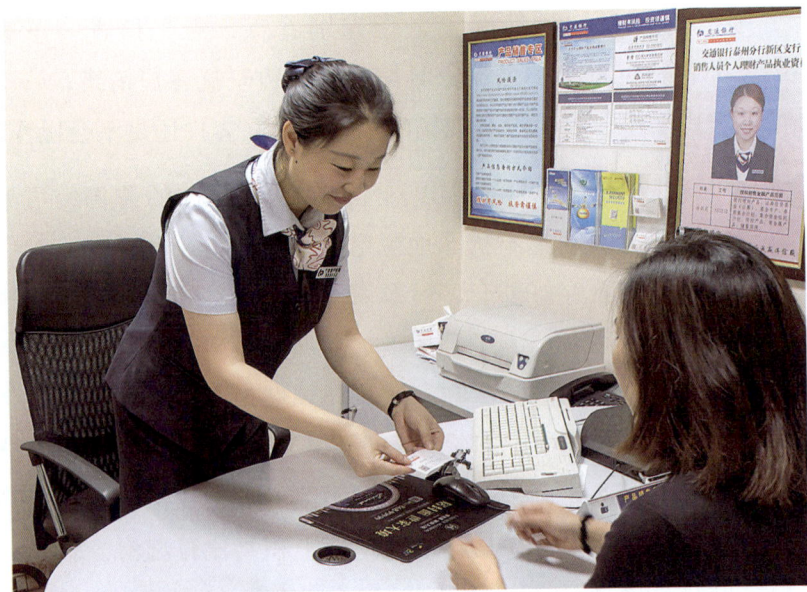

用心服务　温暖如初

南京银行紫金支行营业部感动故事

　　服务，服务，再服务，这是乔吉拉德的神奇理念，对于已在南京银行工作数十年的杨爱华来说，这几个朴素的词语却是她数十年如一日坚守的理念。杨爱华是南京银行南京分行紫金支行的一名大堂经理，在这一特殊的岗位上，她一直用严格的服务理念要求自身，用心服务每一位客户。

　　还记得一个雨天的下午，一位拾荒老人颤颤巍巍地走进了营业大厅，抓着杨爱华的胳膊就喊："快帮帮我，我要转账给我儿子。"杨爱华听到后立马关切地询问事情的原委，并让老人坐下来安慰她激动的情绪。在听老人讲述之后，杨爱华了解到，老人的儿子工作地点在上海，当天上午他忽然收到一条儿子发来的短信，称孙子住院需要钱，于是老人急忙放下手上所有的事情，拿着自己仅存的积蓄前往柜台转账。凭借多年的工作经验，杨爱华立即发现了这件事情的异常，于是耐心地引导客户先给儿子打电话口头核实，并告知转账的风险，提醒老人预防上当受骗。在联系老人子女过程中，杨爱华一直暖心地陪伴在老人身边，安抚老人情绪，让他不要着急。最后，在成功联系到老人儿子之后，终于了解到，这是一条电信诈骗短信，受骗群体是60岁以上的老年人。在了解到事情的真相后，老年人连声道谢，并对杨爱华经理说："多亏了您的警觉和耐心，我才免于上当受骗，不然这辈子攒下来的钱都要打水漂了！你们银行认真负责，以后我会把钱都存进来！"可以说，每天来银行办业务的老人数不胜数，杨爱华总是以尊老爱老助老为首要原则，用心服务每一位老年客户。"每家都

有老人，一辈子辛辛苦苦不容易，我总是像对待父母一样用心对待每一位老年客户，看到他们开心，我就更容易满足。"杨爱华在当天的工作日志上写下了这么一句话。

一个忙碌的下午，一位客户在办完业务后忽然高呼："我的钱包不见了!"并说他下午就要去出差，而这关头钱包里的证件丢掉会十分麻烦。大堂经理杨爱华听到立即赶来询问状况，并说道："您放心，我们营业间是有监控的，如果是在我们网点丢的，我们一定帮您找到!"于是杨爱华急忙去监控室调阅录像，并最终确定是等候区的一位老年人错拿了钱包，在与老人联系后，事情最终圆满解决。通过这件事，客户深受感动，连连称赞杨爱华的负责，因信任与感激，也日渐信赖紫金支行的服务与专业，已经成为紫金支行的重要高端客户。

高山仰止，景行行止，虽不能至，然心向往之。优质服务永远没有止境，杨爱华相信，唯有秉承质朴信念，不忘初心，方能行稳致远。

春暖花开　遇见美好

宁波银行南京城东支行感动故事

美好，犹如一串跳动的音符，奏起欢快的乐章，感动着你我。

2017年3月的一个早晨，阳光明媚，春暖花开，空气中弥漫着沁人心脾的花香，鸟儿欢快地歌唱，宠物狗撒欢地跑着，春风温柔地吹拂着，天地万物充满着朝气，宁波银行南京城东支行伴着早春的气息开门营业，大伙精神抖擞，士气高昂，迎接着即将到来的客户。

这时，一位70多岁的老奶奶挂着拐杖，步履蹒跚地走了进来，她边走边喘着，步伐显得很艰难，看样子，老奶奶很疲惫，似乎快站不住了。

我赶忙迎上去一把扶住她，关切地问道："奶奶，您没事吧？来，我扶您坐下。"说着，我扶着奶奶坐了下来，然后转身去倒了一杯热水，"奶奶，您先歇一会儿，喝口水，有什么业务一会儿再办，不用着急。"可是老奶奶似乎很着急："孩子，我两条腿的骨头已经坏死……人老了不中用了……单位通知我今天取养老金，我才过来的……我老伴已经走了，儿子女儿不在身边，我只好自己来取……这是我的存折，麻烦帮我取一下……"老奶奶边喘着粗气边说道。

我接过存折一看，是南京银行的，我意识到老奶奶走错银行了，我一边安慰着她，一边慢慢地跟她解释："奶奶，我们这里是宁波银行，南京银行在隔壁，您别着急，多喝点水。我一会儿就送您过去。"

想着老奶奶年纪大了，行动不便，虽然南京银行就在隔壁，但是

对于这位老奶奶来说还是很艰难的，于是我立刻推来爱心轮椅，对奶奶说："奶奶，您坐上来，我推您过去。"说完，我慢慢地把老奶奶扶上去，跟同事们打了个招呼，推着老奶奶往隔壁的南京银行走去。

到了南京银行，见到了他们的大堂经理，我把老奶奶的情况跟她说了一下，请她协助老奶奶取养老金："轮椅先给奶奶用，我们不急，等安排好了通知我来取就行！"大堂经理微笑地点点头，眼神里透露着赞赏。

当我要离开的时候，老奶奶不停地回头看我，感动地已经不知道说了多少遍"谢谢你啊，姑娘"。

由于还在工作时间，我不得不尽快回到工作岗位。当我走出南京银行的时候，心情感到格外的舒畅。在这充满爱的季节，我想用我的实际行动传递爱和正能量，也想把这份真诚永远保持下去。

"赠人玫瑰、手留余香"，服务本是一种爱的传递，是一种可以跨越行业竞争，增进同行交流的媒介。用心去做，把爱洒满人间！

轻伤不下火线　服务源自真诚

上海浦东发展银行苏州分行营业部感动故事

我非常喜欢这样一句话："人生需要事业，没有事业的人生是灰暗的；事业需要成功，不求成功的事业是失败的；成功需要动力，缺少动力的成功是短暂的；动力需要精神，精神的动力是永恒的。"

每天发生在厅堂里的故事有很多，奇妙的、平淡的、惊险的，各种各样，每件在常人看来的小事，在我们银行员工眼中却不是。这些故事不仅蕴含着厅堂服务人员与客户之间的互动，同时也为我们在银行的工作增添色彩，这也许就是生活的真谛。

一日，李阿姨来到柜面办理业务，会计主办吴悦熟络地跟她打招呼。当李阿姨起身准备离开时才惊讶地发现："呀！小吴，你的脚怎么了？"只见吴悦右脚绑着厚厚的石膏，墙角边摆放着一副拐杖。她有点不好意思，"李阿姨，前两天下班路上不小心扭伤了脚，不能起来送你了。""没关系，没关系，你怎么不在家休息呀？这多不方便，应该在家休息才能好得快啊。"她只是笑笑，表示这点小伤不碍事。

是的，吴悦就是这么一个爱岗敬业、吃苦耐劳的好员工。由于营业部业务繁重且人手不足，她毅然不顾伤痛、带伤上岗，每天挂着拐杖上下班。因为行动不方便，她只能尽量少喝水，减少去卫生间的次数，时间长了导致血液循环不畅，伤脚浮肿瘀紫，同事们都看不下去了，"没有关系吴老师，你回家好好养伤，我们大家可以加快办理速度，分担你的工作，你不要因为不注意休息落下病根。"吴悦摇了摇头："我只是伤了脚，并不影响我日常的工作，再说你们业务量增加

服务就会受到影响，不能因为我一个人影响了大家。"同事们都被这个朴实本分的年轻人感动了，大家纷纷在工作时给予她力所能及的帮助。

同时，她的业务技能水平过硬、服务态度良好，工作以来从未有过被客户投诉的经历。轻伤不下火线，服务源自真诚——这就是吴悦，一个默默奉献的浦发人。

在吴悦的身上我们看到了她无私奉献的敬业精神与高超的服务水准。我想这只是无数浦发人的一个缩影，之所以能够在这种情况下，不辞劳苦坚持工作，是因为有这样六个字一直刻在她的心中——"新思维、心服务"。

感动招行　因您而变

招商银行无锡分行营业部感动故事

　　随着金融业竞争的日趋激烈，优质的服务对银行的生存和发展起到至关重要的作用。一直以来，招商银行秉承着"因您而变"的服务理念，坚持提供人性化、个性化的优质服务。

　　2018年1月26日，经历了一个星期的大雪，行门外的地上已铺满了厚厚的积雪，有的地方已形成冰面。上午开门营业后，一位女客户走进大厅，大声地询问谁是焦经理，厅堂人员立即上前，带着客户来到理财经理焦守芳的面前，并贴心地递上一杯热姜茶。焦守芳耐心地询问客户："女士您好！请问有什么可以帮到您的吗？"客户皱着眉头吐槽着："真搞不明白你们搬这么远干嘛，这个业务还得要我来柜面处理，遇到这种天气，车子都打滑停在路边了，动都动不了，你给我去停，不然罚款了就投诉你们银行！"客户气愤地把车钥匙扔到焦经理的桌上，嘴巴还不停地念叨着。焦经理立马以商量的口吻说："要不我们帮您把车停进来吧？"客户没好气地说："我这可是新车，你给我小心点！"焦守芳由于常年未开过车，驾驶技术不太熟练，有些犹豫。就在这时，坐在焦守芳旁的理财经理吴昱嘉走上前来，温和地说道："女士，您看方便的话，我帮您去停，我之前开车的时候也有车打滑的经验，您看可以吗？"客户看了吴经理一眼，语气相对缓和："那你去吧，小心别弄坏了！"于是，客户先办理业务，吴昱嘉和焦守芳带好防滑和铲雪的工具走到路边帮客户停车。

　　雪越下越大，吴昱嘉和焦守芳两人拿着铲子铲着前轮胎的冰面，又拿来热水壶，把热水浇在冰面上，让雪慢慢融化。经过一番努力，厚厚的冰有些融化了，吴昱嘉立刻上车启动车子，虽然还是有些打滑，但是已经比最初的状态好很多了，焦守芳在车旁继续铲冰。

通过她们俩的不断努力，车子终于不打滑了，吴昱嘉也把车开到无结冰的停车点。这时客户的业务也办好了，看到她们冻得红通通的双手送上她的车钥匙时，客户感动地说："太谢谢你们了，大冷天的帮我停车，招行的服务真好，小姑娘辛苦你了，谢谢你们！谢谢你们！"吴昱嘉在送客户上车时，还不断地提醒着她，面对打滑的情况，下次该如何处理。客户走之前，再次摇下车窗感谢。

常常能听到有客户说："招商银行不仅仅是一个办理银行业务的地方，更像是家。理财经理不是销售人员，更像是贴心的家人。"客户的认同是我们的目标，这一声声赞美是我们工作的不竭动力，因此，我们也将不断提升客户的服务满意度，向着目标前进！

开诚守信　热心为民

中国工商银行南京城西支行营业部感动故事

2017年12月的一天，网点刚开门营业，一对老夫妻手捧鲜花、携带一大幅锦旗走进厅堂寻找网点负责人，锦旗上大字写着：赠南京工商银行城西支行营业部郝丽主任，"工行开诚守信郝丽热心为民、资产安全无忧储户满意称心"。厅堂内等候区响起了热烈的掌声，客户纷纷拿起手机拍照，网点负责人郝丽感动地接过鲜花和锦旗，对客户的表扬和肯定表示感谢。故事还要从9月开始说起。

9月一个普通的工作日，和往常一样，网点做好开门迎客后，郝主任正在厅堂巡视，突然一位80多岁的老师傅带着女儿急匆匆地走进网点，一进门就大喊要找领导。主任将客户迎进贵宾客户专属服务区，为客户倒了杯水，劝老人别着急、慢慢说。老人拿出一张银行卡的消费明细，明细中提示从9月初开始客户卡中的资金陆续支出2万多元，但老人称自己由于年纪大根本不会上网，也不常出门，银行卡一直带在身边，从未交给他人，所以这么多钱绝不是自己本人和家人支付的。老人女儿也很气愤，甚至拿出了起诉协议质疑资金在银行的安全性，并称已经报了警，还要投诉到监管部门，宣传到媒体。郝主任先是安抚客户不要激动，让客户相信我们一定会尽心尽力，对客户负责。

仔细研究了客户的资金转出明细并查询后，郝主任发现2万多块钱分别是通过多个第三方快捷方式支付出去的，对方账户种类繁多，在9月1日至9日间非本人支出款项一共20笔。其中8笔，每笔618元共计4944元，对方账户为某科技有限公司，通过第三方平台支付；其中6笔共计

15533元为第三方平台银联支付；其中1笔350元为某第三方平台支付；其中5笔共计0.71元为另一第三方平台支付。郝主任目睹过很多被盗刷来银行追回资金的客户，但大多希望渺茫，钱款被狡猾的不法分子通过第三方平台系统漏洞多次转移，追回难度极大。所以郝主任很能体会老人此时此刻的心情，她安抚老人先回去协助警方调查取证，自己亲自与每个支付平台的商户联系，了解并出具非本人支付声明所需要的资料，通过电话、邮件、传真等方式与对方联系，不停追索……功夫不负有心人，经历3个多月的不懈努力，客户所被盗刷的资金总计20827元基本被追回。老人拿到失而复得的钱款又惊又喜，不仅通过我行95588服务热线大力表扬网点的热心服务，还专门制作锦旗送到网点。

　　为客户提供用心、热心、安心的服务，对每一个客户负责，是我们一直以来的宗旨与追求，得到客户的认可和表扬是对我们工作最大的肯定和动力。在长达3个多月的追索过程中，不仅是一线网点，城西支行机构部、办公室等部门也大力配合，协助查询相关第三方机构信息，走流程开证明，这些幕后英雄与我们携手共同赢得了这个美好的结果，也赢得了客户的信赖。

真诚服务　从心开始

中国光大银行常州支行营业部感动故事

　　她是初上柜台的职场新人，因为皮肤黝黑，牙齿雪白，所以她的微笑尤其让人印象深刻。初始对生手的偏见如同夜幕，总是不断将她围困，客户的责难让她委屈，难免落泪的时候也是在微笑着送完客户之后，上二休一的倒班顺序无法让独自在外打拼的她常回家看看。但她总能很好地收起这些小情绪，每天，都能用最美的微笑展现她独有的风采。她就是光大银行常州支行营业部柜员柳珍妮。

　　她说："微笑不仅是表情的一种展示，更重要的是感情上的沟通和交流，我的微笑，总会缓解一些客户的焦躁与不耐。"而她的微笑，就像晨光一样，撒进了客户的心田。

　　有一天，营业部大厅里走进了一位拄着拐杖的伤残人士，到达柜面时显得非常着急，正是我们的柜员柳珍妮接待了他。经了解，客户当天上午在我行自助设备上存钱后，忘记了取卡，事后发现已为时已晚，因担心卡片丢失，所以特地来柜台寻求帮助。柳珍妮耐心听完朱先生的情况，一方面对他进行安抚，表示会尽快解决问题；另一方面请相关同事第一时间去自助设备取出吞卡。在大家通力配合下，柳珍妮迅速为朱先生办理好了吞卡取卡手续。细心的她还了解到朱先生因为怕盗刷，已致电客服办理了挂失手续，卡片要过段时间才能继续使用。随即就又帮他办理了挂失解挂服务，这样卡就能立即使用了，朱先生对此表示非常感谢。

　　柳珍妮觉得用真诚服务、用心服务就是自己的职责，柳珍妮早已把这件事忘记，但没过两天，朱先生特地带着锦旗前来，锦旗上写着

"用心服务、排忧解难，感激之情、表达不尽"16个金光闪闪的大字。朱先生要感谢光大银行员工的热心服务，刚进大厅就抑制不住激动的心情对大堂经理说："你们的工作人员是真心为我们客户着想啊！"边说边朝着柳珍妮的方向竖起了大拇指。柳珍妮带着她一贯的招牌式微笑说道："这是我应该做的，这是我的本职工作。"朴实无华的语言背后是她的真诚服务和用心服务。服务无止境，关键要真诚，关键要用心，这是柳珍妮的服务格言。

柜员柳珍妮就是这样一个耐心、细心、热心的人，她的微笑永远都在保鲜期，她在工作和生活上一直是一个精力充沛、爱笑的姑娘，这种笑给了她自己积极向上的正能量，也感染了身边的每个人，传递着一份温暖的力量。

阳光在心，服务在行。光大银行常州支行营业部的小伙伴们也要在文明、规范、优质、高效的服务道路上唱出阳光服务好声音！

服务无小事　细节暖人心

中国建设银行南京新街口支行营业部感动故事

　　作为一名大堂经理，她的言行举止和服务质量是银行形象的缩影，肩负着协调银行和客户间关系的重任。

　　她是业务骨干。大堂经理在工作中要回答客户各种各样的业务咨询，这就对大堂经理的业务知识提出了很高的要求，因此，掌握全面的业务知识是大堂经理必须要具备的能力。田梦一直保持着积极进取的学习态度，通过自学通过了AFP资质认证，并通过了证券从业资格考试，存款、贷款、投资理财、外汇汇款等业务知识，她都了然于胸，业务技能优秀全面，能够快速准确地回答客户的咨询，为客户提供最优的业务办理方案。

　　有一天，徐阿姨带着《扬子晚报》上刊登的我行境外汇款手续费的优惠信息来到网点咨询，田梦耐心地为她解答了优惠政策，徐阿姨说自己一人在南京生活，儿子儿媳都在美国留学，想在经济上给孩子一些支持。徐阿姨表示自己有网上银行，想学习一下怎

样通过网银向境外汇款。田梦带领徐阿姨到我行的网上银行体验机进行指导，但是徐阿姨输了3次登录密码都不对，阿姨这下着急了，田梦安慰着徐阿姨，并熟练地指导她在STM机上重置密码，登录了网上银行。"阿姨，您看这里，汇款到境外需要提供您孩子在美国的开户银行名字、开户银行地址，收款人的名字和收款人的地址，还要国际代码，只要把相应的信息填上去就可以了，如果您汇款成功了还可以保存模板，下次汇款就可以直接调用了，非常方便。"田梦一边说着一边把相应的信息指给徐阿姨看。徐阿姨听了非常高兴，并把这些必填的汇款信息拍下来发给儿子，说明天带过来麻烦田梦指导汇款。田梦很乐意地答应了。

第二天，天空下着雨，但是徐阿姨带着记录着收款信息的小纸片如约而至。登录网银，进行信息填写时，田梦发现小纸片上的地址信息被雨水湿化了，门牌看不清楚。田梦告诉徐阿姨，并请她提供详细地址，徐阿姨又急了，这会儿美国是半夜，根本无法联系上家人。田梦给徐阿姨倒了杯水，耐心地帮助她回忆，徐阿姨想起去年去过美国，还在儿子家门口拍过照片，田梦陪同徐阿姨翻查照片，终于找到了门牌号，并帮她按照编排规则进行录入。在田梦的帮助下徐阿姨的汇款顺利完成了。徐阿姨特别感谢田梦的帮助，事后拨打了我行的95533客服电话对田梦进行了表扬。

大堂经理服务无小事，一言一行都会受到客户的关注。田梦经常说对待工作要有三心：忠心——对自己的银行要忠心，全心全意地对待工作；爱心——对同事客户心怀感恩的心，感谢他们对自己工作的支持；责任心——要尽职尽责，爱岗敬业。

上门服务说做就做

中国银行连云港分行营业部感动故事

大雨倾盆的中午，某小区居民楼前出现了温馨的一幕。长期卧病在床的张奶奶家里一下子热闹起来，一行着中国银行整齐工装的工作人员带着鲜花来到了这里，他们带着慰问品，给张奶奶带来最暖心的问候，并为其办理一笔最具爱心的业务——社保卡挂失业务。

这件事情还要从两天前说起，快到下班时间，营业大厅里办理业务的客户并不多，一位满头大汗、神色焦急的客户刚进入大厅便进入大堂经理的视线，大堂经理迎上前去询问客户是否需要帮忙。经询问得知，该客户是张奶奶的儿子，由于张奶奶长期卧病在床，最近需要使用社保卡就医，但社保卡一直找不到，这就意味着看病报销很麻烦，加上本人年纪太大，行动不便，根本无法来银行办理业务。

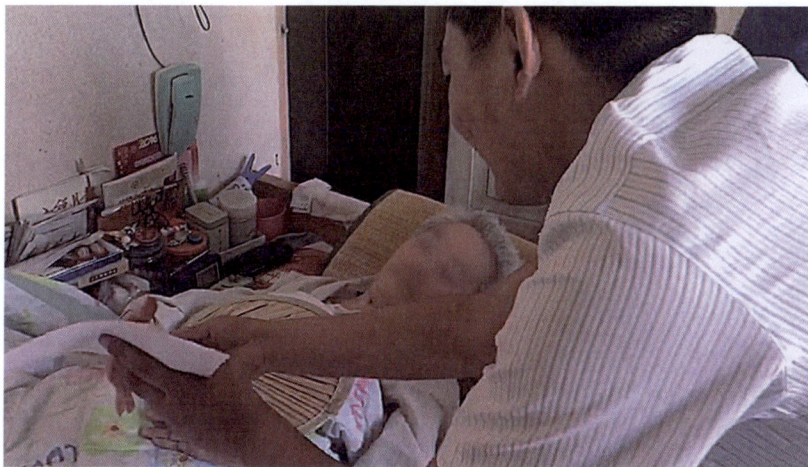

听完客户的诉求，大堂经理与相关人员商量了起来，如何帮助张奶奶一家了却这一着急上火的事。大家一致认为，将服务送上门去吧。就这样说送就送，一行人准备好相关资料，便冒着大雨来到了张奶奶家，这才出现了开头的一幕。来到张奶奶家中时，他们首先将慰问品带给了张奶奶，发现张奶奶由于身体原因，连坐起来都困难，工作人员立马俯身为其解释了社保卡挂失的办理流程。说着说着张奶奶开始埋怨自己的身体，眼泪也开始在眼眶里打转，工作人员一边安慰她一边继续为其办理业务，张奶奶一个劲地对工作人员表示感谢，大家看到了她的情况，心中只有一个念头——今天一定要快速准确地帮她完成社保卡挂失业务，解其后顾之忧。柜员仔仔细细一项一项和张奶奶核对，力求在合规的前提下快速准确地处理完业务。

　　张奶奶眼神里流露出的感激，让大家更加深刻地体会到：一次小小的服务、一次小小的善举，对客户来说就是雪中送炭。将特殊服务送给特殊的客户，让特殊客户享受到银行的亲情化服务将是我们一直要传承的服务理念；以客户为中心，站在客户的角度，想客户之所想，急客户之所急，就是我们服务的最高宗旨。

有了牵挂　再远也不是距离

中国农业银行瑞安市支行营业室感动故事

韩春晖今年50岁，23岁的那年她认识了蔡先生，蔡先生那时才39岁，他们相遇在瑞安农行一个小小的柜台前。蔡先生长在侨乡，少时全家到国外打工，有时会把钱汇回国内。其中的一次收汇是春晖帮他办理的，那天下着大雨，春晖送了他一把农行的伞……后来，蔡先生说，他被当时柜台内的农行员工之间以及员工与客户的温馨和幸福所深深地感动，还有一丝的嫉妒，因为他在国内没有家。

因为在国外经营中餐馆，他需要经常回国内，来银行的次数也多了起来，春晖也经常帮他一些小忙，让他很感动。比如无意中聊天发现蔡先生在瑞安几乎没有亲属，生意经营也是起起落落，所以春晖会在他回国前，帮他找熟悉的人预订打折酒店，让他回来就能马上找到落脚的地方；因为知道蔡先生长年旅途劳累，春晖就送给他便携的旅行头枕；端午、中秋也经常有粽子和月饼相送……春晖说，那时她觉得能给一个没有家的人带来家的感觉，是人生最美好的事情。

许多年以后，中餐馆的经营日渐有了起色，蔡先生也快速地完成了他的资本积累，而春晖也已经是营业室的一个资深的理财师，成为农行系统的百优客户经理。蔡先生的业务发展得很快，很多其他银行的客户经理、行长也会经常拜访他。生意的繁忙和他人的殷勤，让他来农行的时间也越来越少……但在一个静谧夜晚，很多画面在他脑海中浮现：春晖在产品到期前雷打不动的提醒；资金使用时细心严谨的安全提示；她带着她那痴迷武术的先生和他一起讨论硬气功的那天，他们怎样喝醉了；农行员工在叫他"蔡先生"时后面跟着的那串银铃般的笑声……

第二天，蔡先生就把他在外面的业务几乎全部转到了农行，后来他成为瑞安农行的第一大客户。2018年正月，蔡先生把在国外的五个子女全部带回来，在春晖曾为他预订的酒店里，和农行的员工共进晚餐。他告诉他的子女说："无论你走多远，无论过多么舒适的生活，你都会牵挂，牵挂这份家的感觉和家里的人，我想带你们来认识一下！"

这就是春晖和蔡先生的故事，这个故事其实也就是农行员工和客户一起成长的缩影。这个过程无关金钱、无关业绩，有的只是那份浓浓的家的感觉和那份淡淡的牵挂！我们始终认为，这才是服务的真谛，不用惊天动地，不用舍生取义，用心的服务就是最好的服务。

用心工作 用爱服务

华夏银行湖州分行营业部感动故事

　　"想客户所想，急客户所急，排客户所忧"是她的服务理念，"服务热情，工作认真，踏实肯干，责任心强"是大家对她的一致评价，她就是华夏银行湖州分行营业部的柜员吴晓玲。入行四年多来她一直勤勤恳恳地在自己的岗位上努力工作，甚至怀孕期间也没有请过一天假，一直坚持到最后一刻。哺乳期间更是放弃了自己的哺乳假，提前回到了自己的工作岗位，和同事们一起并肩作战。她将所有的精力都放在了服务客户上，她认为不管多苦多累，能换来客户的一句满意，那么，一切努力都是有意义的。

　　2018年3月的一个下午，临近下班时来了一位五十来岁的客户，一进分行大厅就说要销存单取现金。大堂经理将他引导至吴晓玲的窗

口，交谈中吴晓玲得知该客户是一位拆迁户，政府统一将拆迁款发放在我行了，但是离他家实在太远，来办理业务很不方便，再加上那天天气不好，银行又快下班了，他怕今天事情办不成火气就上来了。在知晓事情原委后，吴晓玲耐心地劝导客户不要着急，不论多晚，一定帮他把业务处理完成，客户这才稍微平静下来。由于客户的取现金额是几十万元，又没有预约，网点实在没有这么多现金，吴晓玲又引导客户办卡，办理转账销户，将钱转到客户卡上，可以在我行购买理财产品也可以通过手机银行或者网银转账至他行。客户表示愿意开卡转账销户，但是不愿意购买理财产品，而要转到其他银行存定期。在客户情绪尚未完全平静的情况下，吴晓玲没有继续推荐理财产品，而是快速帮客户处理好业务并指导客户学会使用手机银行，然后提醒客户携带好随身物品，目送客户离开。此时已经过了下班时间，吴晓玲马上盘点现金，安邦已经在门口等了几分钟了。就在与安邦交接的时候，营业室经理发现吴晓玲所在的柜台外面地上有一部手机，调阅监控后发现就是刚刚那位客户的手机。系统里客户只留了这一个电话号码，找到客户就是一个难题。这时候她想到了那批拆迁存单的开户资料，于是找营业室经理抽取开户资料，找到了客户所在村村委会主任的电话号码。经过一番联系终于找到了客户，客户表示一定要当天来拿手机，但是大概要四十几分钟的时间才能到，为了不影响大家正常下班，吴晓玲主动表示愿意留下来等客户，让其他同事先回家。最终客户拿到手机的时候已经是晚上七点多了，他很激动，表示他的钱不转走了，要放在我们银行里，这么认真负责的服务态度让他很放心。

从2017年开始，华夏银行信用卡的收费政策有所调整，很多客户不知道，导致被扣年费而引起不满的事情屡屡发生。这一天，一位客户冲到吴晓玲柜台前，很着急地说自己的信用卡被盗刷了680元钱。一听是680元钱，吴晓玲心里大概就有数了，应该就是年费，在查询了客户账务明细后果然证实了她的想法。她马上安抚客户情绪，表示该卡并没有被盗刷，可以继续放心使用，并向客户耐心解释了我行信用卡收费的最新政策，表示680元是可以返还的，只要客户达到具体标准就能返现。同时也提醒客户如果不能达到返现要求的话，建议办理其他不收费卡种，客户当场申请了新卡，并在吴晓玲的指导下关注了华夏银行信用卡微信公众号，注册了华夏银行手机银行，了解到可以多种渠道查询信用卡明细。客户再三感谢吴晓玲的耐心指导，说他自己年纪大了，身边的子女都没有这个耐心指导他使用这种电子产品。

始终把客户的事情当成自己的事办，把客户的问题当成自己的问题来解决，用心服务，真诚服务，对有风险的业务多一些提醒，对年纪大的客户多一份耐心，这是吴晓玲工作以来始终坚持的信条，是赢得客户信任的法宝。

专业安心贴心　感动常在心中
上海浦东发展银行绍兴分行营业部感动故事

目前，互联网金融公司和产品层出不穷，鱼龙混杂，经常使很多客户受骗上当。浦发银行绍兴分行营业部也多次碰到此类诈骗事件，并成功辨识决断，避免了客户资金的重大损失。

2017年1月的一天，浦发银行绍兴分行理财经理冯佳男正在给客户徐女士打电话，提醒她有一笔60万元的理财即将到期，并根据徐女士个人情况推荐了后续适合的产品。徐女士在电话中认为我行的收益太低，想认购其他理财公司的产品。她说有家公司的一款28天年化收益20%左右的产品，想先买60万元试试。冯经理听了，觉得正规的理财产品不可能有这么高收益，提醒徐女士注意投资风险。

放下电话，冯经理还是觉得不放心，再次电话约了徐女士见面，并将她接到我行，询问详细情况。经初步了解后得知，这是一家互联网金融票据理财平台，产品标的分为月标和天标，月标的期限一般为28天，年化收益超过20%。先前的投资者每次都能按时收到本息，因此产品在网上一经推出，马上就被抢光。徐女士也认为该公司产品期限灵活、安全可信、收益率高，目前已经完成网站注册，加入了一个QQ群，准备适当的时候，投钱买产品。冯经理听后对徐女士说，能否等他了解这家公司和产品情况后再告诉她可不可以购买。

送走徐女士，冯经理马上从各方面入手，对这家理财平台进行深入调查，查看理财产品投资范围、管理团队专业背景、产品标的披露情况、产品风控措施到位情况。可是网站平台都查不到这些信息，反而发现投资人股权变更很频繁，并且还有一则某公司澄清公告，申明平台设立和运营均未得到上级的批准和认可，是个人冒用国企名义的行为。

几天后，徐女士高高兴兴来赎回理财产品，说要把钱划到一个叫邹某某的名下。根据前期掌握的情况，冯经理力劝徐女士不要购买。告诉她，这种没有披露产品标的情况、没有说明产品投资的范围、没有专业背景的管理团队、没有标明产品风控措施的理财产品，存在很大风险。一般理财产品成立后客户的钱都是划到正规监管对公账户，如果是个人账户，更说明这个平台有问题。并且还提醒她，法律规定民间借贷的利率不得超过银行同类贷款利率的4倍，如果发生违约风险，超过银行同类贷款利率4倍的部分不受法律保护。

徐女士听了冯经理的解释，恍然大悟，毅然中止了购买行为，退出QQ群，并且连忙打电话通知其他朋友也不要购买。

2017年春节后的一天，徐女士冲进我行营业部，兴冲冲来找冯经理，一把抓住她的手，激动的心情无以言表。她说，之前的理财平台投资人跑路了，平台关闭了，好多人投资的本钱都拿不到了。幸亏冯经理当时及时制止了她，这种认真负责的精神，为客户着想的行为让她避免了资金损失，不仅救了她的钱还救了她的家，不然家里真不太平了。她一边说一边拉着冯经理的手连声感谢。

从那以后，徐女士成为我行固定的私行客户，介绍了好多朋友来买理财产品，多次介绍多家企业来办理业务，说放在浦发银行放心、安心、称心。

专业、安全，一直是浦发银行金融服务的宗旨；能让客户安心、放心，也是我们坚持不懈的追求。

"就近跑一次"，一次就一生

中国邮政储蓄银行临海市支行营业部感动故事

2018年5月25日一早，临海市张家渡岭溪村人头攒动，热闹非凡。

听说临海邮储银行工作人员上门来为大家办理社保账户签约和代理缴费业务，村民们纷纷赶来体验邮储银行"就近跑一次"的便捷。

初夏的清晨，棚户式的活动现场有些闷热。指挥同事搬机具布置场地，安抚一早涌来的大爷大妈，金梦曦的白色衬衣早已被汗水浸透了。

穿运动鞋代替高跟鞋，修身的工作服已经盖不住她隆起的小腹。尽管怀孕已经7月有余，小金仍然奔跑在村居一线。她总说："只有脚步不停歇，才对得起办公桌上的'党员先锋岗'称号。"

岭溪村是个大村，活动现场多为老年客户，对社保信息了解少，尽管行里组织了八位工作人员，摆了三台外拓的机具，仍然被村民们围得水泄不通。

"梦曦，帮我看看我老伴儿的医保能不能办……"在村子里走动多了，大爷大妈对小金尤其信任，一口一个"梦曦"地喊她。

村民老应也揣了身份证、户口本拄着拐杖迈了进来。在门口站着张望了一番后，一步一拐地往前靠了靠。

望着拥挤的人群他有点惆怅，刚巧小金抬头，老应握着户口本的右手顺势往她的方向抬了抬。小金赶紧挤了出来，搬了把凳子扶老应坐下，"您怎么一个人来了？"

老应的情况，她再熟悉不过了：早年中风，落下了腿脚不便的毛病，现在50多岁了，仍然常年吃药。家里条件不好，儿子在外打工谋生，老伴在家做点杂活补贴家用顺带照顾老应的起居。村里还为老应办理了低保户。

"你们这都上门办了，这儿离家也近……"老应把户口本递给小金，"我想把全家的社保都转到你们行来，以后查账、报销都方便。"

"行，我帮您排队，您就在这边等着，到您了我叫您。"

轮到老应时，小金将老应扶到临时柜台前。老应不识字，她就帮他填资料；老应耳背，她就一句一句解释给他听。

很快老应的社保账户开通了，可是按照社保部门的规定，社保账户签约得本人来办，老应儿子的账户开不了。儿子回不来，社保办不了，看病没保障……

"我想办一件事儿怎么就这么难呢！"急性子的老应顿时委屈地哭了起来，要知道这些年卧病在床，有太多的辛酸和苦楚，他很清楚社保对于他们家庭的重要性。

小金心头一紧："应大伯，您别急，您的情况特殊，我帮您想想办法。"

小金将情况反馈给了行内领导，经协商，为老应开通了绿色通道：老应可以凭借村里的证明和本人身份证以及户籍证明，为他儿子办理社保签约和代理缴费业务。

"谢谢梦曦！"老应心头的大石头放下了。接过社保卡，老应的眼泪又止不住流了下来："邮储银行真是好，真是好！"

社保现场签约和代收费工作还在如火如荼地进行中，小金谢绝了老应"进门坐坐"的邀请，一边飞奔回村部签约现场，一边从包里取出中午没来得及吃的面包啃了起来。

"我感恩这样的历练，也许没有那样的经历，我永远也不知道自己可以做得更好。"在我们营业部，还有无数个"梦曦"奋斗在工作一线，他们的身影遍布临海各个村部大楼、文化礼堂，为百姓签约、激活社保卡，让他们在家门口就能把社保办好。而我们营业部的"就近跑一次"服务，虽然从陌生到熟悉只用了"一次"的时间，而这一次就让他们认准了邮储银行，一次就是一生。

葵花向阳　因您而变

招商银行绍兴分行营业部感动故事

　　招商银行绍兴分行营业部在绍兴已立足14个年头，这里有一群充满激情和热情的年轻人。每天做着同样工作的同时，一直努力着、超越着，不断探索更高境界的优质服务。现今金融服务同质化，我行旨在提升"感动服务"。一次"感动"足让他人回味数载寒暑，一如涟漪，不断地影响着周围的人，一个个温暖客户的小故事，感动的不仅是客户，更是促使我们做好优质服务的强大动力。

　　7月的一个炎炎夏日，正是我行招银理财产品到期的日子，理财经理秦苗琴和往常一样，正在整理着手头上产品到期的客户名单，并一一进行电话通知，当电话打到客户谢阿姨时，电话那头传来有气无力的声音。"咦，今天阿姨怎么声音不对劲，是不是身体不舒服啊？"秦苗琴马上进行了慰问，电话那头谢阿姨说这段时间可能因为天气太热有点中暑了，胃口不好，全身也没力气，正躺在床上休息呢。听了谢阿姨的话，秦苗琴心想："阿姨一定是病得不轻，以前隔三差五会来网点坐坐，最近好几天都没看到阿姨了。"又想起平时闲聊中阿姨常说，唯一的儿子在国外，自己是从外地只身来到绍兴，身边没有老伴和亲朋好友，除了邻居，没几个朋友，想到这些，秦苗琴立即与阿姨确认了家庭住址后，决定上门探望。放下电话，秦苗琴立即出发了，因为阿姨住在一条小巷里，车辆无法开进去，秦苗琴只好骑着单车，顶着烈日，买了解暑药和水果，来到了阿姨家中。阿姨一开门看到晒得满脸通红的秦苗琴，非常惊讶："小秦，你怎么来了？"秦苗琴一看到阿姨的状态，发现确实病得不轻，急忙扶着阿姨在沙发上坐下，并马上联系了常来往的热心邻居，一起将阿姨送到了医院。几天后，阿姨来到网点紧握着秦苗琴的手一口一个感谢，并表示今后会多宣传招行，多带身边的邻居朋友来招行理财，让他们也享受享受招行"因您而变"的服务。看到阿姨又恢复了往日的活力，仿佛就像自己的亲人康复一样，秦苗琴的心里美滋滋的。是啊，服务无止境，要做得更好重点就是细节，细节决定成败！

一件微不足道的小事，却赢得了客户发自内心的表扬与肯定，更加让我们坚信，在今后的工作与服务中，要继续努力，发扬招行"因您而变"的服务理念，让我们的服务不仅仅停留于规范服务、尽责服务、周到服务，更要让我们的服务变成一种有气度、有温度、有深度、有广度的服务。相信，正是通过这一次次的贴心服务，感动开始潜滋暗长，并开枝散叶，将"感动服务"这一无形的理念转化成客户贴心、顺心、开心的切身体验！

用辛勤的汗水
浇灌出最美的未来

浙江临海农村商业银行营业部感动故事

在临海农商银行营业部，有一名已经工作了整整21年的资深大堂经理——李伟。每次提起他，客户的大拇指都竖得高高的，不仅老客户对他百分百满意，而且新客户也对他赞不绝口。其中，客户们评价最多的就是"贴心，有爱心，让人特别放心"。

一天，下着大雨，营业部来了一位拄着拐杖的老大爷，从进门的那一刻起，就被李伟注意到了。从标准而规范的助臂服务，到贴心而温情的倒水服务，再到跑前跑后的专属关爱服务……李伟用自己的优质服务技能和服务意识践行着"以客户为尊，尊老爱幼"的服务理念。

然而，不巧的是，由于老大爷办理的市民卡挂失业务受到浙江省社会保障卡管理系统上线测试的影响，无法及时办理挂失，因此，在做了耐心解释后，李伟迅速启动应急预案，提供快速的一条龙解决办法，第一时间联系了旁边的城关支行，实现了业务的无缝对接。考虑到客户的特殊情况，李伟主动提出送老大爷去城关支行办理业务，并充分调动网点资源，取出便民服务区的轮椅和便民服务雨伞，冒着大雨出门了。在城关支行，李伟联动柜面工作人员，开启了爱心窗口，安排专人提供专属便捷服务，大大缩短了业务办理时间。当业务办理结束后，老大爷的眼眶湿润了，临海农商银行同事们的眼眶也湿润了，因为为了照顾老人周全，李伟自己全程没有打伞，全身上下都湿透了！

考虑到大雨的实际情况，为了做到万无一失，李伟认真询问了老人的家庭住址和家里情况，当听说老人子女都在外地工作，家里只有他自己的时候，李伟再也坐不住了，他主动要求护送老人回家，并留下了自己的电话号码，承诺以后有问题随时可以联系自己。客户又一次被深深感动了，大爷动情地说："都说女孩是父母的小棉袄，在我心里，李伟就是我最贴心的棉袄！"

　　关心老年客户群体，关注弱势人群的消保权益，21年来，在大堂经理的一线岗位上，李伟默默付出，无怨无悔。李伟收获到掌声的同时，临海农商银行也收获了老百姓的口碑。其实，像李伟这样的员工，临海农商银行还有很多很多，他们用自己辛勤的汗水，正浇灌出最美的未来！

老刘的改变

中国建设银行桐乡支行营业部感动故事

我是桐乡支行营业部一名普通的大堂经理，进入建行已是第八个年头，依然清晰地记得入行第一天我的导师对我说："建行的服务理念是以客户为中心。"这正是我秉持至今的一个信念。

桐乡支行营业部地处市区中心位置，是最热闹的一个营业部。虽然建行推出的电子银行和智慧服务区大大减少了柜面业务压力，但在每月8号发放养老金的日子，我们的老年大军依然习惯早早到网点叫号等候柜台办理业务。由于老年人动作缓慢，不熟悉电子化工具，办理时间相对会比较长。刘大爷就是其中一位，他是一名退休的人民教师，每月8号都会准时出现在营业大厅，常常一坐就是半个小时，所以我也很想帮他快点办理好业务。

新一代上线后，增加了存折取款申请的功能，这使我看到了为老人家们解决问题的曙光，这项功能的开发使我们的老年客户也可以享受到新时代下的新技术，且操作界面清晰，操作简便，只要在大堂的智慧柜员机首页点击存折预约取款，再点击存折取款申请，便可到ATM取现，这可是大大方便了老人家们取养老金。

然而事情并没有我想象得那么简单，每当我向老人家推荐我们的智慧柜员机，他们的反应无一不是摇头拒绝："我年纪大了，搞不来这些，我还是等等好了！""我就要柜台上办，那些个机器万一把我的钱搞没了怎么办？"面对老人家对新事物不熟悉、接受能力低、害怕风险的特点，我决定找到突破口，切实解决老年客户排队等候时间长的问题。

这一天刘大爷照常来取养老金，我上前询问并向他推荐这个功能，果不其然吃了闭门羹："你们就会搞这些我们老年人不会的东西，叫里面的工作人员快一点才是真的！"我依然微笑着并耐心解释道："刘大爷，这也是让您快速办理业务的一个方法，我会在一旁帮您操作，您可以试试！""不要不要不要！"刘大爷固执地转过头去不再理我。我没有灰心，一次不成功，便尝试第二次，两次不成功，还有第三次。只要能帮助老人家迈过心理关，就可以切实地为他们节省时间，所以我相信只要够耐心，老人家肯定会接受的。

　　又一个月的8号，刘大爷与老同事一起来领取养老金，他同事接受了我的推荐，三下两下便取款成功，看着老同事离去的背影，倔强的刘大爷终于答应尝试一次。虽然来到机器面前刘大爷显得有些紧张，但在我耐心的一边解释一边指导下，才几分钟刘大爷就顺利取出了养老金。大爷的神情终于放松了，露出了温和的微笑，说道："就这么三下两下就好啦，这机器真是好东西，瞧我这个倔脾气，早听你的话，前面就不用浪费那么多时间啦！小姑娘你的服务态度是真好，对我们老人家这么

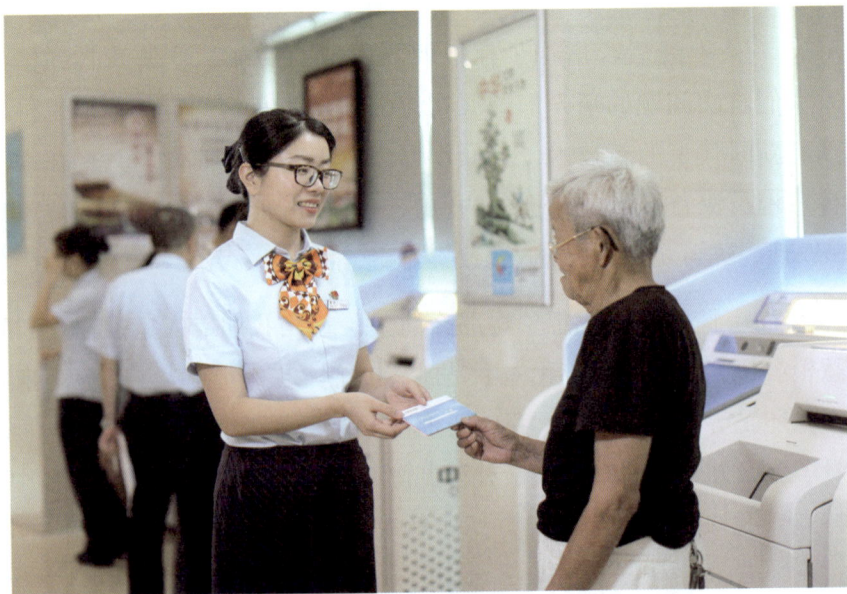

有耐心，取养老金这种小事都这么上心！""这是我应该做的，服务无小事嘛！"我望着刘大爷离开的背影，既为能够帮刘大爷节省办业务的时间感到高兴，也为刘大爷脸上对我绽放的笑容感到自豪。

此后，每个月8号，刘大爷到网点都会跟我打个招呼，然后自己到智慧柜员机上熟练操作存折取款申请，有时还会帮助其他老年人，让他们一起体验新科技带来的便利。功夫不负有心人，通过不懈努力，终于让众多"老"客户接受了这项新功能，大大减少了排队等候时间。我一直相信好的服务不仅能让客户有好的体验，也能提高效率，服务无小事，注重细节，更能体现我们建设银行的优质服务。

服务只要用心　没有什么做不好

中信银行舟山分行营业部感动故事

　　舟某医院是舟山当地最大的一家三甲医院，全院职工1500人，2016年经过公司部多次上门营销、沟通，舟某医院对公基本账户落户我行，同时全院职工的代发工资业务也一并由我行承接办理。

　　代发项目落地是2016年12月初，而2017年1月初舟某医院就要开始批量代发，在一个月时间内既要做好前期服务方案的宣讲，又要批量做1500张卡，而且还要在不占用、打扰医护人员工作的前提下，为每一位员工激活、开通网银等电子渠道，指导他们使用，时间紧、任务重。

　　但我们坚信只要用心，没有什么做不好。全行齐动员：零售部全力以赴做好服务方案的宣讲，得到了院方领导层的认可；营业部现金柜以最快的速度收集相关资料，做好批量工资卡开通，为了便于上门激活人员能够快速查找对应的卡号，还列出了详细、清晰的卡片分段清单；调集全行所有的外拓设备，营业部、个贷部、零售部所有可操作人员均列入上门服务小分队，组成4个小组进驻现场激活服务。

　　当时也是医院工作比较繁忙的阶段，因医院科室较多，人员到场时间集中，所以往往小分队人员一到指定地点，面前就被围得水泄不通，每个工作人员要同时应对3~4个人咨询、办理、指导，人多音量自然要高，一个半天下来，所有的人都是声音嘶哑；大半天顾不上喝水、顾不上坐下休息。因为很多外科医生工作不定时，可能2台手术之间的空档才有时间办理业务，所以小分队人员要随时等待外科科室负责人的通知，然后以百米冲刺的速度赶往手术室旁的办公室，有时候医院电梯慢，小分队怕医生着急，就扛着设备跑着上楼梯，等到医生办公室的时候，大冬天的天气全身都在冒汗，等待办理的医生往往露出惊讶的表情，继而是愧疚和感谢："你们也是不容易，先休息一下再办吧!""真的是麻烦你们'跑'一趟了!"

在为医护人员们办理激活的半个月时间内，小分队成员开玩笑地说："把医院之前不让进的地方都去了一遍，也是有收获了!"因为一些医护人员的工作特殊性，不能到指定地点办理业务，所以小分队只能带设备去科室，特别是重症室、传染科、放射科，现在回想起来还是心有余悸，对于医生的职业也有了更多的理解和尊重。

服务是个很奇妙的过程，在服务中滋生出来的情感，会变得稳固和可靠。此次中信银行舟山分行营业部的服务得到了院方的高度评价，有些原本心有怨气的院方职工（担心换卡带来不便），因为我们的用心和真诚，纷纷为我们的服务点赞。工资卡激活之后，营业部还制订了定期驻点服务计划，一周2次上门为职工现场解答和解决使用问题，提供各类业务咨询；建立了舟某医院服务微信群，提供24小时在线咨询服务；每年护士节，主动联系院方工会，为医护人员送上慰问品，与他们一同度过属于自己的节日。

舟某医院已成为我行贡献度和忠诚度都高的零售客户群体，从原本对我们的不信任，到现在事事都要先问我们，这些让我们深深地体会到：只要用心，一切皆有可能。

"拼"回来的血汗钱

中国工商银行阜阳颍泉支行营业室感动故事

血汗钱突遇大火，老两口当场病倒

2017年2月16日，当大家还沉浸在过年的氛围中，王大妈却遭遇了一个晴天霹雳。当天下午，她正在自家附近的菜地里干活，忽然看见自己屋子起了大火。王大妈见状，连忙赶到家里，并和老伴不顾安全就往里冲。

原来，王大妈和老伴在家里的柜子中、床底下等几个地方藏了2万多元现金，这是两老起早贪黑种地卖菜省吃俭用一分一厘攒下的辛苦钱。但因火势太大，她和老伴只抢救出来极小一部分，这些纸币焦黑破碎、潮湿粘连在一块儿。大火烧了半个小时之后才被扑灭，王大妈的家已经被摧毁得面目全非，看到这样的状况，王大妈当场就瘫倒在地上，被送进了医院。

工行人伸出援手，困难中见到希望

刘女士是王大妈的儿媳妇，看到婆婆因为"火烧币"的事住了院，心里非常不好受。为了宽慰公婆，让他们保重身体，她就想着能不能把损失降到最低，于是她跑了多家银行求助，在多次被他行拒绝兑换"火烧币"的情况下，经多方打听找到颍泉支行营业室。当她前来寻求帮助时，网点负责人董强了解详细情况后，立即为其开辟了绿色通道，当场抽调2名经验丰富的柜员，对"火烧币"进行清点。

尽管年初营业室业务非常繁忙，但为了让刘女士放心，让老两口安心，工作人员二话没说，就"揽"下了这难啃的骨头，专门拼凑、

清点"火烧币"，这让刘女士见到了希望，感动不已。

尽全力挽回损失，好服务受到赞扬

这批残币处理难度很大，既被火烧过，又被水浇过，币与币之间有所粘连，很难分离，稍有不慎，就会造成二次损坏。于是清分人员在处理时格外小心，先用纸巾把纸币吸干，然后再把每一张纸币分开，粘贴在纸上。粘贴的时候也很小心，生怕烧焦的部分再次破损，直接影响兑换面额。整个过程，就像考古学家在小心翼翼地对待出土文物一样。

清点人员依照《中国人民银行残缺污损人民币兑换办法》的规定，对"火烧币"进行了详细认真的清点，整个过程耗时3个多小时，为了能够尽快地完成兑付工作，柜员牺牲了中午的休息时间，最后总计兑付18000多元。当营业室把这个好消息告诉刘女士，并让她有空把剩余的残币带来继续清点时，她眼含泪水地说："真的是难为你们了！"

刘女士被营业室员工认真负责、顾客至上的服务态度所感动，紧紧地握着网点负责人董强的手，表达深深的感谢之情。

协助病危客户办理
医疗保险续保业务

徽商银行淮南广场路支行感动故事

徽商银行淮南广场路支行主办淮南市灵活就业人员的社会养老保险和医疗保险，每月都有大批量的客户前来我支行办理此类业务。医疗保险比较特殊，一旦断缴一个月，就会停保，这对老百姓的影响还是比较大的。

2017年6月21日，客户王女士拿着医保存折前来我支行查询扣款失败原因，柜员郭玉纯接待了她。郭玉纯通过系统查询到了王女士因缴费金额差了几十块钱已被停保一个月，王女士瞬间傻眼了。我们得知她患有疾病，需要住院治疗，在医院刷卡时提示没有医保记录，王女士带着疑惑来到了我行，得知这个消息她也是万分懊恼。郭玉纯觉得客户很不容易，对她的遭遇很是同情，她希望自己可以做些事情帮助客户。她立马将这件事情上报了营业部主任，又与社保局取得了联系，将客户的情况告知了社保局，询问是否有解决办法，社保局回复只是停一个月还是可以续

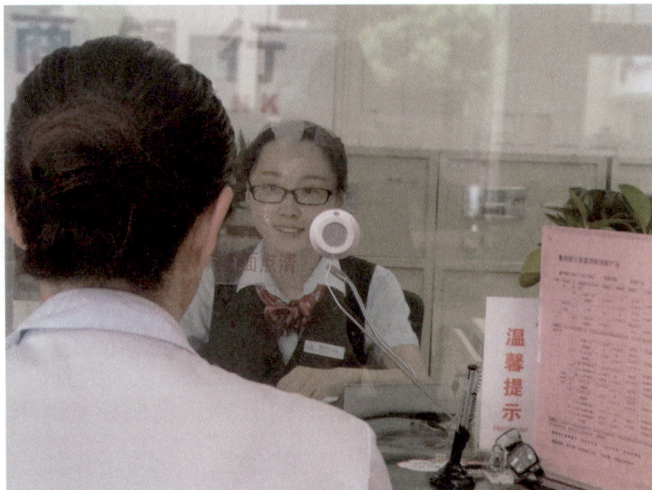

image

保的，但是需要补一些手续和证明材料。王女士家住八公山，对社保局的位置一点也不清楚，郭玉纯便利用自己的休息时间带着客户去社保局办理续保手续，炎炎夏日，她们前前后后跑了好几个地方，终于把这件事情圆满解决。

虽然我们身处银行，虽然我们只是一名服务人员，但是我们银行的小伙伴依旧是社会这个大家庭的一分子，看到他人有难，我们尽力帮助，不冷漠、不无情，我们在用心生活每一天，尽管工作严肃压力大，我们依旧抱有一颗宽容博爱的心去面对每一位客户，真真正正让每一位客户感受到我们的优质服务！

真心照亮雪夜
真诚温暖你我

交通银行芜湖分行经济技术开发区支行感动故事

窗外还飘着雪花，明亮的营业间内工作人员们匆忙地进行着日终收尾工作。"快，大家动作快一点！"李主管不停地催促着大家，他们是急着去哪？原来结束了一天工作的他们还将乘着夜色驱车赶往20公里以外的某制造企业进行借记卡激活服务。而这样的场景在这个网点经常上演。

他们是交通银行芜湖分行经济技术开发区支行的一支年轻队伍。上周批量开出的工资卡已经发到工人们的手上，但是由于厂里的工人们经常白班夜班连着上，十分辛苦，而且工厂距离网点路途遥远，再加上大多数外地工人对芜湖的环境不熟悉，为了让工人们更加方便，网点员工决定利用班后时间带上手持设备到工厂为他们提供服务。

傍晚的路面已经开始结冰，雪花还在肆意地飘洒着，结束了一整天忙碌的工作，他们饥肠辘辘，他们有些疲惫，但他们仍然鼓足精神，只想尽快赶到工厂为工人们提供服务。因为他们知道这宝贵的下班时间能为工人们带去方便。结束了将近50分钟的车程后，工作人员来到工厂食堂，这时已经有三三两两换班的工人拿着卡片焦急地等待激活，这时的食堂到处洋溢着食物的香气，但工作人员似乎已经忘记饥饿，简单迅速地在食堂搭起了一个小小的工作台便开始了再熟悉不过的操作。虽然已经很晚了，激活的人仍然络绎不绝，看着工人们一张张满意的笑脸，似乎再多的辛苦也都值得了。

感动，不一定是惊天动地的大事，它可以是对一件件平凡的小事始终如一的坚持，就像交通银行芜湖分行经济技术开发区支行坚持十年如一日的企业行服务，在无数个春秋寒暑里始终以饱满的热情为客户带去方便，让客户在八小时之外、在营业网点之外也能看到他们忙碌的身影穿梭在大大小小的企业，就像一支支烛火，照亮雪夜，温暖你我。

"父女"情深

上海浦东发展银行芜湖分行营业部感动故事

2017年7月的一天，时值盛夏、烈日当空，整个城市就像下火了一样，芜湖分行营业部里人头攒动，营业部正在为居民代发拆迁款存单。大堂助理杜丽娜不厌其烦地解答客户提出的各种琐碎问题。这时，一位大爷气冲冲地挤到人群最前面，因为银行柜台不予以办理拆迁款项，他非常不理解，而且情绪异常激动，态度恶劣地向杜丽娜呵责，并且坚持要求当日就将拆迁款拿回去。杜丽娜见状，安顿了周围的其他拆迁户，接着热情地给了大爷递上了一杯水，让他消消火气坐下来慢慢说。

"大爷，您千万别着急，天气这么热，急坏了身子可怎么办？"杜丽娜安慰道："有什么事您慢慢说，我们一定帮您解决。"

杜丽娜亲切的笑容，伴着清爽的矿泉水，一下子大爷的怒火被浇灭了一半。大爷介绍自己姓王，并一字一句地向杜丽娜说清了事情经过。一边听着王大爷的话，杜丽娜一边认真地查看了王大爷带来的证件。此时她发现王大爷只带了户口簿，却没有带身份证，而且拆迁房子的名字是王大爷的老伴。

看着焦急的王大爷和那双布满艰辛岁月痕迹的大手，杜丽娜发自内心地理解王大爷这份焦躁不安的心情，她耐心地向王大爷解释了领取拆迁款的手续和银行的规章制度，宽慰王大爷说必要的规章制度是要遵守的，这既是对国家负责，也是对王大爷和他的家人负责。说到这里王大爷的怒气已经全消了，但他皱着眉又说道："银行制度我能理解，但我老伴常年卧病在床，身份证我找了大半天也没找到，把我

急坏了！"

杜丽娜说："大爷您别着急，身份证找不到没关系的，您到户口所在地派出所开张证明就可以，那样的话我们就能够帮您办理拆迁款的事情了。"

"可我老伴她的户口在繁昌县，离这儿有几十里地，我腿脚又不方便，怎么去啊？"眼前的困难让王大爷的眉锁得更紧了。

看着老人那皱纹斑驳、眼眶深陷的无奈双眼，杜丽娜也感到了为难，恻隐之心人皆有之，杜丽娜灵机一动，想到了一个主意。

"大爷，您老要是放心，把户口簿留下。我明天休息，帮您去繁昌县办身份证明的事情！"杜丽娜坚定的眼神、温暖的笑容，让王大爷激动得难以言表，他用颤抖的双手赶忙抓紧杜丽娜的手，感激地说道："真是太感谢你了！我的儿女都在外地，每天光是伺候老伴就够我忙的。你可帮我大忙了……"王大爷几乎一度哽咽。

第二天清早，杜丽娜就开车前往繁昌县，几经周折、多番询问才找到派出所的所在地，等到所有相关手续办理完毕已经过了中午。没有休息片刻，生怕让王大爷等得太久，杜丽娜立刻打着车接上王大爷到银行，帮着他顺利拿到了拆迁款，解了王大爷全家的一桩难题。

杜丽娜热情、真诚的服务，爱岗敬业的工作精神，深深打动了王大爷的心。通过这件事情，杜丽娜与王大爷一家建立了亲密的联系。现在王大爷和王大娘逢人就讲，见人就夸："我们真是没想到，银行取个钱，还认了个干女儿。真比我亲闺女还要亲！浦发银行的服务真好，我真的要感谢银行呀！"

真心服务温暖客户

中国建设银行合肥滨湖新区支行营业部感动故事

许恒川是中国建设银行合肥滨湖新区支行营业部的一名"90后"员工，和大多数同龄人一样，他身上有着"90后"的许多特质：阳光、开朗、有主见。然而与众不同的是，入行不到两年的许恒川却有着独有的成熟和稳重，在工作中，许恒川总是给同事踏实的印象，给客户的感觉更是和风细雨、温润如玉。

作为支行的柜员和兼职大堂经理，无论在哪个岗位上，他都能做到做事踏实细心，对待客户热情，服务真心，因此，他总是能赢得客户好评，入行不到两年时间便被属地单位评为优秀青年。

2017年11月23日，许恒川正在滨湖新区支行营业部的大厅内进行大堂巡视，这个认真的小伙子，每天的巡视，不放过任何一个角落，不放过一点点隐患，当然也时刻准备为每一位有需要的客户提供帮助。

"您好，欢迎光临建行。"

"请跟我来。"

"请稍等！"大厅里，许恒川忙得不亦乐乎。

踱步到填单台前，一个黑色的卡包吸引了他的注意，许恒川走到客户等候区，询问每名客户，是否有人遗失了卡包。在确认过卡包不是现场客户遗落以后，许恒川在保安的陪同下，双人对卡包里的信息进行了检查，期待找到失主信息。

在卡包里，有一张建行卡，经过请示网点负责人，许恒川对卡包里建行的银行卡进行了信息查询，然后找到了客户的联系电话等信息，立马便给客户打了电话。

许恒川联系上了失主赵先生，原来一个小时前，赵先生来支行办理了一笔对公现金缴款业务，在大厅填写单据时，不小心把自己的卡包丢在了填单台。更加让人着急的是，赵先生当日要前往外省出差，现在正在合肥南站候车，在接到电话后才发觉自己的卡包落在了银行。

合肥南站距支行的车程为半小时左右，一来一回接近一小时，极有可能错过检票上车、耽误出差行程。面对电话那边急迫、焦虑的赵先生，许恒川当机立断，立即向网点负责人请示，前往合肥南站为客户送卡包。

在得到领导的批准和支持后，他立刻打车奔向合肥南站，在检票的十分钟前将卡包送到了赵先生的手中。

赵先生出差回来后，专程到支行来对许恒川表达了真诚的感谢，并特地在旺季营销期间从他行转入50万元存入支行半年期大额存单，表达对支行业务的支持。

认真践行滨湖新区支行"三心三问"特色服务工作法，许恒川将入心、细心、责任心的服务理念融合进了服务的全程，高效、贴心地解决了客户的困难，赢得了客户的信赖和赞扬。

"您的满意就是我最大的收获"，每次得到客户的夸奖时，许恒川总是这样开心地说。

"真心"换"真情"

中国农业银行庐江县支行营业部感动故事

　　徐光英是庐江县支行营业部大出纳、高柜柜员，现已在一线工作岗位默默奉献30多年。在这30多年的工作中，徐光英同志严于律己、乐于奉献，在平凡的岗位上默默奉献着自己的青春。30多年来，她始终以"细心、耐心、真心、责任心"作为自己的人生信条，在工作中，始终以"想客户所想，急客户所急，排客户所忧"的服务理念，以良好的职业道德，无私地奉献，踏实勤恳地工作，赢得了同事的尊重、客户的称赞、领导的信任。

勤恳工作，树榜样

　　在高柜的工作岗位上，作为营业部唯一的大出纳，徐光英的工作任务十分繁重，她既负责日常高柜业务的办理，也负责营业部所有的柜面大额现金支取，以及营业部零钱收取换算的全部业务，这些都是繁琐，且需要极大细心、耐心的工作，徐光英不仅做得好，且又快又准，从未出现过差错，她以高超业务技能和认真严谨的工作态度，成为支行标杆性人物，受到全行员工的赞扬和钦佩，在平凡的岗位上作出了不平凡的成绩。

不断学习，提技能

　　面对科技的不断进步发展，银行业务操作也时刻在变化。全新的业务，使她深刻地认识到，只有树立"工作学习化和学习工作化"的终身学习理念，不断努力加强自身学习，才能为客户提供高效率、高质量的服务。徐光英同志经常挂在嘴边的一句话就是："活到老，学到老，才能跟上时代的步伐！"作为一名老员工，她没有停止自己积极进取的步伐，只要是银行开展的业务，她都率先及时学习，掌握制度和业务要求，通晓每一个细节。她刻苦努力，勤奋工作，展现了积极向上的风貌，成为我行年轻人学习的榜样。

热情服务，换真情

在长期的一线工作中，徐光英本着"热情、礼貌、快捷"的服务承诺，为客户提供最优质的服务。她一直视客户为亲友、兢兢业业、勤勤恳恳、以饱满的热情迎接每一位前来办理业务的客户，以自己真诚的服务赢得了客户的尊重、信任和真情。在她的身上，有着与客户之间无数的感人故事，那些故事告诉我们："真心"可以换"真情"。

春节期间的工作，是支行全年资金组织工作的重中之重，身为一线柜员，徐光英发扬牺牲奉献精神，主动舍弃与家人团聚的时间，认真做好每一项柜台业务。2017年大年三十，已是下午四点，早已过了下班时间，徐光英同志将现金箱锁好，准备下班回家过年，此时，一大家子人早已准备好年夜饭，就等着她下班全家团聚了。可是，就在大门即将关上的那一刻，突然进入一位客户，他神色焦急，一手拎着一个大麻袋，一手拿着一个里面全是散乱纸币的透明购物袋，急促地跑向柜面，询问能不能帮他把这麻袋的大额现金跟零钱存起来，否则

带着这些钱，他回乡下过年不安心也不安全。面对客户的诉求，徐光英同志没有丝毫的犹豫，而是直接热情地接待了他，承诺会给他全部存好，并安抚客户不要着急，主动加班加点帮客户清点钱币，办理业务。由于客户的钱币数额不等且堆放杂乱，徐光英经过一个多小时的耐心清点才将金额清点完毕，且发现实际金额比客户报出的金额多出了几万元，并及时向客户说明实际金额，细心为客户办理妥当相关业务，客户受到极大的触动，给出了高度的认可和肯定。办完业务，已是年三十下午五点多。

徐光英始终严格要求自己，认真对待每一天的工作，在平凡的岗位上不断散发着自己的光和热。她用自己的勤奋、努力和无私的奉献得到了身边所有人的肯定和赞赏，用对事业的忠诚奏响了一曲曲农行之歌。

真诚服务，心系客户资金安全

华夏银行福州分行营业部感动故事

2017年8月的一个下午，一位衣着朴素、背微驼的老太太来到了华夏银行福州分行营业部林芳洲的柜台。"您好，欢迎光临，请坐。请问您需要办理什么业务？""转账10万元。"接过老太太递来的申请单，林芳洲发现收款人竟是一家投资管理公司，汇款用途赫然写着"理财"。秉着对客户资金安全负责的态度，她礼貌地询问："您好，请问您认识这家公司的人吗？"老太太立刻兴奋地表示看到传单上写着这家理财利率高达12%，要汇款到这家公司购买他家的理财。听老太太这么说，林芳洲不禁替这位年过七旬的老太太担心起来，她关切地询问："请问您家里人知道您要汇款给这家公司吗？"并开始提示客户关注资金安全。也许是炎炎夏日不免令人暴躁，也许是不希望自己的资金被过度关注，老太太略显不耐烦地皱起了眉头，大声说道："你帮我汇了就是了，其他不要你管！"老太太突如其来的急躁并没有影响到林芳

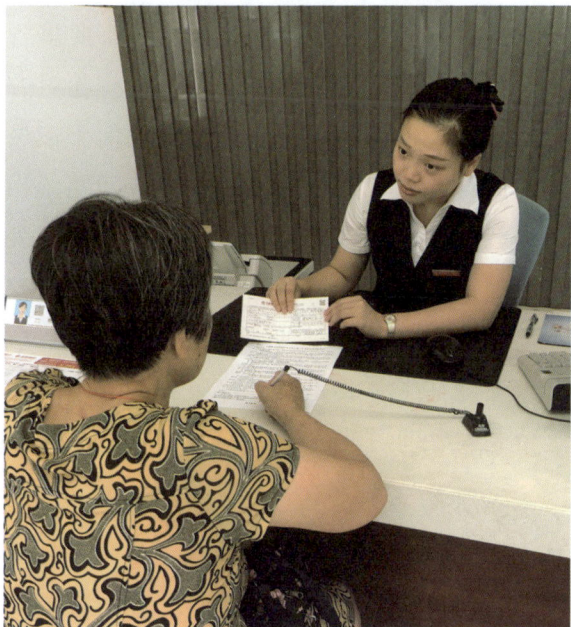

洲脸上的微笑，她依旧礼貌地说："不好意思，请您稍等，我帮您复印身份证。"她一边借故打印身份证，一边上网查询这家公司的工商基本信息，工商显示这家企业刚成立不久，并不具备理财资质，公示信息中的投资股东也是刚成立的私人单位，并非宣传人员口中的国企控股，怀疑该公司可能涉嫌非法集资。她将查询到的信息告知这位老太太，建议其不要向这家不知名的投资公司汇款，一旦转出资金安全难以得到保障。"不可能！你不懂不要多管闲事！"老太太听后仍是不肯相信，怒气冲冲地拿出手机拨打起对方的咨询电话，表示银行柜员阻挠她转账，等下提现金过去找他。柜员林芳洲立马借机与对方工作人员对话，咨询了对方一些专业问题，当听到对方漏洞百出的回答后，老太太这才慢慢清醒过来，连忙挥手表示不转了。林芳洲微笑地告诉他银行卡里的钱都还没转出，资金很安全，一分钱都没有减少，不需要担心。老太太听到这儿才松了口气，激动地连连表示感谢："太谢谢你了，要是没有你，我的养老钱可就都没了。"从此以后，这位老太太理财首选华夏银行，并发动亲朋邻居都选择华夏银行。

一线服务人员的工作总是繁琐乏味的，但林芳洲对客户的服务却从未因时间的流逝而有所改变，总是在日常生活中急客户之所急，忧客户之所忧。有时被客户误解，或是着急的客户催促训斥，她也总是保持微笑，耐心为客户解释。她坚信在看似平凡的日常操作工作中，也可以因为暖心的服务而让客户认可自己，认可华夏银行。

找回钱财曲折多
贴心服务获点赞

平安银行福州分行营业部感动故事

9月10日，一个寻常的周末，下午4点多，福州分行营业部值班大堂经理安永贵像往常一样准备结束一天的工作，突然一位焦虑的客户急匆匆地走进营业厅……

"您好，请问您办理什么业务？"大堂经理安永贵微笑着迎向客户。"我卡中有200元钱被莫名其妙地转走了，想查下这200元钱的去向。"客户回答。安永贵马上引导客户到我行自助回单机上打印借记卡业务流水，然而流水单却并未显示出这200元钱的具体收款人，问题悬而未决……客户担心自己的资金安全，心情又变得焦虑起来。

此时已至下班时间，营业厅的卷帘门也已落下，一面是等待中的家人，一面是焦急的客户，安永贵毅然选择了后者。身在服务行业，作为一名银行工作者，客户永远是第一位的。他把客户引至网银区，安抚着客户情绪，表示一定会帮客户找到这不知所踪的200元钱，请客户放心。在寻找的过程中，安永贵注意到，客户的口袋银行有一笔金额为200元的流水转到了某财富管理公司的账号。安永贵随即决定帮助客户拨打收款方客服电话查询一下。电话拨通后，客服要求提供账户才能进行后续查询，但是客户表示自己没有账户。事情似乎陷入了谜团和僵局。此时，客户也觉得有些麻烦，对大堂经理安永贵说不再找了。但看到客户脸上闪现着不再信任的神情，大堂经理不甘就此放弃，耐心安抚客户后，与客户一同回忆。在大堂经理不断的提醒下，客户回忆起曾经用微信钱包绑定银行卡支付过200元，但是未支付成功。于是安永贵决定从微信方面寻找到问题的解决办法，他们找到腾讯客服电话，腾讯客服表示需提供微信号才可查询，但不巧的是客户又忘记了自己的微信密码，他们又耐心地帮助客户找回微信密码，并再次拨打了腾讯客服……

事情的来龙去脉终于搞清楚了。原来，客户在微信绑定银行卡过程中，手误在微信面对面发红包功能里发了一个200元红包，红包目前处于无人认领状态。挂断电话后，大堂经理在微信面对面红包里帮助其撤销，找回了损失现金。此时，距离下班时间已经过去了一个多小时。看到钱款入账，客户的脸上终于露出了一丝轻松的神情，欣喜的同时含着一丝丝的不好意思："真是太谢谢你们了，耽误了你们这么长的时间，不能下班。这么耐心地帮我找这200元钱，就像我的亲人一样，我感谢你们。"

优质的服务让人如沐春风，大堂经理作为银行服务的窗口，维系客户关系的纽带，安永贵以真诚的服务换取客户真情，赢得了客户对平安银行的信赖！

信守服务心承诺
热心上门解民忧
中国建设银行莆田分行营业部感动故事

10月18日，《莆田侨乡时报》一则《建设银行上门解民忧，感动卧床老人热泪流》的报道格外耀眼，再次擦亮了莆田分行营业部"中银协五星网点""建行总行五星级网点"的金字招牌。该营业部切实履行了"以客户为中心"的服务承诺，真正将这份承诺落在日常服务的点点滴滴中。

原来一个月前，林桥村96岁的陈奶奶因摔断腿骨住进医院，接受了接骨治疗，前几天刚出院回山里老家调养。因老人的儿子为其办理人寿保险索赔手续，需要老人的银行卡才能把赔款汇入，但老人一辈子生活在山里，靠种地过日子，哪有银行卡？老人儿子把此事向建行莆田分行营业部的营运主管辜少红反映，辜主管听后表示："银行卡办卡新规很严格，手续较多，但老人的情况很具体也很特殊，我们想办法为老人开通绿色通道，特事特办。"她当即拿表给老人儿子填并帮助他复印有关

证件，然后向领导汇报。营业部十分重视，经过讨论后马上派员工于次日特地到林桥村探望老人，详细询问老人病情及生活现状。朱群芳对卧病的老人关切地说："奶奶，您安心养病，钱会汇到您的银行卡上，您会很快恢复健康的。"老人家听了感动得热泪盈眶。当天一回到行里，该行就为老人办了一张崭新的建行卡，让保险索赔款顺利汇入。

客户的口碑就是我们的金杯，客户对我们服务的认同信赖、理解和支持是进一步提高服务水平的莫大动力。

事无巨细　用心服务

兴业银行惠安支行感动故事

"用心打造一家有温度的银行"一直是兴业银行惠安支行每位员工的心声。我们怀揣着"好银行，助生活更美好"的初心，秉承着"务实、敬业、创业、团队"的兴业精神，始终把文明优质服务放在我行窗口服务的关键位置。

作为支行窗口服务的明星柜员，柯丽婉更是不忘初心，在工作中她坚持"想顾客之所求，急顾客之所需，排顾客之所忧"的服务理念，始终用心、细心、贴心地为顾客提供全方位、周到、便捷、高效的服务，赢得了客户的信任，又用真诚温馨的态度、娴熟求精的服务，赢得了客户的赞誉。

2017年11月的一天，一位中年男士来银行要汇款100万元到一家外地投资公司，说是要购买理财。这种行为立即引起了她的注意，担心男士上当受骗，她试着跟客户攀谈，得知客户自己在网上搜索到这家投资公司，其产品年收益率达到18%，足足高出银行理财收益率好几倍！她立刻敏感地意识到这很可能是网络非法集资，以高收益诱惑储户投资，实际到最后投资者血本无归！了解此情况后她马上劝阻男士不要汇款，但客户却坚持说他在网上已经对这家投资公司了解得很详细了，对方什么都有，而且客服态度也很好，上个月已经网银汇过去1万元并且拿到了一个月的利息，这次也肯定没问题！

虽然客户很执着，但她没有放弃，还把最近一些新型的诈骗案例耐心地讲给男士听，最后建议客户为安全起见，再多观察这公司几个月看看，其间这些资金可以先在我行购买短期理财，虽然收益没有网上的高，但相对于定期而言也是非常可观了，关键是资金安全有保障。

男士最终被她劝解得有些动摇，购买了我行的短期理财并将信将疑地走了。过了两个月，该男士再次来到支行找到丽婉，说之前投资的1万元这个月那家公司没转利息给他，然后他打电话过去问，电话竟然已经停机了，现在终于知道被骗了，并且不断地感谢丽婉，说那天如果不是她的极力劝阻，辛苦大半辈子的100万元就没了！敏锐的洞察力让客户免于损失，尽管过程中会有客户的诸多不解，但她认为这是自己工作的责任，再多委屈又如何？

在金融市场激烈竞争的今天，柯丽婉认为，没有饱含真心的服务算不上优质的服务。所以在日常工作中，她始终严格要求自己以客户为中心，用真诚的服务赢得客户的信任和赞扬。

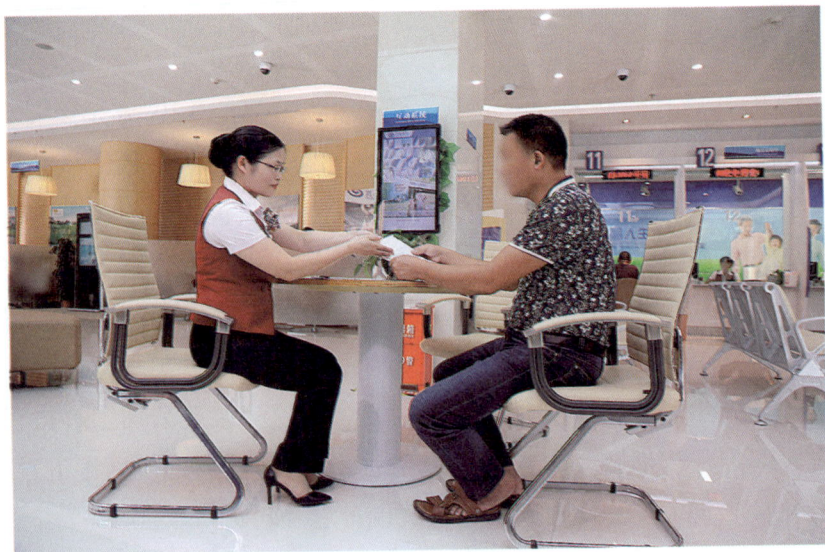

成功解决"盗刷"事件

中国工商银行福州南门支行营业室感动故事

一天午后，一位大妈气冲冲进来，向工行福州南门支行营业室反映银行卡内资金被盗刷1514元。大妈情绪非常激动："钱存你们工行不安全，今天不把钱还给我，我就不走了！"

网点负责人陈昉马上安排柜员查询账户信息，并将客户账上剩余资金进行冻结。经查询，客户所说的盗刷资金是当天上午11：02由中国银联广东分公司发出付款指令，并通过第三方支付平台支付出去的，乍一看，非常像网络盗刷，而且客户坚决否认系本人所为。

但是，陈昉前期处理了非常多的盗刷事件，积累下来的经验让他觉得这次盗刷事有蹊跷。首先，该笔资金支付后，账上还有余额3万多元，就算按照人行每天5000元的支付限额，起码还可以再盗刷3000多元，但骗子居然没有后续行动。第二，查询该账户明细可以发现，资金流水中有大量网络支付记录，说明客户平时经常使用网络支付。陈昉推测，有可能客户网络交易太多，忘了曾经有过该笔支付。第三，陈昉紧急与中国银联广东分公司联系后，查询到该笔资金系被广东佛山供电局扣收，这个扣收单位系国家机关单位，盗刷的可能性极小。

综合以上信息，陈昉心里有了数，把这些可疑细节一一分析给客户听。客户听后慢慢平静下来。陈昉向客户表示，一定会调查清楚，给客户一个明确的说法。终于，客户表示理解，放心地回去了。

客户走后，陈昉马上向工行广州电子银行部发出协查邮件，并向中国银联广东分公司所在地的工行广州同福营业室发出协查报告，广州同福营业室查询并回复：是被广东佛山供电局扣走了资金，但客户已经明确否认了曾与佛山供电局签订代扣协议，线索再次中断。

陈昉没有灰心，接下来的十多天，多次长途拨打佛山供电局和广东电网客服电话查询该笔资金扣收原因，但得到的回复都是供电局没有扣收该笔资金。终于在第7个工作日，广州同福营业室负责人查到了该笔资金是被拉卡拉公司扣走，是使用了拉卡拉在佛山供电局办的线上POS进行支付的。

有了这个线索，陈昉立即联系拉卡拉广东分公司，最终查到该笔资金是客户陈女士一个多月前在拉卡拉平台下了一个单，当时没有支付，一个多月后才进行支付。陈昉马上把情况告知客户，客户记起来确实有过这样的一笔交易，但当时自己已经取消了合约，不应产生扣款。陈昉请拉卡拉公司联系客户，拉卡拉公司最终同意把该笔资金退还给客户。

历经十多天的"盗刷"事件终于圆满解决，望着客户略带歉意又满是感激的表情，陈昉心中充满欣慰。

走进硖石村拆迁一线

江西银行萍乡分行营业部感动故事

2018年5月9日，理财经理路桐早早就接到开发区管理五局拆迁办公室的电话，今天要走访的拆迁户是硖石村的最后两户，拆迁办公室打电话是叫路桐带帮手去搬家。开完晨会后，路桐和他的助手带上几个大袋子便匆匆出门赶往拆迁户家中。

近两年，开发区的大片村庄进行了搬迁，为了网点能够引入更多的拆迁资金，理财经理路桐跟着五局的拆迁队伍在外跑了一年多，为网点的存款增长作出了巨大的贡献，原本皮肤白净的他在营业部的这两年，皮肤黝黑得像工地上的工人。

来到拆迁户老钟的家中，便看到门口大大的枇杷树上挂满了快要成熟的枇杷，桂花树、枣子树整齐地排列在马路两边。房子是前两年新盖的四层小洋楼，房屋后面群山环绕，小狗欢快地摇着尾巴，清脆动听的鸟叫声像是不舍老钟一家的离开。进门后老钟热情地招待着，交谈中他一直叹气流露出许多不舍。拆迁总是这样，在千挑万选中总是要被迫舍去很多，从小在这儿长大的老钟，周围的一草一木已然熟悉得闭着眼睛都能摸到，无不留有回忆和印记，甚至有些树都跟着他一起成长，现在都能庇荫一方，如今却不知要移植何方。分离不只这些，还有左右邻居，他们早已住进了新住所，想像从前那样，屋前屋后拉拉家常也是不容易了，这份分离对于年过半百的人来说是重重的忧伤。

理财经理路桐早早看出了老钟的心思，微笑着对老钟说："钟叔，您的新房子那有部分您的老邻居还在那里，像村口的张叔和陈

叔，起初也是多有不舍，但是那边环境干净整洁，又有各种活动室，多认识些新邻居往后的日子也是热热闹闹的。现在只有你们兄弟俩住在这里了，难免冷清，您早点搬过去，您的孙儿玩伴也多了，您实在有什么不舍的东西，我们想办法给您搬过去，给您留个念想。"老钟听到路桐这样说，一丝笑容挂上嘴角，低声地说："小路，家里的东西可以扔的我都已经扔了，我最不舍的是这几棵我亲手种下的树，哪怕带走一棵也好，你看树上的枇杷多好。"路桐笑着对老钟说："得嘞，钟叔，我们今天先把家里的东西搬进新房，您在新房周围看看哪里可以种下，我和小王帮您把枇杷树搬过去。"听到路桐这样说，老钟终于安心地搬到新房中住下，枇杷树就种在老钟新房子旁边。经过这样一件小事，老钟从此非常信任路桐，他的拆迁资金也全数存入我行，这样的客户老钟不是第一个。

作为一名共产党员，路桐始终严格要求自己，想拆迁户所想，解决他们的实际问题。他能充分感受到拆迁户心中的不舍，因为他自己的老家去年也被征地拆迁，像老钟这样的拆迁户路桐遇到了很多，他把老钟这样的客户当成家人一样对待，用细心、热心、贴心、诚心、爱心服务和感动客户，这就是江西银行萍乡分行营业部的"五心"服务精神！

用爱托起明天的太阳

交通银行九江分行营业部感动故事

留守儿童没有父母在身边呵护，因而格外需要社会关爱。2018年"六一"儿童节，交通银行九江分行副行长陈小毛、刘双带领着九江分行营业部千佳创建小组共14人，赴修水县黄坳乡丁桥村开展了"奔向爱的怀抱"留守儿童爱心慰问活动，陪伴丁桥村小学的孩子们共同度过了一个温馨难忘的节日。

用爱温暖孤独　让留守不再孤单

"六一"是每个孩子都期盼的节日，对于大部分孩子来说，节日里本该在父母的陪伴下开心玩耍，但在江西九江市黄坳乡丁桥村中却有这么一群孩子，他们可能一年甚至几年才能见到父母一次。

为了给这群孩子送去关怀与温暖，6月1日，慰问小分队历经4个小时的长途跋涉，终于到了目的地——黄坳乡丁桥村。刚见面时，孩子们都害羞地躲在爷爷奶奶身后，睁着好奇的双眼看着小分队的成员们。成员们在和孩子们亲切地打了招呼后，就将带来的慰问物资分发了下去。精美的学习用品、运动玩具和美味的小零食一下就吸引了孩子们的注意，男孩子们收到足球就追逐玩耍了起来，而小姑娘们则抱着五颜六色的文具盒、故事书爱不释手。

慢慢地，孩子们和慰问团队的哥哥姐姐们熟悉了起来，交行的哥哥姐姐们给孩子们讲述了自己工作上的趣事，也询问了孩子们的学习情况。理财经理还带来了自己制作的KT板，教小朋友们认识各种面额的纸币，用通俗有趣的语言普及金融知识，给孩子们上了一堂别开生面的儿童理财启蒙课。

专属爱心车票　公益路上我们同行

在慰问活动中，除了给孩子送来精心准备的物资，陪伴他们玩耍之外，小分队还给这群孩子们带来了"交通银行九江分行和谐号"的专属爱心车票，让交行的爱变成孩子的翅膀，带他们飞向远方父母的怀抱，让每一颗渴望团聚的心都能被满足。

同时，陈行长和刘行长还非常关心黄坳乡的脱贫攻坚工作，表示交通银行会在能力范围内给予当地脱贫攻坚工作最大的支持，因为只有脱贫致富，才能创造出更多的工作岗位，让孩子们早日与父母团聚。

活动接近尾声时，孩子们给慰问团成员们系上了象征感谢与祝福的红领巾，并承诺将珍惜来之不易的学习机会，发愤图强，成长为栋梁之材，回报祖国和社会。此外，黄坳乡熊远江书记还特意赠予交行一副"真诚关爱贫困留守，不望初心铸就百年"的锦旗，以示感谢。

最后，善良质朴的孩子们依依不舍地与陪伴他们度过这个难忘的"六一"的哥哥姐姐们道别，并许下了相约下个"六一"的约定。

真诚服务　赢得信赖

上海浦东发展银行赣州分行营业部感动故事

　　刘大爷是浦发银行赣州分行营业部的一位普通客户，一直偏向于购买保本类理财产品。4月，在刘大爷购买的上一期理财产品到期的前一日，理财经理小廖给刘大爷打电话，通知他理财产品即将到期，但电话一直未拨通。

　　按照以往惯例，刘大爷在理财到期日时都会自己提前联系理财经理询问产品到账情况，收到理财产品到期短信提示后也一定会在第一时间来到银行办理续约手续，但这一次刘大爷的电话始终关机。刘大爷是营业部的老客户，子女均在北京定居，其老伴也在北京帮子女照看小孩。刘大爷年纪大但身体硬朗，偶尔还会一个人飞往北京与家人团聚……但这一次的情况让小廖经理有种不祥的预感。

　　次日中午，小廖经理利用休息时间，按照刘大爷预留的住址，来到了他的住处，但无论怎么敲门，都无人应答。小廖经理心想，也许是大爷外出了，再等一等吧。于是来到小区楼下准备碰碰运气，但一个小时过去了，依然没有等到刘大爷。

　　小廖经理回到网点后，万分焦急。一方面着急刘大爷的理财到期后一直在活期账户收益会有一定损失，更重要的是担心刘大爷的身体是不是出了什么状况，毕竟平日刘大爷是一个人在家。

　　在担心的同时，小廖经理仔细回想刘大爷办理过的所有业务，忽然想起来在一次名医问诊活动中，刘大爷带了一位邻居熊大爷一起来。因为出于职业敏感性，当时也预留了熊大爷的电话。拨通熊大爷的电话后，才得知刘大爷昨天冠心病发作住院了，目前只有熊大爷和

几个邻居陪伴在他身边照顾，刘大爷的老伴和子女正从北京赶回来。

小廖经理马上赶到了刘大爷所在的医院，了解到等第二天刘大爷老伴和子女回来签字后，刘大爷马上要进行手术。得知这一情况后，小廖经理立即向单位领导进行汇报，待相关工作安排好后，小廖经理当晚及第二天整整一天，都守候在刘大爷身边，倒水端饭，联系医生……

第二天晚上，刘大爷的家人们都回来了。看到病情稳定的刘大爷和一脸疲惫的小廖经理，他的子女握着小廖经理的手激动得流下了热泪……此时无声胜有声！这是信任的泪，这是感恩的泪！这时刘大爷发话了："远亲不如近邻！还是小廖贴心啊！"

后面的几日，小廖经理隔三差五会带着鲜花或水果去病房探望刘大爷，刘大爷日渐康复，开心地对小廖经理说："孩子，这本不是你工作范围内的事情，但你还这么牵挂我老人家，真的太感谢了！"

时间一晃半个月过去了，刘大爷给小廖经理打电话了，说自己已经出院了，他的孩子们对浦发银行的理财产品也非常感兴趣，想来网点了解一下。当天下午，刘大爷的大儿子来到银行网点，小廖经理详细介绍了我行的各种产品之后，这位刘先生对小廖经理的专业知识及贴心服务表示高度认可，当即决定开户，并转入800万元资金，购买了我行的天添盈理财产品及私人银行信托产品，走的时候再次感谢小廖经理对父亲的照顾。

用真心换真情

中国建设银行上饶婺源天佑路支行感动故事

2018年4月的一天，临近下班的时候，天色渐暗，大雨将至。"早点回去哦，快下雨了！"前来换班的同事跟陈茜说道。此时，一位老人家行色匆匆地走进了婺源天佑支行的大厅，作为大堂经理的陈茜第一时间主动迎上前，一如往常微笑地问道："您好，您别急，请问您需要办理什么业务？"老人家焦急地用手指指着嘴，嘴巴张动，配上手势……陈茜立马反应过来了，这位老人家不能说话，但老人家的手势并不是手语的交流方式。此刻她心存疑问，尝试着使用几个简单的问候手语与老人家交流，但依旧无法沟通。

待心里有数后，体贴的陈茜将语速放慢，一边用语言安慰老人家"不要着急"，一边拿了张A4纸写上："请问您想办理什么业务？"老人家接过笔和纸写道："想办一张银行卡，报销药费用。"因不能说话，老人显得有些怪不好意思的，两手来回不停地搓揉。在与老人家交流的同时，陈茜立马转告同事为这位特殊的客户送上开卡申请书、笔、老花镜，并递上一杯温开水，老人家渐渐没有那么焦急与拘谨了。

在指导老人家办完开卡业务后，陈茜并未让这位老人直接离开，而是在另一张A4纸上详细地写下了"金融社保卡"的使用流程，并在其上逐项详加批注。与此同时，与老人家通过纸、笔传输进行交流，直到老人家彻底明白使用"金融社保卡"报销药费用的具体过程。此外，陈茜还贴心地为老人家复印了银行卡和身份证，并告知自己马上要下班，将顺路送老人家前往医保处交复印件资料，之后老人家只要在家等着报销就可以了。老人家双手接过复印件，看着写满说明的A4纸，深深地向陈茜以及大堂工作的其他工作人员鞠了一躬，员工们既意外又感动，纷纷鞠躬还礼。雨落无声，但关爱有力，看到陈茜与老人家的背景渐渐消失在大雨中，在大厅等待办理业务的客户也是称赞不已。

数日后，老人家带着现金，来天佑支行办理了3年期的大额存单，这是老人家之前在他行存的定期，刚好到期，便马上来支行办理了大额存单业务，老人家表示："钱存在建行，放心得很！"

"婺源天佑支行提倡的是用心服务、以诚相待，认真做好每一件事、牢固掌握每一项业务、热情服务每一位客户。"陈茜在优秀共产党员事迹汇报中提到。就像这位老人家在天佑支行留言簿上写的："我在这里得到的是尊重、关怀。谢谢天佑支行的工作人员，你们值得信赖！"

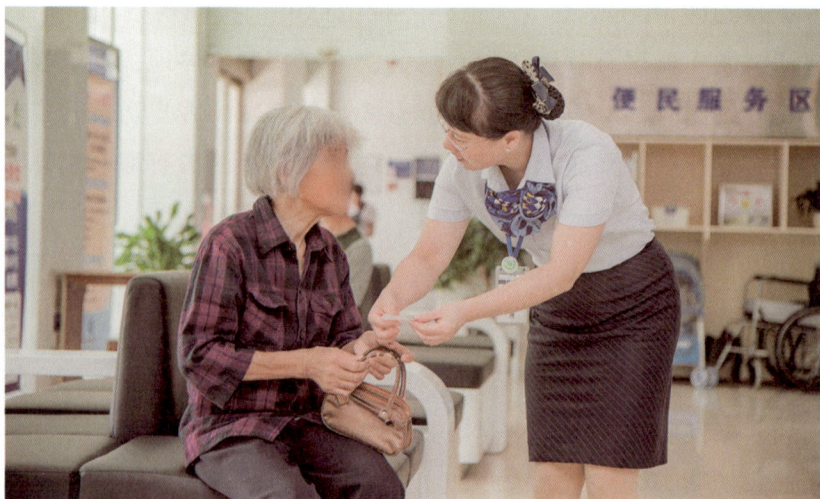

为老年人提供专业贴心服务

中国民生银行南昌分行营业部感动故事

信息化的普及、金融产品的丰富、金融风险的防控往往让老年人难以跟上脚步。中国民生银行南昌分行营业部为了更好地服务老年人，用"交朋友"的方式贴心服务，被称为老年人"身边的银行"。

在网点营业大厅，工作人员贴心地准备了不同度数的老花镜、放大镜、医药箱等日常用品，遇到雨雪天气提前备好雨伞并做好防滑措施。通过设置无障碍坡道和引导服务标识，让使用轮椅的老年客户安全出入银行，同时为行动不便的客户准备爱心轮椅。每当有老年人前来办理业务时，大堂经理总是会为他们端来热水，并利用自助设备做好客户分流。

75岁的刘奶奶是营业部的常客，她是一位空巢老人，老伴早早去世了，子女都在外地工作，因为老人听力不好，老花眼很严重，跟银行工作人员的沟通很不畅，每次老人来办业务，柜员们都会跟她在纸上开始无声的交谈，成功地帮老人解决了很多难题。刘奶奶平时也没有什么事，隔三差五就会来行里看看新出的理财产品，有一次，刘奶奶看到银行大厅内张贴的理财产品宣传时，提出："这个东西收

益高啊，我要买这个。"这时，理财经理过来耐心地给老人家解释产品的风险，最终根据老年人的风险偏好，为刘奶奶配置了最适合她的产品，刘奶奶因此成了我行的"铁杆粉丝"。还有一次，刘奶奶来网点汇款，从大堂经理到柜员都分外留意，为防止老人家上当受骗，反复询问确认，是刘奶奶的亲属无误后才将钱汇出，老人家也是热泪盈眶，从此更是把我们员工当作家人一般信赖。

为了服务更多行动不便的老年人，营业部成立了服务小分队，为老人们"送服务到家"。有时候网点人手不够，员工们就牺牲自己的休息时间上门核实，尽可能地满足周边居民的需求，因为常年的陪伴、贴心的服务，老年人把这些服务队小分队称为"身边的银行"。附近的居民们为了表示感谢，经常给银行的工作人员送来零食，有时还为带病坚守岗位的银行员工送来药品。

服务是银行立足的基石，是银行发展的根本。优质服务，就是要注重每一个细节，做好细致工作。中国民生银行致力于打造"有温度的厅堂"，全力为老年客户等特定消费者群体提供便利化、人性化的金融服务，满足其特殊性和差异化需求，营造温馨、和谐的金融服务氛围，让老年客户拥有"来行如来家"的优质体验。

用心付出
做客户最好的"守关人"

中国农业银行宜春分行营业部感动故事

网点是银行资金流通要道上的关卡，在这些关卡上，我们不知道拦截下多少滑向传销深渊的无辜者，拯救了多少家庭。农行宜春分行营业部的网点副主任谢彬熔，就是这样一个把守着关卡的"守关人"。

2017年9月的一个上午，刚刚做完胆囊切除手术的谢彬熔不顾医生和家人的劝告，提前结束了在医院的日子，忍着伤口的疼痛回到了自己的岗位。

在指导一对中年夫妇转账的过程中，谢彬熔发现夫妇二人在不住地商量着什么，言语中透露出要向一个不认识的账号转入大量金额。作为客户识别经验丰富的网点员工，谢彬熔察觉出了事情有些蹊跷。本着为客户排忧解难的宗旨，谢彬熔主动上前，借着指导二人转账的过程询问夫妇二人开办银行卡和转账的用途，夫妇二人回答说是打给远方的儿子，并主动打开话匣子聊起了心中的疑惑。

原来二老的儿子前几年外出求学，最近突然说自己找到了一个

项目，一旦加入不需多久就可以获得丰厚的报酬。只是需要一笔钱交"入会费"，儿子身上没有足够的钱，于是不得不打电话回家。并且提供了一个账号给二老，告知只要把钱打入账号，自己就可以加入项目。

二老很开心因为儿子找到了好工作，前几日已经给儿子打了2888元的"入会费"。然而昨日儿子又打电话来说要给该账号打3888元的"介绍费"。于是二老一起床就急急忙忙赶过来办理转账业务。

谢彬熔一听，立即判断这极有可能是一起涉嫌传销的案件。他赶忙请夫妇二人落座休息，然后向夫妇二人讲解了传销组织常常用一些莫须有的概念和"高回报"作为诱饵，以"入会费""加盟费"等名义非法敛财的套路，并分析了二老儿子的一些行为，指出二老的儿子可能已经陷入传销组织而不自知，希望二老提高警惕。

夫妇二人一听，吓出一身冷汗，立即给儿子打电话，询问儿子有关"项目"的详细问题。在交谈中发现儿子总是强调项目拥有高额的回报率，却讲不清究竟是什么项目。对介绍自己加入"项目"的"朋友"深信不疑，却连"朋友"的来历也不清楚。

二老这下明白自己的儿子真的陷入了传销的陷阱中，在谢彬熔的帮助下成功报警后，抓着谢彬熔的手说："谢谢你，如果不是你的提醒，钱被骗了还是小事，我的儿子就会在传销中越陷越深，你真是我们全家的大恩人！"二老向谢彬熔连连道谢，并为我行员工过硬的风险识别能力和对客户的关心所感动。

客户是我们的生存之本，为客户着想，维护客户利益，是营业部每位员工的义务和责任。仅2017年上半年，营业部已成功堵截类似案件3起，阻拦诈骗5起，深受客户好评。这与营业部坚持不懈地组织员工开展安全教育，与营业部员工严谨的工作态度密不可分，更是营业部员工服务提升的典型表现！

心系客户　与爱同在

渤海银行淄博分行营业部感动故事

2018年6月28日晚7点左右，渤海银行淄博分行老客户邴先生给大堂经理打电话，声音急躁、情绪十分激动。大堂经理首先安抚了邴先生的情绪，询问他遇到了什么麻烦需要帮助解决。原来邴先生急需用款，理财本金和收益刚刚入账，便到我行ATM上取款，但由于操作失误银行卡被ATM吞卡，导致无法取款。大堂经理询问邴先生是否开通了手机银行，可以指导进行无卡取款操作，但是邴先生年纪比较大了，根本不会使用。大堂经理小田当机立断，放下一岁多的孩子立马开车赶往网点，协助邴先生办理无卡取款业务，整个过程虽然历时一个多小时，但最终解决了邴先生的燃眉之急，邴先生非常感动，紧紧握着大堂经理的手，激动地说："姑娘啊，真是太感谢了，这都下班了还麻烦你跑一趟，真是太感动了。"并连连夸赞大堂经理对工作的认真态度以及对客户关心的责任心。

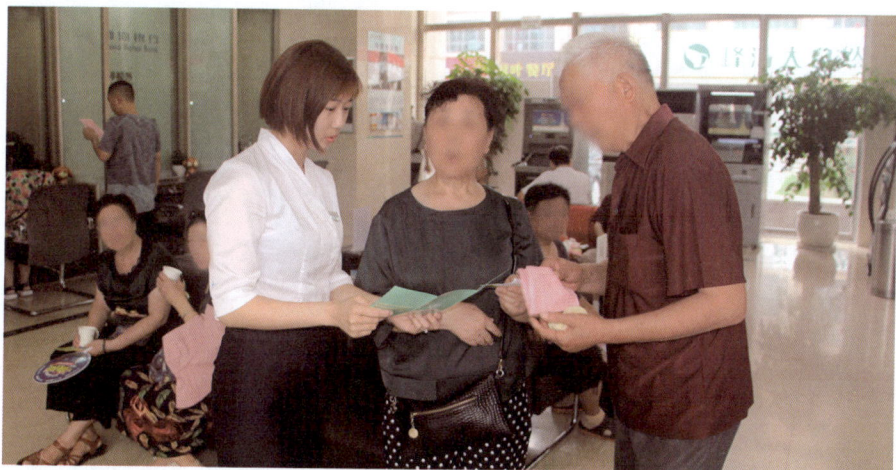

想客户所想，急客户所急。渤海银行淄博分行大堂经理一直秉承着这一服务理念，让郏先生感受到无限的温暖和感动，一点一滴的关爱，一丝一毫的服务，铸成对大堂经理的认可，对渤海银行的信赖。

服务不是一场拼胜负的竞赛，没有输赢，只有过程。服务像大海一样无边无际，永无止境，需要我们不断探索和追求。换位思考，将心比心，这是大堂经理常挂在嘴边的一句话，术业有专攻，对于大多数客户来说，他们可能在银行日常业务、理财业务方面并不是那么擅长，咨询我们，大多数是因为遇到了麻烦或问题需要我们帮助解决，我们可以把客户当成是一位阔别已久的好友，把每一次服务当成密友间的一次叙旧。

不积跬步，无以至千里。客户的一句谢谢，是对我们的信任和支持，客户满意的笑容，是我们前进的动力，是我们的力量源泉，这些都使我们更加坚定自己对工作的选择与执着。

服务与爱同行

交通银行临沂分行营业部感动故事

"以铜为镜，可以正衣冠，以古为镜，可以知兴替，以人为镜，可以明得失。"对于银行服务而言，客户、员工与同行都是每日必须正视的镜子，从中发现服务的不足，倾听客户的需求与心声，致力于改进产品与服务。

服务是银行立足的基石，是银行发展的根本。只有不断增强服务意识，强化服务措施，才能从根本上提高服务水平，得到客户认可。怎样为客户提供更好的服务，怎样在竞争激烈的金融行业中立于不败之地，是交行人每天都在思考的问题。每一天，我们通过最用心的服务，与客户心连心，架起一座爱的桥梁。

这是交通银行临沂分行营业部正常营业的一天，一位50岁左右的阿姨神色匆匆地走进了营业部，告知大堂经理她的信用卡已被暂停使用，希望了解到底是什么原因出现了封卡的情况。大堂经理通过行员热线及时联系了总行信用卡中心，经查询，是因为持卡人用卡过程中存在多次用卡不规范的情况涉嫌套现行为导致了卡冻结。大堂经理将查询结果以及我行用卡规则对客户进行了耐心解释，并告知了解封的原则，客户听了之后表情很紧张并流下了难过的泪水。看到客户的难过，大堂经理立即意识到客户或许是有一些深层次原因，随后将客户引导到茶室，连同网点大堂管理经理一起，先安抚客户的情绪，告知客户希望了解事情的经过，并真诚地告知客户若有困难愿意伸出援助之手。这位阿姨看到工作人员真诚的态度，也敞开了心扉将自己的情况一五一十地讲了出来。原来这位阿姨是临沂市儿童福利院的职工，有一天在福利院门口看到一个刚出生的弃婴正在嗷嗷叫，包被上写着一张纸条，显示小婴儿刚出生16天，先天聋哑。小婴儿应该是饿了，脸部红肿，很是让人心疼。阿姨当时很心疼，加上由于身体原因膝下一直没有子嗣，便决心收养这个可怜的孩子。收养手续很快就被批下来了，阿姨用心照顾着小婴儿，给他起名豆豆，现在豆豆3岁半了，阿姨今年开始给豆豆做康复治疗。随着豆豆一天天长大，花销也越来越多，去年春节阿姨老伴出车祸腿不能动了，住院花了5万元左右，全家的重担全部压在阿姨一个人肩上，不仅花光了所有积蓄，还负债好几万元。三个月前，阿姨利用事业单位人员身份在我行办了一张信用卡，由于豆豆康复治疗费用越来越高，加上自己对用卡知识不了解，阿姨决定通过信用卡套现解决燃眉之急，但是很快卡就被封了，而豆豆的康复费用也没了着落，阿姨说着，眼睛早已湿润。

听完阿姨的诉说，大家了解了她的难处，也被她对孩子无私的爱深深感动了，一种无以言表的情绪压在每个人的心头，服务客户不就是应该想客户之所想、急客户之所急吗？经过一番商议，大堂

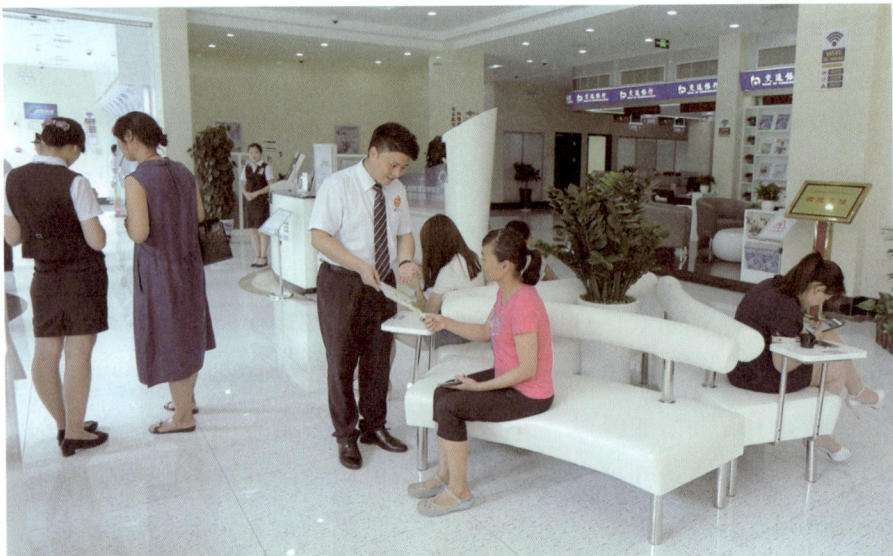

经理决定向领导汇报情况。领导很是重视，紧急上报省行予以协调解决，很快阿姨的卡就解冻了，阿姨走了以后，领导依然没有把此事放下。交行在服务顾客的同时，也应当奉献社会，承担相应的社会责任。经过研究后，行里决定组织全行为这位阿姨进行募捐，同时到市儿童福利院看看那里的孩子。经过宣传发动，全行人纷纷捐钱捐物，奶粉、衣服、玩具等很快满满当当。利用周末时间，行领导带领着营业部全体员工，携带募集的钱物来到福利院，对那里的孩子进行了探望。向福利院领导说明了意愿后，获得了阿姨联系方式和地址，一行人来到阿姨家，将全行的爱心送到她手中。阿姨当时很是感动，连连说着感谢的话，豆豆此刻正在家中玩耍，看到我们的到来，露出天真的笑容，阿姨也已经泪流不止，而我们交行人也在这种关爱客户的体验中得到温暖，激励我们不忘初心，继续前行。

每个人面前都有很多的镜子，有时候它是学习成长的教科书，有时候它是鞭策自我的戒律，关键我们采取什么样的心态去面对。试着给予一个灿烂的微笑，"镜子"里面肯定也会回报一个美丽的笑容；为客户送上一份真心，"镜子"里折射出的必然也是真诚的感动，以客户为镜，我们才能不断地闪现服务亮点，提升客户满意度。卓越服务无小事，点滴关怀如影随形才是我们最需要做好的。

急人所难　与人温暖

齐鲁银行济南泉城支行感动故事

杨春，2012年入行担任大堂经理助理。入行的时候还只是个20岁的姑娘。20岁稚气懵懂，20岁青春流溢，她坚持把压力化为动力，把青春挥洒在岗位，从基本制度学起、从基础业务干起，诚以待人、实在做事、走心服务，6年来脚踏实地地成长为一名优秀的大堂经理。她充满活力，大方周到、严谨细致，体贴热情、春风化雨，成为了齐鲁银行泉城支行一道独具魅力的风景线。

大堂经理之难，在于灵活处置各种难题，既要让带着问题来的客户满意而归，又要时刻保证规章制度的刚性落实，不能因为处置问题而引发违规，更不能轻易以制度为由拒客户千里之外。灵活二字看似简单实则不凡，既需要大堂经理熟知规章要求，又需要大堂经理具备耐心爱心，替客户着想、为客户分忧。杨春虽然年轻，却已是处理"疑难杂症"的行家里手。

2017年12月1日，客户霍女士走了进来。之前，她在银行门口徘徊犹豫了很久，因为她心里明白，今天到银行来办理的业务并不轻松。她要为丈夫代办开立银行卡，可丈夫已经进了看守所。作为女人，她有些忐忑和抹不开面子，但是迫于社保要求和代收补助费的需要，她又不得不来办。果然不出所料，难题一个接着一个，首先丈夫在齐鲁银行已有客户号，但是姓名不正确，必须先更改证件信息。但是在押期间，他无法到场办理，更不能与委托律师以外的人见面。社保在12月5日之前必须开立银行卡的要求迫在眉睫，这可急坏了霍女士，几次都忍不住想要掉眼泪。霍女士的这个业务，在泉城支行并没有先例，情况也极为复杂。而杨春，这名年轻的大堂经理，看到此情此景，没有推诿搪塞，而是暗下决心，一定要竭尽所能帮助霍女士，帮助这位遭遇生活困境而又百般无助的客户。她一边安慰霍女士"银行方面不会放弃，肯定会积极想办法，您先别着急，一定要有信心，要相信我"，一边报告营业室主任，商量解决办法。

在与营管部、零售银行部、运营部、合规部多次沟通后，考虑到客户家庭的特殊性，确认了解决方案：一是由看守所核实客户身份信息，代替电话核实本人过程；二是与律师核实客户身份，由代理律师出具授权委托书；三是由社保局出具办理相关业务说明；四是由霍女士出具客户本人及代办人身份证、结婚证，证明本人身份及亲属关系。最终该方案通过了零售银行部审批通过，霍女士在12月4日为其丈夫开办了银行卡。

12月8日，在了解了此事之困难和杨春为之所付出的一切努力之后，霍女士再次来到了泉城支行，送来了一面写着"排忧解难暖人心、优质服务好员工"的锦旗，当杨春接过锦旗的时候，她紧紧抱着杨春，久久不愿松开。或许，杨春给她的并不是协调开办一张银行卡这么简单。作为一名服刑人员家属，作为一名柔弱无助的女子，她在泉城支行，感受到的是人与人之间最真挚的温暖关怀，这让她内心充满了感激，感激大家没有拿有色眼镜看待她，更没有想到全行上下这么多人为她解难题、想办法。也许，这件事，让她再次感受到了来自社会的关心和尊重，那压抑心底许久的自卑、凄苦在拥抱杨春的刹那，都化作泪水畅快地涌出，心中燃起的是对生活的希望和信心。

这就是我们的最美大堂经理杨春，她的美，美在心灵的深处，美在服务的温度，美在一名20岁的姑娘在成长的路上从未忘却的善良和真诚。作为一名年轻人，行里的老大姐不少，很多都要了二胎，为此苦活累活她可担了不少，可从未听到杨春抱怨过，她总说："新生命的到来是人世间最美的事，我能为同事多做些事，看着她们安心地孕育和迎接小宝宝，我的心里美滋滋的，是无比幸福的。"与人花朵、手留余香，杨春就是这样一名大堂经理，似挺拔杨树，默默站立，把青葱和绿荫带给你；似温暖的春天，如期而至，把希望和信心带给你。杨春，人如其名。

这个冬天我们不再寒冷

山东临沂兰山农村商业银行营业部感动故事

初冬的早晨，虽有阳光，但仍显清冷，一迈进兰山农村商业银行营业部的大门，温暖便从四面八方将你包围。这天刚开门不久，便迎来看起来像是夫妇的一对青年男女，他们衣服破旧、神情憔悴。他们既没有叫号，也没有咨询，而是把一个鼓鼓囊囊的信封在手上摇来摇去，口里咿咿呀呀不知道在讲什么，还不时把信封向上方指指。

当时正在值班的大堂经理郑雷云非常重视，看架势，十有八九是来投诉的，看情况问题还很严重，要不然不会要求直接面见"上层"。那个鼓鼓囊囊的信封究竟写满了什么？是哪位同事在什么环节出现了问题？挨罚、受批、扣奖金是小，关键是给营业部抹了黑，想到这儿，郑雷云不禁惊出一身冷汗。

郑雷云仍十分镇静地将客户让至会客室，双手端上两杯热水，听他们细细道来。问了半天，他们却依旧咿咿呀呀夸张地打着手势，哦，原来是对聋哑人！

比划加文字，郑雷云终于搞通了他们的来意，他们夫妇就住在离营业部不远的小区，是农商行的一位老客户，今天不是来投诉的，而是来送表扬信的。听到这儿，小郑长舒了一口气，那颗悬着的心终于又回到肚子里。

弄清了他们的来意，小张领他们来到营业部总经理办公室，领导看完他们的表扬信，有些惊讶地望着眼前这对面带微笑的聋哑夫妇，不相信他们的家庭曾经遭遇过如此的不幸。

原来，这对小夫妇做点小生意，谈不上富裕，但还算过得去，就在年前，为了让女儿过个暖冬，他们买了块电热毯，就是这块该死的劣质电热毯，差一点给这个已经很不幸的家庭带来灭顶之灾，那天深夜，电热毯突然起火了，女儿险些丧命，皮肤30%以上烧伤，预备置办年货的现金也被烧得所剩无几。从天而降的灾难让这对残疾人夫妇欲哭无泪，这个年他们不知道该怎么过。

带着一线希望，他们抱着一堆残币来到农商行，当班大堂及柜员了解了他们的遭遇后，心里涌起一股强烈的悲悯之情，在劝慰他们的同时，还告诉客户，钱虽然被烧毁，但是根据国家的标准有些是可以兑换的，于是大堂及柜员主动将这个工作揽下来，足足用了3个多小时，连五角、一角的残币也不放过，力求把损失降到最低点，当客户接过那一沓换回的新币后，激动的泪水止不住流下来。

临走，大堂经理和柜员又递给他们一张纸条，上面写着"给我留个您的联系电话吧"，这位客户留下电话号码便匆匆离去了。他们清楚人生尽管无常，生活仍要继续，这位客户走出生活的阴影不仅需要时间，也需要心灵的慰藉。此后，她们经常短信慰问这对小夫妻，询问着小女儿的病情。看似简单的举动却温暖着这对小夫妻的心。这也正是他们虽遭不幸但仍面带微笑的原因。信的最后说，农信人不仅为我们挽回了损失，更让我们看到了生活的美好，给我们鼓足了面带微笑生活下去的勇气，这个春节，我们不再寒冷。

有一束光直照心底

中国工商银行荷泽分行营业部感动故事

"请帮我查一下基金赎回的钱是否到账。""好的阿姨。"在自助终端机上查询到钱已经到账后，阿姨从包里拿出一封信放入客服经理的手中，嘱咐道："姑娘，你们行工号16号的小伙子王鑫很优秀，你们一定要表扬他啊。"说着说着，阿姨眼里充满了感激的泪花。

原来前几日阿姨来营业室办理业务时，在客服经理王鑫的指导下使用自助终端办理完业务就走了。王鑫发现阿姨刚刚使用过的设备有未取出的银行卡，赶忙让同事指导其他客户办理业务，自己凭借记忆在大厅里寻找阿姨的身影，无果后追出门外，终于在公交车站找到了正在等公交车的阿姨，核对无误后把卡归还。阿姨很是感动，一再表示谢意，王鑫说这是我应该做的，说完，便一路小跑消失在了阿姨的视野里，但是王鑫的背影却深深地被阿姨记在了脑海中。

隔日，阿姨又来到营业室办理基金业务，发现账户上余额为零，阿姨便慌了神，捂着胸口差点倒下。王鑫连忙扶起阿姨，此时前台办理业务的客户又很多，王鑫一边安慰阿姨，一边用自己的手机拨打了

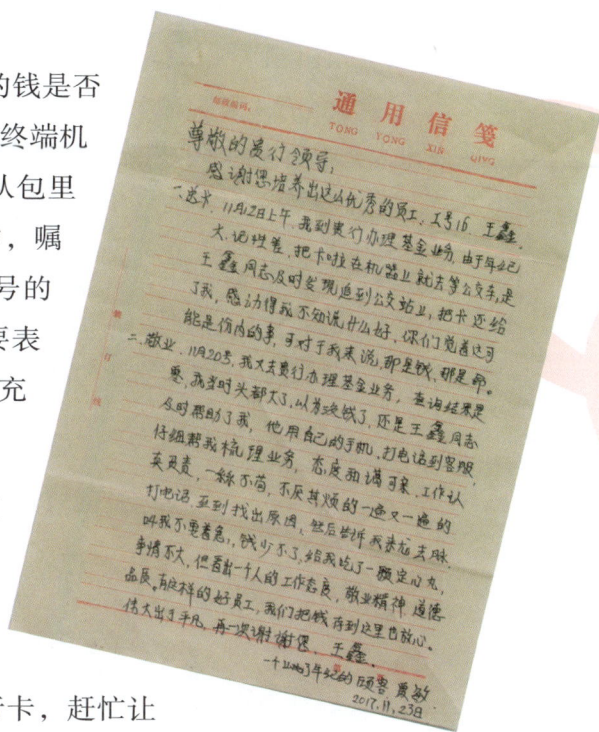

客服电话，仔细帮阿姨回忆所办理过的业务，不厌其烦地一遍又一遍地打上级部门电话咨询，直至查找出原因。原来阿姨之前买了一只海外基金，前些日子做了赎回业务，普通基金一般1个星期内会到账，但阿姨这次赎回的是海外基金，买的这款基金需要7个工作日以后到账，赎回状态为在途，所以阿姨账户余额为零，王鑫告诉阿姨，钱一分都不会少，7个工作日后会到账户，这样的回答无疑让阿姨吃了一颗定心丸。于是，有了开篇的一幕，阿姨临走时握着营业室主任的手一再表示非常感谢王鑫，阿姨说："或许你们会觉得这是你们员工分内的事，但是对于我来说，那是我积累了一辈子的钱，那是我的命。"

像这位阿姨的表扬信中写的那样，伟大出于平凡，在追求优质服务的征途上，有那么一丝温暖，有那么一股感动，柔柔地触动心底，像一束光，照亮我们继续前行的路。

因为有爱　所以"无碍"

中国建设银行临沂市中支行营业室感动故事

　　"心相交，诚无境，行必远"，每天清晨，从建行临沂市中支行门前路过的行人总会听到这样的晨训，这不仅仅是建行临沂市中支行的服务理念，更是我们落实在日常工作中的准则。在办理业务过程中，我们的员工始终坚持"客户至上"的原则，时刻把顾客的利益放在首位，宁愿自己多走几步，多说几句，尽量为顾客省时省力。前台柜员在不断提高服务效率的同时，更在努力提高服务质量。但是在工作中，遇到的不仅仅是业务上的咨询，还常常遇到残疾人或聋哑人，他们肢体或语言上的障碍给他们处理业务带来一些不便，我们通过有温度的服务，拉近彼此的距离。

一次，一位聋哑人拿了一张早已到期的10万元5年定期存单来转存，开始时他站在门口犹豫不前，大堂经理主动向前问候迎接，客户支支吾吾的眼神中充满了无助，嘴唇颤动了两下后想要放弃离开，大堂经理迅速明白了客户的特殊情况，并及时使用手语与客户进行初步沟通，看到我们的大堂经理比划了熟悉的手语动作时，客户激动的眼泪夺眶而出，紧紧握住我们工作人员的双手，这种感谢是无声的却是发自肺腑的。

大堂经理了解到客户需求后及时引导他到现金区爱心窗口，并用服务手势提醒柜员客户的情况，让客户在享受网点爱心服务的同时保护客户的自尊心，避免其尴尬，柜员在办理业务过程中存在的复杂业务沟通，柜员不厌其烦地给聋哑人写纸条耐心解释，并把以后需注意的事项以及风险提示也都写在了纸条上，临走时，这个客户对我们的柜员伸出大拇指做了个真棒的手势。以后，这位客户又介绍了很多聋哑人来我行办理速汇通、存款及一些缴费业务，互留联系方式后我们的客户经理也经常在线上与他们沟通解决问题，他们也经常将编织的手工作品赠予工作人员。在得知市中支行营业室要装修改造时，他们便一早赶到网点门口等候，帮助我们搬运工作物品。没有滔滔不绝的赞赏，没有光鲜亮丽的锦旗，他们用无声的行动齐刷刷出现在网点门口，感动了我们每一个人，就像我们感动他们一样，市中支行营业室所谓的"诚无境"带来的"心相交"，相信未来的路上也一定是"行必远"！

服务的温度

中国农业银行济南历城支行感动故事

"客户至上，始终如一"是我们农业银行的服务宗旨，也是每一位农行人为之努力奋斗的箴言。今天的故事是关于新概念银行的一位大堂经理刘梦琪，她用心关怀客户，处处为客户着想，让客户感受到服务的温度。

"我的身份证就是上次在你这办了业务，你没给我，我记得很清楚。"在网点柜台前，有一位老人情绪十分激动地说。听到客户着急的声音，大堂经理刘梦琪赶紧走到柜台前，对老人家说："先别着急，阿姨！请您跟我到这边洽谈室喝点水，咱们慢慢说。"经过了解，原来这位阿姨2017年12月前来办理定期存款业务，用过她的身份证，今年再来办业务，却找不到身份证了，她觉得是上次办业务后柜员没有将身份证还她，今天前来网点，想找回身份证。梦琪安慰客户："阿姨！您在这稍等一下，我们去看一下去年您办业务时的监控，帮您找一下身份证。"看完业务监控回来，梦琪对老人家说："阿姨，当时您是跟您女儿一起来办的业务吧？在办完业务后，柜员将身份证给了您，您还跟您女儿说，一定要把身份证收好呢！"老人家听完后仔细想了一下对梦琪说："那不是我女儿，那是我外甥女，我再回去找一下吧，谢谢你了。"

然而一周后，老人家再次来到我们网点，找到刘梦琪，着急地对她说："姑娘！我怎么也找不到我的身份证了，这可怎么办啊？"大堂经理刘梦琪耐心地帮老人选择了一个离家较近的派出所补办身份证，老人家满意地离开了网点。

又过了两周，老人家再次前来网点，这次总算能顺利办业务了吧！然而老人家一见梦琪，竟然直接哭了起来，哽咽着说："姑娘，上次你跟我说，去补办新身份证，当时他们告诉我过十天去领新身份证，可我忘记是哪个派出所了，怎么办呢？"看到老人无助地流泪，梦琪也忍不住眼圈都红了，虽然补办身份证这个业务与我们农行没有关系，但一定要帮助老人家顺利办好这件事。于是梦琪认真地对老人说："阿姨！您不要着急！我们一定帮您找到那个派出所！"然后，梦琪通过拨打110电话，查了老人家附近所有的派出所电话，一家一家地挨着打电话询问，最终终于找到了那家派出所。老人家离开网点前握着梦琪的手说："我虽然没有亲生的女儿，但是姑娘你前前后后的帮助，让我感觉到像亲人一般，我要感谢你，感谢你们网点的各位领导，各位帮助我的人……"

用心服务客户是农行历城支行营业部的服务文化，大堂经理刘梦琪用行动诠释了一名大堂经理的责任和服务，只要用心服务，温暖，其实就在身边。

锦旗赠中行　真情鉴服务

中国银行邹城支行感动故事

银行如今就像空气和水一样，与现代生活中的每个人都有着紧密的联系，而银行工作人员作为提供服务的主体，在工作中用真诚服务带来的各种令人感动的闪光瞬间，同样值得人们去铭记和回味。"真心相助，恩情铭记"，王女士热泪盈眶，手持锦旗来到中国银行邹城支行营业部，对中国银行的服务给予高度评价，感恩的心情溢于言表，"为民解难好银行，助人为乐真服务"，王女士如是说。

近日，中国银行邹城支行营业部迎来了一位普通的年轻聋哑女客户，她用纸条与柜员沟通，办理了账户挂失业务，这本是一笔正常的业务，没有引起大家的关注。但是第二天，神色慌张、心急如焚的王女士找到该行，自称自己的聋哑女儿被传销人员诱骗，昨日来中行办理过挂失业务，且不听家人劝阻，离家出走，无法联系，希望该行协助找到出走的女儿，看着王女士焦急的神色，同为母亲的员工感同身受。虽然寻人并不是银行的职责范围，但本着急客户之所急的服务理念，该行并没有坐视不管，向王女士提出了合理建议。由于此事牵扯到复杂的家庭矛盾，而且可能涉及传销，在该行的建议下王女士向公安部门报案。此后，该行在营业期间，一直关注柜面是否有疑似王女士女儿的客户，功夫不负有心人，几日后，其聋哑女儿再次来柜台办理挂失处理业务，员工及时发现并将此消息反馈给公安部门，并配合民警工作，使得母女二人终于能够有机会坐到一起沟通，解决问题。最终，在员工的积极帮助下，这对母女之间的问题得到了妥善解决。虽然我们没做什么惊天动地的大事，然而，正是这些真实平凡的小事，却时常感染和感动着身边每一个人。他们只是做了一个中行员工最基本的工作，用一颗感恩的心将真诚的做人态度传递到每一个角落，而客户满满的信任、理解和认可，就是员工们最大的收获。

感动，不一定是惊天动地的大事，也可以是身边不足挂齿的小事，感动不一定非得轰轰烈烈，有时细水长流般平凡的感动更能持久碰撞人的心灵。这面锦旗，是中国银行"担当社会责任做最好的银行"发展战略的印证，也是客户和群众对中行的认可，是对中行员工助人行为的赞赏，也是中行优质服务的侧影，更是对中行员工巨大的鼓舞。服务只有起点，满意没有终点，只要有以服务标准规范自身，想客户之所想，急客户之所急，热情高效地为客户服务，才能赢得客户的信任和赞许。相信我们心贴心的服务，定能为中行树立行业标杆！我们有理由相信，在今后无数个明媚的时光里，会有更多用心奉献的故事，等待我们去搜集、去讲述，将正能量一直传递下去！

中信梦　我的梦

中信银行济南市中支行感动故事

中信银行济南市中支行，是一支平均年龄只有28岁的年轻团队，员工们充满着激情，他们在各自岗位上奋斗着，在付出汗水和泪水的同时，涌现出了很多感人故事。

支行有一名63岁的客户，退休后常年生活在北京，因代发工资在济南，经常在回济南的时候，到银行网点取钱。由于性格的原因，她对银行人员极度不信任，取出的现金总要柜员在点钞机上来回过两遍，自己将钱拿到手再数两遍，数完以后还怀疑是否有假钞混在里面。

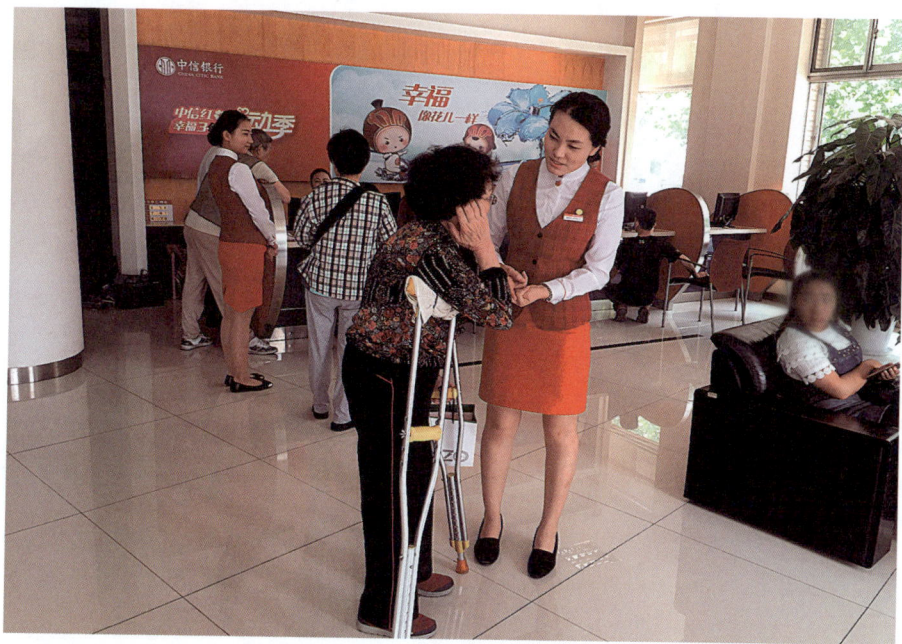

2017年5月的一天，该客户到网点取了12万元，自己在大厅点钞机过钱时，飘落了3张。这时大堂经理边荣优伦经过大厅，远远地看到了，追过去的时候，客户已经出门了。此时，边荣经理立即拨打了客户留存的电话，可这位客户一听是银行，马上挂断，再拨就不接了。为了避免客户的资金受到损失，边荣经理通过客户留存信息找到了客户的家庭住址，下班后，经过不断打听和问询，终于在晚上9点找到了客户的家，把这300元送还了客户。

经过这件事后，这位客户被我们的真诚服务所感化，主动将她在其他银行的存款转了过来。

服务无小事　真情暖人心

广发银行郑州分行营业部感动故事

那是一个周末，大约10天之后就要迎来农历春节，营业大厅的客户并不多。这时，有一位先生匆匆进入大厅，虽是料峭寒冬，但他却满头大汗，话语急促地告诉大堂经理段迪，他刚从我行取了3万多元现金，走出去不到10分钟，就丢失了1万元。大堂经理赶快询问客户事情经过。原来，这位先生姓赵，大约20分钟前，在柜台取了3.4万元的现金，准备支付欠他人的货款。取完后，他随手就放在羽绒服内衣口袋里，然后到大厅的自助设备查询了一下卡内余额等情况，就离开了。但是，赵先生说他刚走出银行不到10分钟，就发现钱少了1万元，他仔仔细细地沿路找了一遍，但没有找到，这时已经很绝望了，只能抱着试一试的想法，再回到银行问问。

赵先生衣着朴素，他说这1万元对他而言是近两个月的收入，如果丢失了，年也没法过了。段迪立即带客户到柜台，向营业室主任说明情况，安排柜员立即翻看办业务的传票，将客户和现金的时间锁定为12:59分。营业室主任决定调取客户在大厅和自助设备期间的视频影像，看能否找出一些线索。同时，客户决定再沿之前的路线找找看。

　　客户离开之后约2分钟，又有一名穿蓝色衣服的男士进入了银行大厅，他手持1万元现金，告诉大堂经理他刚才去自助取钱，发现地上掉了1万元现金，捡起来后，就回到楼上的办公室告诉了他的领导，而他领导知道情况后，让他赶快下来交给银行，看能否联系到失主，还给失主。这时，看完监控的营业室主任也回到了大厅，证实了当时的情况。然后，迅速打电话联系赵先生，告诉他这一喜讯。这时，大家才都松了口气，终于找到了！赵先生回到银行后，看到失而复得的1万元钱，高兴得不知道说什么好。他先是紧紧握住捡到钱的岑先生，说了不知多少遍谢谢，而后又不断对我们点头致谢。大家都很高兴，仿佛是自己的钱失而复得了，都说："赵先生，这回你可以好好过年了。""是啊，太谢谢大家了，太谢谢了，我请你们吃饭……"憨厚的赵先生还在不断重复地说着谢谢。

　　整个大厅的笑容，比冬日的暖阳还灿烂。在找回客户丢失财物的过程中，我们也许并没有帮到很大的忙，但参与其中的快乐却是无与伦比的。原来客户和我们之间并非隔着厚厚的柜台玻璃，而是在帮助客户解决问题时，心与心的无比贴近。现在我们更喜欢红色的广发标志了，那亮丽的颜色是如此温暖，而我们也要秉承客户为先，真情服务的准则，继续传递这份温暖。

平凡中的坚持

河南新郑农村商业银行港区支行感动故事

也许有人会说，普通的柜员何谈事业？不！在我们港区支行，柜台上一样可以干出一番辉煌的事业。柜台服务是展示我行系统良好服务的"文明窗口"，我们每天都以饱满的热情，用心服务，真诚服务，以自己积极的工作态度赢得客户的信任。平凡的岗位，不平凡的贡献，陶云鸽的故事就是这样。

3月的一天中午，陶云鸽刚收拾好东西准备吃饭，一位老大娘颤巍巍地走到窗口，着急地问她能不能办理业务。看着她焦急的神情，

云鸽将暂停服务的牌子移开，让她不要着急。老太太存折找不到了，那里面是她积攒多年的钱，她害怕别人把钱取走，办理业务过程中不停地问："闺女，我的钱丢了咋办，那可是我的救命钱呀……"云鸽一面耐心地安慰她，一面提高办理业务的速度。偏偏老大娘在着急的状态下密码也一直输错，她越发着急，大堂经理在旁边轻声地安慰着，授权

过程中云鸽一直和她聊家常，转移她焦急的情绪。最后业务办理完已经一点半了，耐心细致的陶云鸽已经错过了吃饭的时间点，但是她一点儿也没有抱怨，随便啃了几口面包，就继续投入紧张的工作中。

刚满一年的陶云鸽因为出色的工作表现被调任港区支行代发会计的重要岗位，两年时间里，她始终严格要求自己，抱着积极进取的心态，努力做好自己的本职工作。6月年中各项款项到位，她几乎每天加班整理资料，甚至中午舍去休息时间。28日晚上财政局耕地补贴款到位，为了尽快把资金发放到客户的账户上，云鸽晚上加班整理表格，次日发放，整理回单，统计错误信息，利用一天时间终于将12个办事处5万多户的资金发放完毕。看着一沓沓整整齐齐的回单，客户满意地说："你们效率真高！"

银行是一个服务行业，服务也是银行业的立行之本。以客户为中心，想客户之所想，急客户之所急，每一天每一刻她都在践行着自己对客户的承诺，在平凡中坚持着！

点滴细节见真情
交行服务最像家
交通银行焦作分行营业部感动故事

4月的一天，交通银行焦作分行营业部迎来了一位特殊的客人。大堂经理张慧在厅堂服务客户的过程中感到了手上腕表的振动，确认呼叫位置后，张慧迅速来到厅外无障碍通道处。

此时此刻，一位失去双腿、坐在儿童车上的客户正在无障碍通道处寻求帮助。张慧一方面协助客户从无障碍通道来到网点；另一方面迅速通过对讲设备联动其他岗位人员为客户开通绿色通道。客户刚一进门，我们的工作人员从便民柜中拿出轮椅帮助客户使用，但是面对陌生的环境，客户显得有些不好意思，连连摆手，不愿麻烦我们的工作人员。

为了让客户放松下来，张慧耐心询问客户需求，在了解到客户需要办一张银行卡报销医药费时，张慧迅速准备好适合客户使用的移动填单台，蹲在地上，平视客户，用亲切的微笑安抚客户，指导客户填写业务所需单据。在张

慧的耐心服务下，客户慢慢放松下来，在填写完单据后坐到了我们准备的轮椅上。张慧推着客户来到提前安排好的爱心窗口，我们的柜员用热情的服务、熟练的操作、专业的态度快速为客户办理好了业务。在办理完所有的业务后，细心的张慧在客户离开前，用一张A4纸详细地写下了客户办理后续相关业务的流程，又一点一点地详加批注，直到他彻底明白，然后又为客户复印了卡和身份证，并告知客户把复印件送到医保处，在家等着报销就可以了。送别时客户双手接过张慧递过去的复印件、写满说明的A4纸，连连向厅堂服务人员低头鞠躬谢礼，员工们既感到意外又深受感动，纷纷鞠躬还礼。

如今，交通银行焦作分行营业部的每一位员工在服务残障人士、特殊人群时，都会像张慧一样，送给他们一份来自家人般的"关爱"，将这份关爱延伸下去。

感动，不一定是惊天动地的大事，也可以是身边不足挂齿的小事，感动不一定非得轰轰烈烈，有时候细水长流般平凡的感动更能持久碰撞人的心灵。就像这位客户在交通银行焦作分行营业部客户意见簿上写的：我在交通银行感受到的是尊重、关怀，感谢！

至真至诚　因您而变

招商银行许昌分行营业部感动故事

2017年12月的一天，天气十分寒冷，招商银行许昌分行营业部营业厅内却暖意洋洋，客户井然有序地办理着业务，随着钟表指针指向12：30分，营业厅办理业务的客户也逐渐减少，高柜柜员开始抓紧时间轮流换班吃饭。这时，一位神色焦灼的客户匆匆走进营业厅，径直来到张博文的柜台前，一边翻找着随身携带的材料，一边说："快给我把这个贷款还了，我快急死了！"张博文规范行举手礼，热情招呼客户，微笑着婉言告知说："老师，这是个人现金窗口，您办理的这个业务需要到对面个贷中心柜台办理，他们下午是两点钟开始营业。"客户一听顿时急躁起来，大声说："什么？到两点？你们白天不是应该一直有人办业务吗？我马上要去签新的合同，这个贷款现在必须得还清！"客户的大声喧哗引得周围客户纷纷注目，为避免影响营业厅其他客户办理业务，张博文微笑着对客户说："请您别着急，我马上帮您联系。"随后，他立即与个贷柜台同事沟通，协调能否应客户之急办理业务，个贷同事当即表示同意。张博文告知客户："请您稍等，马

上就可以为您办理贷款结清业务了。"谁知客户说："我不懂银行业务，你要陪我一同去办理。"这时时间已接近下午两点，张博文已饥肠辘辘，但他没有丝毫犹豫，向主管报告并办理完尾箱交接手续后，就陪同客户前往个贷柜台进行业务办理。

可在业务办理过程中，由于客户误将未结清金额记错，致使其还款账户资金不足，无法办理贷款结清手续。眼见客户刚缓和的神情顿时又变得焦躁起来，张博文微笑着请她不要着急，并告诉她可以通过其他银行卡转账或联系家人转款等方式补足还款金。在张博文和个贷柜台同事的帮助配合下，几经周折，客户账户终于转入了足额还款金，顺利完成了业务的办理。客户离开营业厅时，激动地拉着张博文的手一直说："谢谢小伙子！"张博文微笑着说："不客气，这是我应该做的，欢迎您今后再来我行办理业务。"

我们的运营柜员在平凡的岗位上热情服务，想客户之所想，急客户之所急，让客户随时随地都能感受到我们的真诚，以实际行动诠释了"因您而变"的服务理念。

为低血糖客户提供及时服务

中国工商银行郑州陇海路支行营业部感动故事

贾军是工行陇海路支行营业大厅的一名综合柜员，今年已年近60岁，在工商银行默默工作了30余年。他始终坚持热情服务客户，三十年如一日，每天都把微笑服务、细致服务、专业服务传递给每一位客户。

几个月前，贾老师如往常一样，上午9点准时坐在他的岗位上准备迎接今天的第一个客户。过了几分钟，一位30岁左右的女客户匆忙地走了过来，贾老师微笑着和客户打了招呼，并询问她要办理什么业务。客户用细微的声音说她收到短信，之前申请的信用卡批下来了，她是过来领卡的，一边说着一边从包里掏身份证，谁知身份证刚掏出来，这位客户就两手撑着柜台一动不动了，没过几秒钟，客户的脸色也是煞白的，表情非常痛苦。贾老师赶忙扶着客户坐下，问道："您怎么了，不舒服吗？"而这位女客户只是直直地看着贾老师，并未回答。贾老师又问："您是不是低血糖，头晕？"这时客户仍然没有回答，却慢慢地点了一下头。见状，贾老师连忙让不远处的大堂经理给客户倒一杯温水送过来，又从旁边的抽屉里拿出自己平时预备的果糖递给客户，关切地说："别着急，先吃颗糖，喝口水，缓一缓，我有时也会低血糖，这是平时备用的。"客户接过糖果，又喝了几口水，几分钟后好了很多。此时贾老师再询问，客户才说她有低血糖，早上没吃饭，刚才匆忙过来就觉得头晕目眩，难受得说不出话，感谢贾老师的糖果和温水，救了她一命。贾老师在确定这位客户头晕症状缓解了，又细心指导她办完了后续的领卡和启用业务，还嘱咐她以后要随身带几颗糖以备不时之需，然后礼貌地送别了客户。

　　什么是感动服务，贾老师用行动作出了最好的诠释。感动服务，就是在客户孤助无援时一个善解人意的眼神、焦虑烦躁时一个亲切友好的微笑、迷茫困惑时一个专业切实的建议。感动服务不仅是锦上添花，更应是雪中送炭，这是我们每一个工行人都应该时刻谨记的。

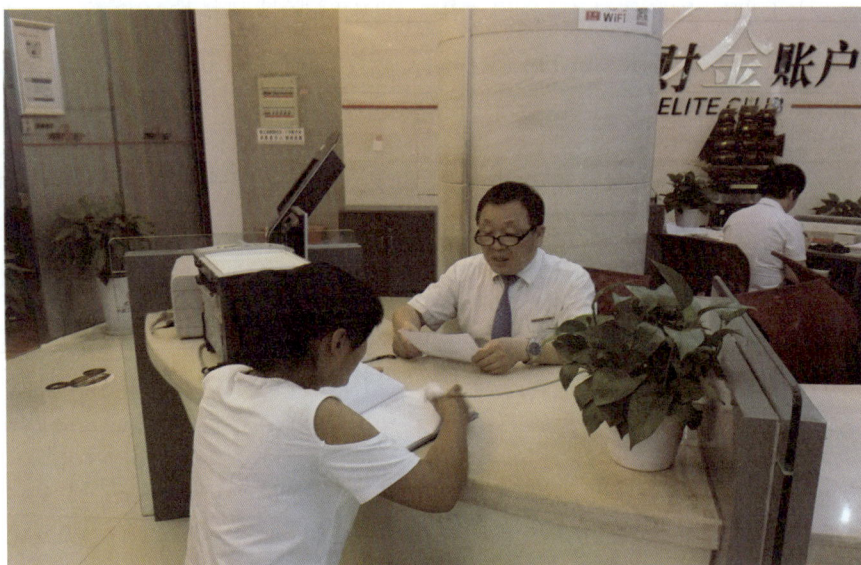

规则有限 服务无限
中国建设银行洛阳南昌路支行感动故事

"梁主任，太感谢了，终于把这个大难题解决了，我一定要给你们支行送面锦旗。"

刚办完业务的王女士心情既喜悦又激动，特意找到南昌路支行营业部主任梁晓立表示感谢，因为只有他们心里清楚，这可不是笔简单的业务。通过梁主任多次受理、内外协调，支行为其提供人性化服务，特事特办，最终成功帮她解决了问题。

这件事还要从两个月前说起。两个月前的一天，王女士来到南昌路支行办理其父亲的财产继承业务，可是银行卡丢失，密码也忘记了。根据相关业务规定，柜员告知办理该业务需要提供财产继承的公证书，让王女士去公证处办理公证书再来办理。业务没有办理成功，王女士满心沮丧地离开了。可没两天王女士又来了，这次她的情绪很激动。当时正在值班的营业部主任梁晓立急忙上前安抚客户情绪，主动引导客户至理财中心进行心理疏导，并详细了解客户情况。

通过梁主任耐心的安抚，王女士的情绪才慢慢稳定下来。原来，王女士的父母双双过世，法定继承人只有她和弟弟，但弟弟常年在外地工作，无法回来共同办理公证手续。在了解客户情况之后，梁主任及时与市行相关业务部门沟通，考虑到有规章制度的限制，支行想尽可能与市行协商，争取以更加人性化的方式为客户解决困难。市行相关部门也十分重视，多次召开会议商议此事。以往当牵涉到财产的继承问题时，正规办理途径只能通过财产继承公证，但这个案例十分特殊，首先继承金额比较小，不存在风险隐患，其次王女士的弟弟远在

外地，无法回来办理公证手续，委托王女士本人办理。通过多方考虑，我行决定对待特殊问题特殊处理，特事特办。最终，成功帮助客户解决问题。最近，王女士又来到了南昌路支行，这次她可不是来办业务的，而是特意来感谢南昌路支行员工的。经历了近两个月的等待，多次沟通与协助，王女士也跟梁主任成了朋友。从最开始的消极态度，到今天的喜悦和感激，王女士对建行的服务充满了肯定和赞赏。

　　银行经营时刻与风险相伴，规章制度、业务规则是银行管理的重中之重，但业务规则虽然是有限的，建设银行以客户为中心的服务宗旨却是无限的。尽力帮客户解决困难，为客户着想，全心全意为客户提供贴心、专业、高效的服务是建设银行洛阳南昌路支行的行动宗旨和奋斗目标！

上善如水　真诚相伴

中国农业银行林州市支行营业室感动故事

"立足大堂，运筹帷幄之中，决胜千里之外。"大堂是客户对整个营业网点的第一印象，一名优秀的大堂往往意味着整个银行网点的井然有序。

马静是中国农业银行林州市支行营业室的大堂主任，也是林州市支行营业室党支部书记。2018年2月一个普通的早晨，马静如往常一般在大厅巡视，一位年过七旬的老爷爷步履蹒跚，走进了营业室的大门，马静快步走到跟前，搀扶着老爷爷，热情地询问："您好，请问您需要办理什么业务？"老爷爷颤巍巍地拿出一本存折说："我想从这存折里取点钱出来给老婆子买点药。"听到这里，马静扶着老爷爷来到了快速窗口办理业务，孰料由于老爷爷年龄大了，竟然忘记了存折的密码。由于这本存折年代久远，当年开户信息并不完善，未使用实名身份证，而是由城乡居民养老保险中心提供的养老保险号码批量开立。由于现有的制度要求，无法直接为客户办理密码重置业务，还需要客户提供养老保险证明才可办理。马静耐心地向老爷爷解释了来龙去脉，又害怕老爷爷弄不清楚，一来二去又跑了冤枉路，于是现场在大堂就为他打印好了内容，只等到养老保险中心核实后盖个章就好。马静正准备把老爷爷送出大堂，想起前几天刚刚下完雪，天冷路滑，养老保险中心离这里还有一段距离，于是亲自开车带老爷子跑了一趟。回到营业室后顺利办理完了业务，老爷爷拿出了钱，拉着马静的手说："姑娘啊，你可真是帮了我的大忙了啊，咱农行的服务就是好！"

优质的服务并不是轰轰烈烈，而是润物无声，在点点滴滴中为客户解决实际的问题，无形中化解尴尬。

问渠哪得清如许，为有源头活水来。林州是红旗渠的故乡，在绵延流长、源源不断的红旗渠水的滋润下，马静作为一名新时代、新红旗渠精神的传承人，作为林州市支行营业室党支部的支部书记，一直发挥着党员引领示范带头作用，在大堂岗位上日复一日、年复一年地奉献着自己的青春和汗水，用专业和真心服务每一位客户，让来到林州营业室的每一名客户真正感受到宾至如归。她用她真诚的服务践行着林州市支行"传承精神，为民创新"的服务理念，将一路的汗水化成了累累硕果！

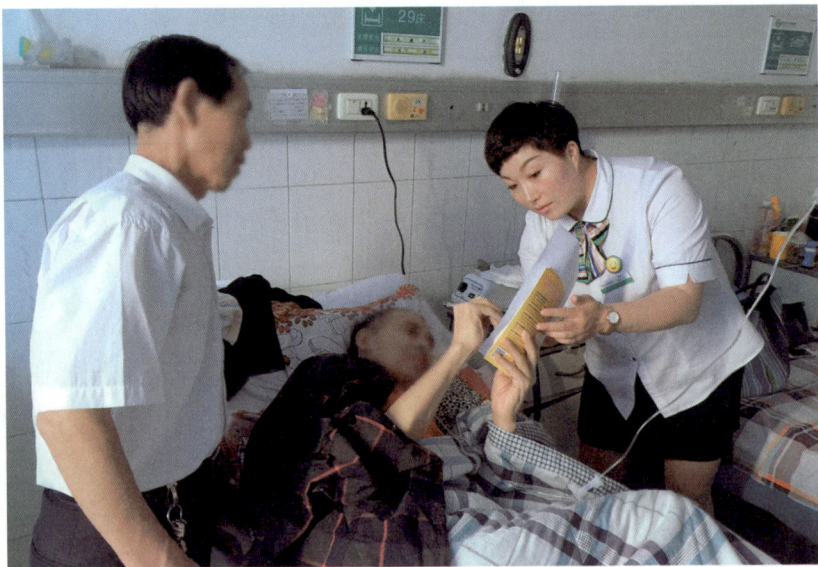

火灾无情　中行有爱

中国银行濮阳分行营业部感动故事

银行工作平凡而复杂，繁忙而琐碎，但正是我们的点点滴滴付出为客户带去了高质量的服务。

刚入夏的一个上午，天气还算不上炎热，一对中年夫妇却满头大汗地来到我行营业大厅，焦急地询问我行工作人员能否兑换残币，我行工作人员告知客户可以，直接取号到柜台上兑换就可以。

这时，客户如释重负，放下了一直宝贝似的紧抱在怀里的纸箱子，小心翼翼地拿出了被火烧毁的百元纸币，我行工作人员见状立即告知客户先不要乱动烧焦的纸币，若是不小心碰碎将无法兑换。由于钱大面积被烧，我行工作人员对兑换标准拿捏不准，便立即告知值班主任。见状，值班主任关切地询问客户钱怎么被烧了，一提到这个话题，客户的情绪瞬间失控，泪如雨下，泣不成声。一会儿从哽咽声中才得知：这对夫妇是朴朴实实的农民，儿子要结婚，他们向亲戚朋友借了4万块钱，谁知前两天家里的电线老化短路了发生了火灾，借的钱也被烧毁了，客户还说来中行前跑了好几家银行都不给兑换，失望至极，无奈之下来中行试试。这时候大家才明白了他们如抓住救命稻草般的所有举动。

值班主任一边安抚客户，一边安排兑换工作，并告诉客户把我行能直接兑换的先兑换了，拿捏不准的我行再想办法，尽最大努力帮助他。由于数额比较大，值班主任叫来其他员工一起帮忙把我行可以兑换的钱小心翼翼地粘好。先帮助客户兑换出来3万多元，对于那些拿捏不准的再向上级运营部门求助。运营部门知道事情经过后，立即安排金库人员，按照人行的标准，进行兑换，又帮助客户兑换出几千元，合计帮助客户兑换出37000多元。

客户拿到兑换好的钱，眼里的泪水又抑制不住地流了出来，他紧紧握住值班主任的手，一直激动地说："是中行救了我们一家，帮助我们解决了一个大困难，要不然真不知道该怎么办，还是中行好……"一直到走，那对夫妇还一步一回头地连声说："谢谢，谢谢……"

荀子说："道虽迩，不行不至，事虽小，不为不成。"虽然兑换残币对银行来说是一项常见的工作，对我们工作人员来说微不足道，但对于客户来说却事关重大，甚至会影响到一个家庭的幸福和谐。我们平时每一次的平凡工作，都有可能如三冬送暖让客户如沐春风，让我们卓有成就。而我们为客户服务时的点滴小事，也都构成了大厅里一道美丽的风景。

难缠的客户　浪漫的存单

中原银行虞城支行感动故事

早晨，大家紧锣密鼓地开展班前准备工作，不经意间，看到了一位"老客户"，张阿姨有些日子没来了，今天的她看起来少了以往的疲惫，多了些轻松。

张阿姨每次来网点办理业务都是火急火燎的，不愿意排队，忍受不了一点等候，也不断催促业务办理进程，办完业务就立马离开，还会顺带装走一把糖果，一刻也不耽搁。时间一长，支行员工也就了解张阿姨的需求，每次都会派人先做好安抚工作，并且尽量加快业务手续办理，每次阿姨来营业部我们都感觉像是进入了紧急戒备状态，不知不觉中，我们也完成了被动服务到主动服务的转变，服务效率也在不断地提升。

可今天张阿姨整个人收拾得格外精神，和蔼的脸庞上挂着笑容。原来阿姨是来和我们道别的，这是阿姨最后一次来我们支行办理业务了。阿姨说她老伴走了，她要去和孩子一起到外地生活了。原来她老伴得了重度脑萎缩，身边离不开人，孩子又不在身边，所以每次她都是把老伴哄睡着后才出门，每次出门都不亚于一次小型赛跑，她怕他醒来后看不到她，她怕他着急了磕着碰着，所以阿姨着急忙慌地办完业务就是为了尽快回家照顾老伴。她说由于平时吃药药苦难咽，她老伴流着口水呜哝地说这家的糖最甜，没有糖就不想喝药，所以每次她都会带走一些糖，为的就是能让老伴听话喝药。

话一说完，阿姨深深地鞠了一躬，对过去添的麻烦的事情表示道歉。最后她还有一个请求，就是想取钱后保留这最后的存单，说这是

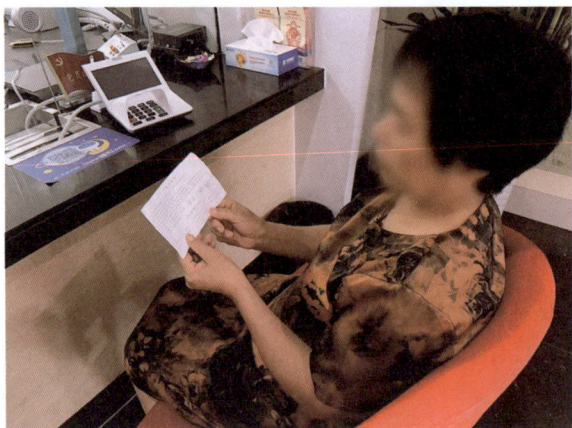

她后半生的珍宝，希望能够保留。经主管和柜员商议后决定给阿姨挂失后取款，这样既不违反规定，也能完成阿姨的心愿。但是大家都很好奇阿姨为什么这样做，这不过是一张普通的存单啊。看到存单后，大家不觉心头一震。原来，在阿姨的老伴弥留之际阿姨问他还有什么话要留，他用笔歪歪扭扭地在存单上写下了：谢谢你！照顾好自己。

当阿姨离开的时候，我们全体员工一同为阿姨送行，并献上最真挚的祝福。那天，她一直把存单捂在胸口。那天，她露出和孩子一样骄傲的神情。那天，她的笑脸上像是有花朵在绽放。

感动厅堂——客户永远都是对的

兴业银行长沙分行营业部感动故事

厅堂是我们支行一线服务的阵地，更是我们对外展示企业形象的窗口。一贯良好的素养与严苛的训练使得我们每一位厅堂人员都具备眼观六路、耳听八方的异能。在服务A客户的同时，耳朵里依然会回响着不远处B客户自我呢喃的诉求，同时还会用余光轻轻瞥着C客户的细微动作。

近年来金融自助机具自助开卡功能的广泛运用，使得绝大多数非现金业务均过渡到了厅堂。如何在当前此类环境下进一步做好服务，对我们来说是一种前所未有的挑战。

每天面对着形形色色的客户，面对着相对枯燥的业务品类，合规与营销，服务与关爱，每一样内容都对我们的从业人员提出了新的要求。

我们的贴心天使大堂经理刘纯，每天都朝气蓬勃地面对着每一位走进来的客户。经常有些上了年纪的大爷大妈，不是忘了密码就是忘记携带身份证件，每每此时，刘纯总是用她的耐心与专业安抚客户，向客户解释合规要求是为了帮助每一位老百姓更好地保护金融财产。时间一长，大爷大妈们都知道分行营业部有一个耐心细致的小姑娘。

2018年3月，一天中午，大厅来了一位50多岁的大姐及其儿子，母子俩好像因为一些家庭事务一直在争吵，到我们厅堂的时候，两人都是来势汹汹的。在办理业务时，大姐仅仅因为柜员要她出示身份证件就把柜员狠狠骂了一通。当天中午值班的刘纯刚为一个客户办完卡，听到这边的动静赶紧走过来询问情况。大姐见到刘纯过来也是不问青红皂白地将她骂了一顿。刘纯当时心里其实很难受，但是为了不影响厅堂其他客户的情绪与业务秩序，她还是非常耐心地将客户引导至贵宾厅，为客户倒上一杯热水，并取来了她中午值班准备的一盒牛奶递给大姐。大姐看到这个小姑娘挨了骂还这样彬彬有礼，气也消了一半，便开始跟刘纯诉说她与儿子之间矛盾的起源。经过大姐儿子的解释，刘纯才了解原来大姐的儿子计划近期出国旅行，希望办一张全币种信用卡方便在国外购物，但是因为个人资质不够，又听到朋友介绍说可以存定期存款质押办信用卡，所以回家找大姐拿钱存定期。而大姐觉得儿子是想借办信用卡为名骗她的钱，所以要来银行求证，一路上两人越吵越厉害，就出现了上面那一幕。听到这里，刘纯立即劝说大姐不要生儿子的气，银行确实曾经有过存款质押办信用卡的业务，但那主要针对的是一些经营类的客户，对于大姐儿子这样的需求，其实可以用大姐的名义办一张主卡，然后用儿子的名义申请一张附卡，这样既方便了儿子出国旅行的需求，大姐也可以实时监控到附属卡账户的使用情况，比较符合大姐家的实际需求。听到这里，大姐终于冷静下来，对儿子的气也消了一半，并连忙对刘纯说："对不起，对不起，刚才我失态了，太不冷静了！"然后，大姐申请了一张白金信用卡，并给儿子也办了一张附属卡，并成为了刘纯忠实的客户之一。

　　日复一日，年复一年，我们的厅堂同事们无一不是秉承着"客户永远是对的"信念在服务着每一位入门的客户。

　　服务好厅堂客户，感动客户，我们一直在路上。

小窗口 小故事

华融湘江银行长沙分行营业部感动故事

小窗口外，有着大作为；小故事里，藏着大能量。华融湘江银行长沙分行营业部始终秉持"心服务·新体验"的服务文化，坚守"以客户为中心"的服务理念，贴近客户需求，不断提升服务质量。

真诚服务，耐心至上

一天中午，一个步履蹒跚的身影出现在营业部门口，一位头发花白的老人拖着几只沉重的编织袋，眼睛里满是血丝，大堂经理见状赶忙上前搀扶，并通知了当班主管和柜员。当班柜员从现金区走出，倾身侧耳，亲切询问客户来意。得知老人编织袋中所装的是附近乡间寺庙的香火钱，他想要将现金存入银行，主管一面协助客户现场打开几只编织袋，一面安排大堂经理为老人家搬来活动椅，端茶倒水。

袋子打开，只见里面尽是零碎的散钱，硬币、纸币，1角的，5角的，还有霉迹斑斑不好辨识金额的钱币，考虑到工作量大、耗时较长，主管在向网点负责人通报了情况，向营业厅内为数不多的客户们做好解释工作，并向运营部报备后，带领柜员放弃宝贵的午休时间，一同清点散钱。整整一个下午后，几大袋散钱终于悉数清点入库。

离去时，老人的感激与夸赞不绝于口。虽然辛苦，但员工们没有丝毫抱怨。客户至上、真诚服务，让客户在服务中感受幸福和满足，这是华融湘江银行营业部全行上下长久以来坚持的柜面服务理念。华融湘江银行营业部坚持想客户所想、急客户所急，以心换心同客户建立情感纽带，致力打造服务客户的"爱心窗口"。

贴心服务，关怀至上

一件件小事，一句句关怀，都体现着华融湘江银行营业部"以客户为中心"的服务理念。一位老人家因病腿脚不便、卧床在家，忘了存折密码，而家人急需这笔钱为老人做后续治疗，该支行行长和营业主任了解这一情况后，到老人家里现场拍照核实，备妥业务申请授权书，委托其子女代为办理。但来到支行办理挂失业务时，老人的儿子忘了带身份证，营业室主任亲自陪客户回家取身份证。此笔业务虽耗时耗力，但得到了客户的认可。"谢谢了，谢谢你们"，虽然字句简单、寥寥数语，但淳朴的语言最真诚、最能打动人心。服务是一种美德，是一种快乐。

情之一字，所以维系世界。华融湘江银行是一家有温度的银行，华融人是一个能将小窗口"弄出大名堂"、能让小故事汇聚成大能量的集体。

一张纸巾和一杯热茶的温暖

华夏银行郴州分行营业部感动故事

豆大的雨点拍打着窗户，声音穿透了我的耳膜，我惊讶地望着窗外，前一秒还是晴空万里，顿时乌云密布大雨倾盆，这天气真是像极了小孩子，说哭就哭。我和大堂经理拿出了雨伞架摆到门口台阶上指定的位置。仿佛时间按了快进键，本来缓慢行走的人们开始跑起来，赶着躲雨。他们有的用手遮挡着头，有的用手里提的东西当雨伞，奔向不同的地方。这时一个步履蹒跚、佝偻着背的老人映入我的眼帘，他拖着一根和他一般高的扫把向网点大门走来。他那憨态可掬的笑容，是那么慈祥，我一看，这不就是经常在周边打扫街道的那个爷爷吗？我赶紧把他请进了大厅，他脱下环卫服挂在了扫把头上，扫把靠在了墙角，我指引着他坐在大厅中央的座位上，老爷爷连连说了几句我不太能听懂的话，大概是谢谢的意思吧。他的皱纹很深，头发很少，凹陷着的瘦脸，年龄大概七十岁左右吧。环卫工作者是最辛苦的，不惧酷暑严寒风里来雨里去，护着这一方土地的干净整洁，况且是这么大的年纪了。我递上了纸巾，大概有七张抽纸吧，他用了其中两张，剩下的折好放在了衣服的口袋里，爷爷依旧对我说了声谢谢，我说不用谢，他那额上饱经风霜的皱纹似乎在瞬间舒展开来，苍老的面庞露出一丝慈祥。下雨了，来办理业务的客户不多，偌大的厅堂里零散地坐了三两个客户，我为他们一一递上一杯刚泡好的热茶，一位客户称赞说："你们服务态度真的很好。"脸部的表情是最容易表露心声的，我看出了他们对华夏银行的认可，我的用心，他们感受到了，这样就够了。

银行业同样是服务行业，我们始终秉持客户至上的理念用心服务好每一位客户，他们一次次的到访不仅仅只是来办业务，更多的是和银行的一种沟通与交流，我们一次次的优质服务都能提高客户对银行的认可，同时也是培育客户忠诚度，提升银行声誉，增强银行综合竞争力的需要，更是银行履行社会责任、促进社会和谐、共创绿色安全金融环境的本质要求。为树立我行的良好形象与打造华夏银行优质品牌，我们一直在行动。

心系客户　用心服务

上海浦东发展银行长沙分行营业部感动故事

浦发银行长沙分行营业部成立至今已有14年时间，光阴荏苒、岁月变迁，"铁打的营盘、流水的员工"，营业部迎来送往了一茬又一茬的员工，然而不管时光如何变化、人员如何更替，"创新思维、用心服务"的宗旨依然带领着一批又一批的"分营人"用自己的实际行动诠释着对客户的满腔热情和全心付出。

多年以来，老员工对新员工的传、帮、带，新员工对"分营精神"的继承、发扬，已将严格规范的服务细节、温故知新的服务标准融入每一位员工的内心深处，落实到了日常工作的每一个服务细节。客户的一个会心微笑、一个满意评价、一声衷心称赞都是每一位员工不断前行的动力，激励着大家在用心服务的道路上勇往直前。在争创服务标杆的过程中，不断涌现出一颗颗璀璨的服务明星。

一天中午，忙碌的厅堂内一位坐在客户休息区神情沮丧的中年人引起了大堂经理胡江洪的注意。

"先生，请问有什么可以帮助您的吗？"

中年人抬起头，懊恼地说："我帮我父亲取钱，但是卡的密码输错了三次，结果卡被锁住了，现在卡用不了。"

"方便请您的父亲来我们柜台办理密码解锁手续吗？"大堂经理询问道。

"我父亲在浏阳老家，你们银行在浏阳有网点吗，我可以带我父亲去浏阳办理解锁手续吗？"中年人满怀期望地问。

"先生，非常抱歉，浦发银行暂时还没有在浏阳设立机构，所以只能请您带您父亲来长沙办理密码解锁业务。"大堂经理解释道。

"我父亲已经80多岁了，这几年身体不好一直在老家休养，他腿脚不便、心脏不好，已经不适合长途跋涉、舟车劳顿了，这张卡是他的工资卡，已经有一年没有取过钱了，这次也是想把这一年的工资取出来用于他的心脏治疗，那我可以拿他的身份证来办理解锁吗？"中年人又问。

"密码解锁属于特殊业务，是不允许代办的，这样吧，对于您这样的特殊情况我们营业部有上门服务的流程，我去申请一下。"大堂经理微笑着解释说明。

"你们银行还有上门服务项目，那太好了！"中年人的眼睛一下子亮了，他一扫之前的郁闷，整个人都鲜活起来。

接下来的流程进展顺利，和客户商定了上门的日子以后，运营人员就开始准备上门服务的事项。但是当看到客户发来的具体位置定位以后，大家面面相觑，这是一个小山村，从营业部出发，单程车距就有4个多小时。团队成员没有被这个距离吓倒，大家在最短的时间内找出了最佳的行驶线路，选出了最优的驾车人员。一切准备就绪，在一个阴雨绵绵的日子就出发了。一路上上门核实人员李卓、方玮羚克服了天气不好、车程不熟、道路泥泞的困难，婉拒了客户的好烟好酒、好茶好饭，一切手续处理好后立刻返程，用最快的速度解决了客户的燃眉之急。看到客户满意的笑容，所有的疲惫一扫而空。

这样的事例在营业部不胜枚举，已成为日常工作的一部分。在用心服务的道路上只有起点永无终点，作为浦发银行长沙分行最大的一个分支机构，营业部的每一位员工用平凡但不平庸的工作，用所有的激情和奉献践行着浦发人"新思维、心服务"的工作目标。

寒冷的天　温暖的情

中国建设银行长沙人民中路支行感动故事

灰蒙蒙的天空正下着雨，一位行色匆匆的女士走进建行长沙人民中路支行的营业厅，连雨伞都来不及收，便冲着在叫号机旁的大堂经理说道："美女，我要挂失医保卡，要怎么办？"

大堂经理正要带她去填单台填单，一眼瞥见她手中攥着的身份证，上面并不是她的照片，忙问道："小姐，是您本人的医保卡丢了吗？"

"不是不是，是我爸爸的医保卡……"

经过一番询问，大堂经理了解到，原来这位小姐姓于，她的父亲瘫痪在床，最近又因为一场大病进了医院，现在在长沙市中心医院住院治疗，本人没办法前来办理挂失，女士只得拿着两个人的身份证来到了网点。

一听挂失业务不能代办，于女士急了，"我爸爸现在根本动不了，你说不能代办，那怎么办？！"

大堂经理一边安抚于女士的情绪，一边带着她找到业务主管陈艳珠。陈艳珠一见于女士着急的样子，还有她手中紧握的两张身份证，顿时明白了个大概。

"于女士您别急，您这样的情况在我们这儿经常发生，我们会派员工进行上门服务。不过因为现在是上班时间，我们走不开，您在这里登记一下，我们会尽快安排人员上门……"

陈艳珠掏出上门服务登记本，于女士一看，傻眼了——前边还有两个人没有办呢！

　　"陈主管，你们什么时候能够过来啊？我爸爸现在在医院，急需医保卡里的钱治病啊……能不能提前点？"于女士恳求道。

　　陈艳珠犹豫了。因为人民中路支行是省直医保卡的开户行，客户丢了卡，第一时间就会来这里挂失。而在挂失业务中，很多都是当事人来不了的，必须进行上门服务，所以她就拿了这么个本子，登记上门的顺序。今天的这位女士确实是紧急情况，但前两位客户已经约好了这个周末过去，要先帮这位女士办理，就只能今天中午过去了……

　　思考片刻，陈艳珠应道："那好，今天中午吃完饭我们有一个小时的休息时间，到时候我们就上门帮您办理！"

　　"好的，好的！真是太谢谢了……"于女士激动得一个劲儿地点头。

　　中午休息时间，陈艳珠与另一名员工小刘冒着大雨，一起来到了长沙市中心医院，见到了于女士的父亲。老人家躺在病床上，精神状态不怎么好，于女士对她说这是建行来的服务人员，老人家大概听懂了，不住地点头示意，虽然说不出话来，眼里流露的激动与感激还是让陈艳珠感受到了。

因为老人家行动不便，在确认了身份后，工作人员小陈和于女士一起帮助老人家在挂失单上按下了手印。回去之前，陈艳珠又将后续的事宜交代了一番，于女士连连点头，满脸感激，又有些抱歉。

"陈主管，真是不好意思，耽误你们中午休息的时间……下这么大的雨，你们回去小心点啊……"

"没事，客户有需要，我们当然应该尽量满足。"陈艳珠轻描淡写地一笔带过。于女士把他们送上了电梯，连说了好几声"谢谢"，电梯门关上的时候，都没离开。

回网点的路上，陈艳珠感慨颇多。这样的上门服务，对于于女士来说或许很是特殊，对他们而言却是常有的事情。长沙市人民中路支行是湖南省省直医保卡的开户行，服务于50余万省直医保客户，隔几天就会接到一次上门的需求。人民中路的每一个员工都进行过上门服务，而身为医保业务主管的她，更是上门服务的主力军，虽然辛苦，却是责任，也是光荣。

入秋的长沙天气骤然寒冷，陈艳珠裹紧了风衣，身子在颤抖，脸上却挂着笑容。她想，自己虽然被冻了一个中午，却给客户带去了服务的温暖，值得！

于无声处　感动你我

中国银行湘潭市板塘支行感动故事

近几年，中国银行板塘支行积极树立对外形象，"服务""便民"的意识持续内化于心，外化于行，积极参与到文明城市的打造之中，

主动投身于和谐社会的创建之中，用爱与责任和担当收获了系统内外的一致认可。

春节的暖心大长假已结束，节后的温馨小长假不停止——中国银行板塘支行，在大厅便民硬件设施升级后，新增茶水间，为城市的美容师——环卫工人带来温暖和慰问，也为文明城市后创建时代添砖加瓦。

"谢谢你们，以后再也不用跑老远回家去接开水了，就怕麻烦你们，弄脏了地面不好。"来板塘支行接热水的冯叔叔和刘阿姨连声道谢。

这一接地气的举措，不仅仅只是中行核心价值观中"责任""和谐"的体现，更是以人为本的人文关怀。一个笑脸、一声问候、一杯茶水，无一不是对生活在城市底层的干活最累最脏的劳苦环卫工人的感激和尊重，用责任与担当，为板塘奉献一份沉甸甸的炽烈的爱心。

爱心共筑兴社区
阳光关爱在行动
中国光大银行宜昌分行营业部感动故事

随着我国经济的发展，老龄化问题日益突出。在我们的身边，经常可以看到白发苍苍的老人，他们步履蹒跚，出门一把锁，进门一盏灯，无奈独居生活，却又渴望倾听。在这个忙碌的社会，他们容易被忽略甚至被遗忘，空巢老人的现象引发了越来越多的社会关注。

中国光大银行宜昌分行在支持地方经济发展的同时，以弘扬中华民族尊老、爱老、敬老的传统美德为己任，认真履行国有企业的社会责任。分行地处城市核心地段，周边紧邻有一个传统的杂居老旧社区，空巢老年居民群体居多。分行开业后积极响应各级部门的号召，与社区组建了金融服务网格体系，共建和谐文明社区，以自己的实际行动将关爱和服务延伸到了社区居民生活中。

在宜昌分行年轻的员工队伍中，五名"80后"和"90后"的年轻人自发组建了一支"阳光关爱服务小分队"，这群朝气蓬勃的青年用自己的实际行动践行着光大社会责任的郑

重承诺。每逢春节元宵，小分队就会为社区居民精心组织书写春联、灯谜竞猜和包元宵比赛等文体活动，邀请老人共贺新春；每当中秋端午等传统佳节来临时，小分队的小伙伴们又会主动上门，组织老年居民开展月饼手工制作、包粽子比赛、纳凉电影节等喜闻乐见的活动，员工们年轻和真诚的笑容不断温暖感染着老人空寂的心灵。每到节日临近，大爷大妈们习惯了提前到网点问询活动信息，不知不觉中已经把这群热心的年轻人当成了比子女还亲的家人。

2017年5月的某一天，小分队成员客户经理小熊在走访社区工作人员时，得知行里的客户之一——70多岁的马大爷老伴不久前因病过世，子女因工作原因长期不能在身边陪伴，精神状态较差。小熊了解情况后立即和小伙伴们商量，拟定了为马大爷提供上门服务的方案。小分队携带慰问品和社区工作人员一道前往大爷家里嘘寒问暖，定期上门帮助大爷操持家务、陪老人拉家常做心理疏导。同时，针对大爷行动不便的情况，小熊还专门为大爷提供了修改密码、理财到期上门办理等服务，贴心的服务赢得了周边街坊和社区工作人员的交口称赞。马大爷打心眼里喜欢小分队的每个成员，感慨道："你们就是我的亲孙子、亲孙女！"2018年初，因拆迁原因马大爷跟随子女搬离了社区，临走时依依不舍专门到网点看望了小分队的全体人员。到现在，小分队还和马大爷保持着亲密的联系，共同祝愿老人身体健康、晚年幸福。

服务是一种美德，是一种快乐；服务别人，得到的是自我价值的实现和肯定。"老吾老以及人之老，幼吾幼以及人之幼"，关爱社区"空巢老人"，为老人们筑起一片心中的蓝天，光大银行宜昌分行正不断沿着这条道路砥砺前行，将大爱无疆的服务理念以实际行动传递和回馈社会。我们将继续发扬"奉献、友爱、互助、进步"的志愿精神，做热心公益的表率，传播更多的正能量，继续为推动经济发展、形成良好社会风气、维护社会和谐稳定贡献力量！

用心服务

中国农业银行松滋市支行营业室感动故事

中国农业银行肩负面向"三农"，服务城乡的历史使命，松滋市支行营业室就主动担负起了本市绝大部分的农村养老金发放和退休职工工资发放的任务，每天来领取养老金的农村老人络绎不绝，并且他们大多不懂机具操作，每每有这样的客户来网点，大堂经理都要拿出更多的时间和耐心为他们服务。

有一天中午，艳阳正骄，一位满脸汗水、皱纹纵横、穿戴褴褛、拄着拐棍的老爷爷颤巍巍地来到网点，肖艳经理连忙迎上前去，扶着老爷爷坐下，并倒来一杯水，老爷爷接过水对肖经理说自己是来取养老金的，但是卡上不知道为什么没有钱，肖经理陪着客户在机具和柜台查询并处理后，由于不知道客户还需不需要去社保局登记，为免去老爷爷奔波劳累之苦，肖经理联系上了社保局负责养老金发放业务的工作人员，将老爷爷的情况详细告知后，得知老爷爷还需要跑一趟社保局，肖经理又亲自把老爷爷送上公交车，并刷了自己的公交车卡，由于老爷爷耳朵有点听不清楚，肖经理全程说话都是大声而有礼貌，送走了老爷爷，她才发现自己的嗓子都有点哑了。

肖经理每次碰到这样的客户都是不厌其烦，全程指导客户查询余额、取款，碰到有客户对发放金额有疑问的，肖经理还会给客户打出银行卡明细，耐心地跟客户一笔笔核对、解释，不管客户还是同事，说起肖经理，都会竖起大拇指："肖经理的服务那是没得说的！"刚调来营业室时，营业室大堂面积大，业务繁忙，肖经理的脚都磨出了水泡，同事劝她买双布鞋，她却说："我还能坚持，规定上班要穿黑

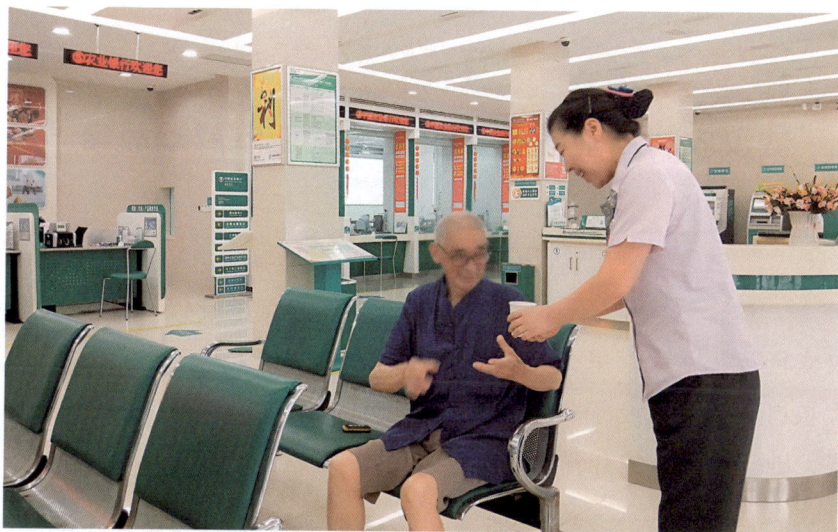

色皮鞋，我穿布鞋不合乎规范。"她的觉悟让所有同事敬佩！

　　服务好，营销更好，肖经理在轮岗过程中，在许多网点都工作过，总有一批客户心甘情愿地跟着她走，肖经理去哪儿，他们的资金就跟去哪儿，这就是肖经理服务和能力的侧面写照！

准妈妈的"工作秘籍"

武汉农村商业银行江汉支行营业室感动故事

"这个'大肚子'脾气特别好，给你们点个赞！"武汉农商行江汉支行营业室大厅里，一位上了年纪的老大叔正和工作人员聊天。老大叔口中的"大肚子"不是别人，正是江汉支行营业室的柜员——张瑛，她已经是一位有着5个多月身孕的准妈妈了。

"你们是不是特意为难我，查这查那拖着不给我办，说了没开过就没来开过，不带身份证就不给办业务，我投诉你们！"听到客户要投诉，张瑛脸上的微笑快要挂不住了，但还是强忍着委屈，细声细语地向客户解释着。"请稍等，我这边马上就给您办好了"，碰巧系统不给力，速度太慢，客户又急又气，不停地催促着。"先生，您的卡已经办好了，请问还有其他业务需要办理吗？"张瑛面带微笑，递给客户银行卡，客户起身时看到张瑛隆起的肚子，脸上突然显出了愧疚，甚至眼里含着泪光了。他走到台前，写了一张纸条让经理交给张瑛。

"对不起，姑娘！祝你的孩子平安健康！"

在江汉支行营业室，这样的温情故事每天都会上演。有一对老夫妻每个月都会按时来张瑛这里领取退休工资和老龄补贴，婆婆身体很好，但是爹爹轻度中风，走路说话都不利索，手抖得连签字都很困难，记性也不好。怀孕之前，张瑛不放心老两口自己回家，知道了他们的孩子不在身边后，主动提出要亲自把老两口送回家，帮他们把菜提到楼上去；怀孕之后，张瑛行动不便，仍旧拜托邻居们帮忙照顾两位老人，邻居们还以为她是两位老人的亲闺女呢！

　　这天，张瑛永远都忘不了。

　　爹爹一如既往地推开银行大门，一个人来到柜台前找张瑛取钱，脸上一反常态不带笑容。张瑛见状想着法子逗他开心："爹爹，您现在可是我们银行的钉子户啦，您今天记得带身份证了吗？"老人家递给她身份证，不作声。"爹爹稍等哈，今天外面热不热呀？"一来二去，爹爹仍是不见半点笑容，张瑛打量了四周不见婆婆的踪迹，心里一慌，婆婆该不是出了什么事吧？不会的，婆婆身体那么好……她挺着肚子走出柜台，把钱放在爹爹手里，"爹爹，这是您的钱，您收好哈。""好，老婆子让我放……放包里，忙吧……忙吧闺女。"说着便颤颤巍巍地要起身回家。张瑛觉得不对劲了，连忙拉住爹爹，"爹爹，您赶紧告诉我婆婆去哪儿了。"以张瑛对于婆婆的了解，她是不会让爹爹一个人出门的！问到这儿，老爷子突然就哭了，哭得像个孩子："老伴……我老伴见马克思去了……"爹爹说话不利索，嘴里只重复着这一句，眼眶里浑浊的泪水让人看着心疼。张瑛的眼泪唰地一下就掉了下来，但作为一名柜员，张瑛牢记：无论在什么情况下，永远都要以笑容对待每一位客户！她擦去眼泪，挤出笑脸，细声细语地安慰爹爹，和同事一起换上便服陪他回家。大堂里，人们看着一个孕妇在工作人员的帮助下，搀扶着老人慢慢走了出去，都在夸奖真是个懂事、孝顺的好闺女，可谁能想到，这是两个完全没有血缘关系的人啊！

一路上，她们陪着老人慢慢地走在林荫道上，肚子里的小宝宝踢了她好多下，好像在提醒妈妈不要太累了。回到家里，爹爹的一双儿女正在焦急地等着老人回家，看到这个满脸笑容的陌生孕妇扶着老人平安到家，又惊又喜，哭着对张瑛连声说着"谢谢"。当天下午，他们还特意转来了30万元的存款，说是要支持银行工作，表达对所有工作人员尤其是张瑛的感谢！

无微不至的人性化优质服务，就是张瑛和所有工作人员的"秘籍"，她们用心、耐心、贴心地践行着"和您更近，伴您同行"的理念宗旨，用过硬的专业素养、真挚的工作态度赢得广大客户的信赖！窗外的烈日丝毫没有减退，银行大厅的柜台上，张瑛正一丝不苟地做着柜面服务流程，她不急不躁、轻言细语地和客户耐心解释着，直至客户满意而归。此时此刻，还有无数个"张瑛"在大厅里忙碌着，她们用真心诠释了人与人之间最真实的情感。

这，就是生命的高度！这，就是榜样的力量！

我是你的眼

交通银行黄石分行营业部感动故事

这个故事发生在立夏时节，那天的天气异常炎热，然而客户办理业务的"热情"却丝毫不减，厅堂塞满了形形色色的人。突然，营业厅门外出现了三位拄着拐杖的老人，体形消瘦，他们相互搀扶着，艰难地摸索着，用拐杖一步步探路，小心翼翼地试图推开近在咫尺的大门，但似乎这些对他们来说太难了，豆大的汗珠已经浸润了他们的脸庞，但他们仍然没有成功。此时，刚协助客户办理完业务的大堂经理小彭注意到了这一幕，赶紧上前提供帮助。

小彭呼叫了另一位大堂经理，共同搀扶着老人们，将其安排到客户等候区的沙发上，并微笑着询问："爹爹，婆婆，你们今天过来是要办理什么业务呀？"了解到老人们是来办医保报销的事情，小彭便说道："爹爹，婆婆你们别着急，我们已经了解你们的需求了，你们是为医保报销的事情来的吧，请问你们现在有交行的卡没有？"

其中一个婆婆应道："应该是没有……哎呀，年纪大了，记性也不好，老了真是不中用啊。"说着说着竟有些懊恼了。小彭握在胸前的双手温柔地搭在婆婆的后背上，小心地安抚着："婆婆，您别急啊，您要实在不记得也没关系呀，我这边先给你们取个号，等下直接带你们到爱心窗口办理业务！"

在等待的过程中，小彭了解到这三位老人从小就是盲人，膝下没有子女，偶然的命运将三人连在一起，现在三人相依为命，唯一的经济来源就是每月的补助金。小彭及周围的客户听了他们的故事眼角不禁有些湿润，有个即将叫到号到爱心窗口办理业务的客户甚至主动提出让其先办理，三位老人又是作揖又是鞠躬表示感谢。

柜台工作人员小余查询到客户名下有一张旧卡，老人茫然不知，密码也没有印象，考虑到客户是特殊人群，为避免其来回跑，小余同科长商量后决定给其当天挂失当天补卡。业务办完后，其中一个婆婆突然伸出双手，摸索着伸进柜面的槽中，试图与小余握手，小余很是诧异，有些不知所措，不由自主地身体前倾，握住了眼前这双布满老茧的双手。那两双手紧握的一瞬间，我想大家心头都会有那么一丝丝的触动吧，或许这就是服务的力量吧！

随后，大堂经理小彭和小林将办好的卡复印了几份交给客户，并亲自联系将账号上报给医保。接着陪同三位老人走出营业厅，一路护送至对面的马路，三位老人一路紧握着两位的双手，到分别时也迟迟不肯放开，此刻，在他们心目中工作人员就是他们的亲人！

"泉"心"泉"意，"竹"够懂你

中国民生银行咸宁支行感动故事

咸宁位于湖北省东南部，长江中游南岸。这里地域富产温泉，同时也拥有着"楠竹之乡"的美称。作为一名在这美丽的土地上生长的咸宁人，也作为一名入行1年的民生人，我也始终秉持"用心服务、用心微笑"的宗旨，努力通过我的服务向客户传达民生人的专业与热情，使客户满意；同时，也希望通过我的服务，向培育我成长的民生银行表达我的感恩之情。

虽然我入行时间只有短短的1年，作为一名高柜柜员，我每天的工作没有惊心动魄，也没有鲜花烂漫，但我愿意用我平凡而充满热情的言语、专业而富有情感的服务带给客户愉悦的体验、花样的美丽心情和温泉般的温暖。今天我要和大家分享的体会和故事也就是见证我在民生这一年来成长的点滴。

2018年2月的一天，大雪纷飞，路面都结冰了，正是一年四季中最寒冷的时候。因为天气实在过于严寒，路面也结了冰，人们出行都不方便，咸宁支行营业大厅并不像往常那样繁忙，反而显得有些冷清。有一位80多岁的老奶奶拿着一张面额为100元的残损券过来兑换。老奶奶在家里不小心将100元面额的钱撕成了两半，另外一半找不到了，在自己家附近的银行兑换时那边的工作人员让老奶奶拿钱去人民银行做鉴别盖章才能给予兑换，老奶奶只有在这寒冬的天气里坐公交车去离家里比较远的人民银行做鉴别，可是她去人民银行做鉴别的时候负责盖章的工作人员出去开会了，老奶奶实在没办法只有来人民银行附近的民生银行来试试能不能兑换。当时天气非常严寒，老奶奶也没有

穿厚的外套，我甚至都想自己贴钱为老奶奶换钱，但是身为一名银行柜员员工，这样做是违反规定的。可是怎么办呢？难道又要让老奶奶在下大雪的时候再独自一人跑一趟人民银行吗？如果不小心摔倒了怎么办？不给老奶奶换吧，老奶奶大老远过来一趟很不容易，也许家里也就等着这钱买米买油过冬了。当时我正在苦恼，突然灵机一动，马上给人行科长打电话确认了他们盖章的人员刚刚已经开完会了，然后找保安大哥借了一件军大衣和一把雨伞，跟老太太说："根据规定我们需要人行鉴别这张钱的真假以及是全额还是半额之后才能给您兑换，这天气太冷了也不能让您一个人再跑一趟，您看我带您去人行盖章可以吗？"老奶奶同意之后我便把军大衣给老奶奶披上，打着伞搀扶着她去了人行盖章，虽然最后在人行鉴别的结果是只能兑换半额只有50块钱，但是老奶奶还是很开心。一路上老奶奶就不停地夸我："小伙子呀你真是好心肠，你们银行所有员工服务态度都好。"我说："老奶奶您为什么要在这么冷的天气大老远地跑过来换钱呀？这路面都结冰了走在路上多不安全。"老奶奶说："我着急啊，就想着趁这还没有开始化雪的时候赶紧过来换了，这50块钱我还可以拿去买点米买点菜哩！"回到支行给老奶奶兑换完钱之后，我给老奶奶倒了一杯热水让她暖暖身子，跟老奶奶说让她先坐着休息一下，等雪下小了一点再启程回去。老奶奶笑呵呵地说她现在暖和多了，不只是身体暖和了，心也暖和了。我听着心里也暖暖的，虽然天气严寒，但是人心温暖。我才明白了做服务并不仅仅是每天坐在柜台里面简简单单地为客户办几笔业务，而是要全心全意地去为客户着想，去懂得客户的真实需求。

这一年多来，在民生银行高柜岗位上一天天的历练，我也深切地体会到，作为在银行一线工作的员工，我们必须苦练内功，不断提高个人综合素质。因为，工作不仅是简单的迎来送往、办理业务，更多的是扮演不同的角色，站在客户的角度设身处地地为他们着想。我们与客户有三尺柜台相隔，一个亲切的微笑、一个自然的问候，就可以将我们与客户的距离拉近，将柜台作为与客户沟通的桥梁。柜台内如此，柜台外亦如此。如在工前准备时，我是检查员，严格对工作环境进行检查；在客户进入大厅后，我是热情的引导员，引导客户到正确的区域等待，并与客户交流，从而正确判断客户的需求；客户抱怨时，我是消防员，化解客户对我们员工的误解，通过端庄的举止、礼貌的言谈在客户面前展现我们的职业素质，通过真诚认同客户此刻的心情，耐心解释并化解抱怨，平息客户的怨气，妥善处理客户诉求，从而保证工作的正常秩序。日复一日，不仅使客户感受到我们的服务在进步，而且我们自己也欣喜地看到个人的修养在发生变化和提升。

服务没有捷径，更没有止境。服务没最好，只有更好。尽管我很平凡普通，但我相信，用心服务可以获取客户的信任，持之以恒可以带给客户温暖，耐心讲解可以送给客户真诚，尽自己所能做到尽善尽美地服务每一位客户，用爱回报我热爱的咸宁，用热情向培育我成长的民生银行致敬。

党员志愿服务见成效，
百姓真心称赞好

中国农业银行佛山同济支行感动故事

随着"两学一做"学习教育工作的深入推进，同济支行党员带头的乐于奉献、志愿服务的行动开展得如火如荼。医院、村居处处可见同济农行人服务的身影。

一天临下班，天气阴沉，云块厚重得像石头一样，沉沉地压在这座城市的上空，同济支行正准备下闸开始营业结束后的工作，突然一位瘦弱矮小衣着朴素的阿姨冲了进来，用焦急万分的语气说："请你们帮帮我！"在大堂的工作人员马上停下手头的工作过来了解情况，阿姨颤抖着继续说："我妈妈已经快100岁了，身体不好又行动不便，每个月就靠这个存折的千把块养老金生活，可是，可是最近你们银行突然跟我说这个存折取不了款了，这可怎么办啊？老人家现在连饭都吃不下啊……"在询问具体情况后得知，老人家已经98岁高龄了，家里就阿姨一位女儿在身边，收入不高，老人家的养老金加上阿姨的工资才刚刚够家里两人的生活和用药开支，老人家的存折是用15位身份证号开立的，数次提示待治理后已经被限制取款了，但是阿姨家在广州，距离开户行有相当一段距离，加上行动不便，这大半个月取不出钱来，手上的生活费已经捉襟见肘了，四处求助无门，无奈之下只能来到远在佛山的开户行同济支行求助。作为党员的主任得知后，当机立断，马上作出了为阿姨进行上门服务的决定。

第二天下午，虽然天依然下着滂沱大雨，但同济支行员工毫不犹豫地挤进了周六地铁的人海里，在地铁里挤了两小时出来后，又冒着倾盆大雨行走在广州行人稀少的街头，还好最后湿哒哒的他们还是准时到达了阿姨家中。老人家缩在轮椅上无精打采的，看得作为外人的我们都于心不忍。阿姨看到我行员工的到来激动得不得了，不断地念叨着："太好了，太好了，你们真的来了。"经过一番解释，阿姨和她的老母亲非常配合地做完了上门见证，老人家也来精神了，一个劲儿握着我们的手要和我们拍照留念，阿姨也激动得当着我们的面打了95599服务热线，对同济支行的工作进行了大力赞扬，感谢我们风雨无阻的上门服务，解决了她们的燃眉之急。

用心服务 用爱经营

中国银行佛山南海支行营业部感动故事

"担当有为，为客户创造便利，提升客户的服务体验，是我们的服务宗旨！"这是南海支行营业部多年来坚持的服务理念，也是南海营业部所有员工的服务指南。南海支行营业部大堂经理李俊英从业多年，更是将"有为"作为其日常服务的要求，"不推诿，不怕难，事情总会解决的"是英姐服务的口头禅。

4月28日临近中午，有一位老奶奶步履蹒跚但却怒气冲冲地到营业部窗口，要求查询为何工资不能入账。柜员立刻查询到其账户为存折账户，但人民币子账户已结清了；在柜员的询问下，老奶奶表示月初曾到营业部办理了相关业务。为了解当时的具体情况，营业部通过调取录像对事件进行了回放。原来由于老奶奶年岁已高，月初到该行办理业务时误将退休工资存折办理了结清交易，导致无法收到退休金，直到今天接到退休单位电话通知无法入账才知晓情况。

得知上述情况后，李俊英立即引导客户通过电话与单位联系，共同协商问题解决办法。由于退休工资处理涉及财政部门，对方单位第一时间回复无法处理，需客户本人到财政部门提出申请。看到老奶奶在沙发上一边埋怨自己当初错拿了存折才导致现在的情况，一边又担心以后无法再收到退休工资而情绪激动，李主管一边安抚着老奶奶，一边让柜台尝试通过恢复其原来销户账户存入人民币重新生成结算子账户等方法，尽力以最便捷的手段帮助客户解决问题。但由于系统原因，多番尝试后仍无法恢复。老奶奶甚至都不再抱以任何希望，打算亲自回到单位办理更改手续。但李俊英考虑到老奶奶年岁已高，工作单位又在外省，便再次与客户仔细沟通，掌握了更多的客户情况和细节，留下客户联系方式，放弃了午休时间，查询到客户的账户开户行电话，与网点负责人反映该特殊情况，经沟通后得知其代发退休工资的财政部门亦为该行对公单位客户，并通过对方行联系当地财政部门，将客户相关情况与对方说明，希望能协调处理，最终通过由银行及客户出具相关说明和变更账户的账户资料回单等方式，成功帮客户变更退休工资入账账户，并顺利完成了代发入账。

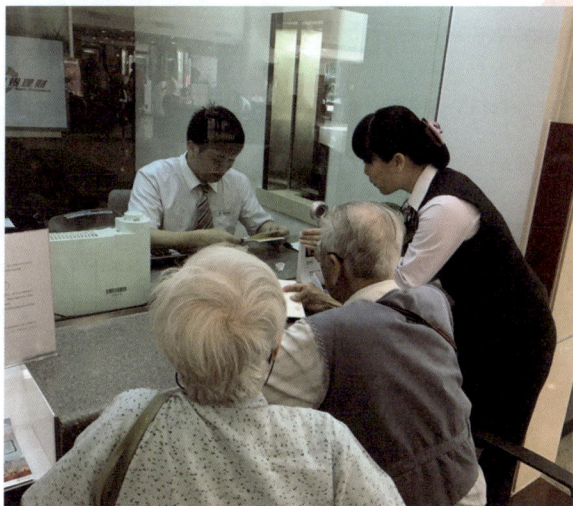

得知这个结果以后，老奶奶连连感谢，说自己年纪大了，儿女不在身边，生活上总是有各种不方便，需要麻烦外地儿女回来帮忙处理，没想到这次这么重要的事情只来了银行一次便全部办妥了，特别感谢李俊英主管，更感谢中行各个员工的帮助。听到此，李俊英却只微笑说："那都是应该的。"

是的，对于李俊英来说，自己并没有做什么惊天动地的大事，只是一件平凡而日常的小事，但是这件小事却体现了南海支行营业部以李俊英为代表的员工们对工作高度负责的态度。面对异常的业务，他们不是第一时间推脱责任，而是不怕麻烦，把客户当作自己的家人、朋友去关怀，了解客户麻烦背后的缘由，尽力为客户解决问题，这样"用心服务，用爱经营"的服务原则，赢得了客户的信赖，让客户在服务中感到温馨，才是我们"有为"服务的至臻之道。

倾听一颗感恩的心

中国工商银行清远新城支行营业室感动故事

记得那天还没开门营业，一位老奶奶就站在门口等候着，老奶奶背着一个大布袋，显得十分焦急和难受，大堂经理张惠芹见状马上搬来凳子给老奶奶坐。

网点开门营业后，老奶奶缓缓地走进营业厅，大堂经理张惠芹询问她需要办理什么业务，想协助她取号，老奶奶慌忙地说："我不会认字。"这时候，张惠芹把她引导到了爱心窗口，递上了一杯温水，柜员同事张祖贤也热情地接待了老奶奶。张惠芹留意到老奶奶的眼睛在拼命地眨巴，眼白部分比常人多，猜测老奶奶的视力受损。老奶奶手上颤抖着拿出一本活期存折，还有数张百元钞票包在存折表面，于是柜员祖贤询问她："奶奶，您是要存钱吗？""我不知道哦，水电煤气没钱了。"柜员祖贤看了看老奶奶手上的存折，里面全是水电煤气的扣费明细，马上领会到老奶奶的业务需求，于是安抚她道："奶奶，您先坐坐，稍等一下，我马上帮您查一下。"这时，老奶奶激动地说："我不认识字，我六岁就没有了爸爸妈妈。谢谢你了。"她本来就不太灵敏的眼睛这时候竟然泛红起来，原来老人在幼小的时候就失去了双亲，如今年老了单独在外，只要受到帮助就非常容易感动与勾起回忆。

在办理业务的过程中老奶奶不断地诉说着她的故事，感恩每一个帮助过她的人。大家都认真地倾听着，却没有任何人打断老奶奶说话。张惠芹怕其他客户等得久会有怨言，就低声跟他们说明情况并道歉。出乎意料，网点等候的客户没有表现出丝毫的不满，大家愿意静静地聆听老奶奶的故事，就像家里的长辈一样，尊重她。当老奶奶迈着蹒跚的脚步离开网点的时候，网点里所有人对老奶奶的身世表示同情，对老奶奶拥有一颗感恩的心表示赞赏。同时，网点的其他客户对网点工作人员为老人家提供如此暖心的服务也表示赞扬。

尊老爱幼是我国的优良传统，新城支行营业室秉承这一优良传统，耐心和诚心对待特殊客户群体，给予他们关爱和体贴，让他们在银行也能感受到家人一样的待遇。网点的每一位员工都怀着一颗感恩的心，急客户之所急，想客户之所想，用优质的服务回馈社会、回馈每一位客户。

以最诚挚的服务为客户排忧解难

广发银行湛江廉江支行感动故事

日复一日，我们坚守岗位，兢兢业业，我们没有惊天动地的事迹，有的只是每天的坚守与奉献。日子在平凡而又激烈中度过，说它平凡，是因为同样的工作一直在重复；说它激烈，是因为工作中的点滴感动都能带给我们心灵慰藉，让我们成长。这里每天都会发生各种各样的小故事，这些小故事从侧面真实反映了支行员工身上蕴藏的爱岗敬业和无私奉献的精神。

2018年5月，一个温暖人心的小故事就发生廉江支行。

5月9日上午9:00，我们刚开门营业，一位步履匆匆、面露难色的老阿姨走了进来，细心的厅堂经理黄丹便上前询问。交谈中，老阿姨将她的实际困难情况告诉了黄丹，原来，这位姓黄的阿姨家住在廉江市安铺镇，她的丈夫梁伯，重病住院，卧床不起，无法亲自到银行办理社保卡金融账户密码重置手续，导致其住院报销的6万多元医药费无法支取，儿女在外打工又不在身边，所以黄阿姨焦急万分，来银行寻求帮助。

厅堂经理黄丹安慰黄阿姨："阿姨，您的情况我已经了解，您先别担心，我马上为您请示领导，一定会有解决的办法。"黄阿姨连声道谢："谢谢你了，小姑娘，你真是好人。"黄丹将黄阿姨请到办公室稍作等候，立即将黄阿姨的情况向支行领导做了汇报。支行领导了解情况后，马上为此开通"绿色通道"，立即派支行营业室主任和一名柜员陪黄阿姨一同前往梁伯住院处，将柜面服务延伸到客户的病床前。银行距离梁伯住院处有50多公里的路程，路途遥远，乡下小路颠簸不堪；途中，黄阿姨提起梁伯病情，对梁伯的身体状况非常担忧，更是担心他社保卡住院报销的6万多元医药费无法取出，影响梁伯的后续治疗；黄阿姨说到伤心之处，不断地掉眼泪。我们营业室主任一边递纸巾一边安抚黄阿姨的情绪："黄阿姨，

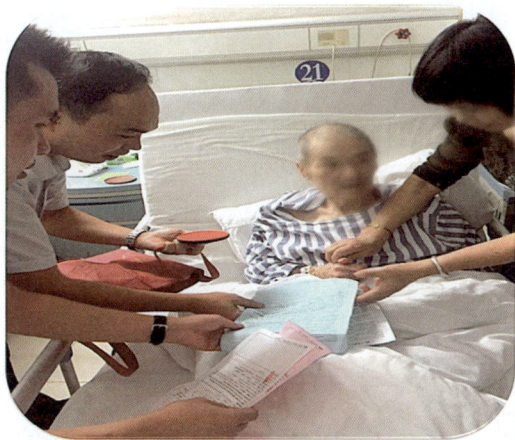

您不要太伤心，我们来就是帮您解决问题的。"经过一个多小时的跋涉，终于到达梁伯住院处。营业室主任及柜员立即为梁伯办理账户密码重置业务，由于梁伯常年卧病在床，肢体无力，业务办理过程中无法签名，营业室主任根据《广发银行残障人士服务工作实施细则》，在监管许可范围内使用按手印的方式代替签名的规定，请梁伯按手印确认业务办理结果；梁伯积极配合拍照，按手印确认等程序，并对银行上门服务非常感激，饱含热泪，对我们连声道谢。黄阿姨也被我行的贴心服务感动得热泪盈眶。

这次的暖心服务，帮黄阿姨一家解决了燃眉之急，梁伯的病得到了有效的治疗，一个星期后，梁伯的病情有所好转。

将服务送上门、让特殊客户享受到同样的银行服务，对广发银行廉江支行来说并不是第一次，也不是最后一次。我们将时刻本着"客户为先，真情服务"的服务理念，设身处地为客户着想，为社会大众提供最便利、最周到、最贴心的服务！

用心去服务　用情去感动

中国建设银行广州海珠支行营业室感动故事

近期，有个洪姓客户专程打电话给我，告诉我说："蔡总，你们建设银行的服务态度真好，中秋节了还记得我们，没忘记我们。我刚把几十万元存款转到你们建设银行的账户上了。"原来是经常来我网点办理业务的一个客户，告诉我他把其他银行的存款全部转到我们行的账户上了。

在工作中，我常备了一个专门记录客户基本情况的小本子，对我网点的重要客户的姓名、电话、生日及家庭成员的一些情况都做了详细的记载。客户生日或者重大节假日的时候，我都会给客户打一个电话或发送一个问候的短信，做一个有心的网点服务人员。

客户的信任真的很让我感动，其实我并没有做什么，只是在客户来办业务时多一句微笑，走的时候多一声问候，在节日前给他发了一条问候的短信，而客户回馈我的却是对我极大的信任与尊重。

6月18日上午，某客户前来我网点查询余额和明细事宜，我当时在大堂值班，帮助该客户在STM办理完业务后，了解到该客户还需去其他银行办理转账，由于客户年龄较大，对办理转账业务不太熟悉，于是我亲自陪同客户至某银行网点办理相关业务，这个过程我始终陪伴着客户，大约用了半个小时，客户对我行服务十分满意。

这确实都是一件件小事，但却可以说明很多问题。因为在基层网点我们平时能为客户做的，也都是些很小的事情。来时一个会心的微笑，一句亲切的问候；离开时一个善意的提醒，一句真诚的谢谢。只要我们坚持做好了这些小事，就一定能赢得客户的理解和信任。

其实，服务的深层次就是感动客户，感动客户就是关心客户的过程，也是帮助客户的过程。只要我们对客户真诚，把一些应该做到的事情做圆满了，就可以感动很多人。好多事情，只需我们举手之劳便可完成，在一点一滴地去做时，感动就开始潜滋暗长并扩散开了，然后滋润并浸漫到很多人的心灵底部，最终在不经意间完成了你的销售。

实际工作中，我们都忽视了"感动"这个服务"利器"。上面所说的事情每个人都能轻而易举地做到，可是，我们都去做了吗？今天，银行服务的大趋势已经从"客户满意"走向让"客户感动"。因为"客户满意"的标准谁都可以制定，并严格督导执行，而"客户感动"既无标准也无法监督，但是也正因如此，才促成了"非常营销"。所以，我们只有不断地创造感动故事、营造感动氛围，营销和服务人员才能攀登顶峰，才能成为同业的领跑者。

金融行业的竞争日趋激烈，我们唯有从细微处去发现客户的需求，才能不断提升服务品质打动客户。服务无止境，看似最细微的服务却最容易感动客户。一杯水的温度，带给我们的思考远远不只是摄氏几度！

"心贴心的服务，手握手的承诺。"服务就是心与心的交流，以真心去服务客户，以真情去感动客户，让客户高兴而来，感动而归！

换零

交通银行珠海东风支行感动故事

我叫王由由，是交通银行珠海东风支行一名平凡的柜员，这是我在东风支行工作的第五年。虽然我从事着一份平凡的工作，忙忙碌碌，日复一日，但生活总会有意想不到的事情在发生……

有一天，有个大叔紧紧抱着一个麻袋直接跑到窗口柜台，用手比划，神情焦急。保安急忙拦住，大叔显得神色愈发焦急。我们大堂经理也听不懂他的话，旁边三五名员工也听不懂，不知道他想做什么。大叔焦急之下麻袋掉地上了，里面散落出一堆零钱。仔细询问之下，大叔告诉大堂经理，麻袋里面装的是钱，他想要把这些零钱存进一个账户，但因为他的钱很脏很旧又很多，去了好几家银行，都不愿给他办理。他只好骑着车，在烈日下背着麻袋奔波在路上，因为被拒绝，所以感到特别焦虑难过，正好经过交通银行，便抱着试一试的心理进来了。大堂经理细心引导大叔到我们客户等候区坐下，询问之下得知原来陈叔是一名外来务工人员。这些钱，是供儿子上大学用的，孩子好不容易考上了重点大学。陈叔为了给儿子挣学费和生活费，这些年独自在外打工，同时还兼职几份散工。他搬砖、捡塑料瓶、蹬三轮车、收废品才挣来了这些血汗钱，哪知道没有一家银行愿意接受他这些零钱，说着陈叔重重地叹了口气。大堂经理在听完陈叔的讲述后，告诉陈叔不用急，我们交行一定给他办理好业务。在安抚好陈叔的情绪后，大堂经理文杰让陈叔先坐着休息一下等候叫号。柜台里面的我全程目睹了事情的经过，而我也正好叫到了陈叔的号。我看到陈叔手里紧紧攥着那包零钱，脸上浮现出紧张焦虑的神情，我简单和陈叔问了遍好便和陈叔说道：
"陈叔，别担心，我们
会帮您的。"陈叔脸上
紧张的神情慢慢放松下
来。时钟嘀嗒嘀嗒过
去，一共点出了10384.4
元的零钱，金额虽不
多，但这都是一个父亲
对儿子沉甸甸的爱啊！
看着我们办理完业务，
陈叔终于脸上露出了
笑容。

望着陈叔颤颤巍
巍远去的身影，我不禁
陷入了沉思，柜面工作不分大事小事，也不分困难简单，真诚对待才
能让我们走得更远。有一位经济学家曾说过："不管你的工作是怎样
的卑微，你都当付之以艺术家的精神，当有十二分热忱，这样你就会
从平庸卑微的境况中解脱出来，不再有劳碌辛苦的感觉，你就能使你
的工作成为乐趣，只有这样你才能真心实意地善待每一位客户。"所
以，我们每一个员工务必都要真正树立"以客户为中心"的服务理
念，学会换位思考和感恩。

行动不便心中急
特事特办暖人心
中国民生银行广州黄埔大道支行感动故事

为进一步加强服务体系建设，营造有特色的支行服务文化，为创建千佳支行打下坚实基础，黄埔大道支行在总行提出做客户身边"懂你的银行"的服务理念下，将"懂你于心，大道同行"作为支行的服务理念，本着以真诚服务、以真情陪伴的服务宗旨，力争成为客户身边最有温度的银行。

2018年4月19日上午，风和日丽，黄埔大道支行的营业大厅像往常一样繁忙而有序地进行着各项工作。一名50多岁的男士神色慌张，急匆匆地向厅堂走来。这引起了大堂经理梁伊玲的注意，只见客户一进门就喊道："咋办啊？我爸的钱取不出来了。"梁伊玲赶紧迎上去，一边安慰，一边问："您好，我是这里的大堂经理，请问有什么我可以帮到您？"亲切的问候让客户像找到了依托，他一下子抓住了梁伊玲的手臂道出了缘由。

这位客户姓陈，非我行客户，但陈先生的父亲是我行的代发工资户，最近父亲患病住院，把工资卡交给了儿子陈先生，让其到银行取钱以支付住院费。陈先生过于着急，把密码输错了导致卡被锁，他经过柜台咨询解锁必须本人持身份证到营业网点办理该项业务。可是父亲在医院还插着氧气管，根本无法来到网点，想着急需工资卡上的款项进行治疗，"怎么办？怎么办？"陈先生拉着伊玲的手不停地问，为自己的出错懊恼得很。

大堂经理梁伊玲把陈先生请进了贵宾室，安抚客户情绪的同时，把事情经过向厅堂主管樊海燕进行了汇报。樊海燕立刻向陈先生了解其父亲进一步的情况，想客户所想急客户所急，启动特殊情况上门服务手续，安排支行大堂经理梁伊玲、理财经理陈兵陪同陈先生前去其父亲所在的华侨医院进行上门重置密码服务。在上门业务办理完毕后，陪同陈先生回到支行并开通绿色服务通道，让陈先生顺利地把款项取出。

对于这一次的服务，陈先生和他的父亲都很感动，虽然陈先生父亲坐在病床上不能下床，但他激动地看着她们上门服务的厅堂人员，吃力地说："谢谢你们，太感谢你们了，大热天的为了我的这点事让你们都跑了一上午。"陈先生在厅堂办理完手续后，紧握着厅堂主管的手说："你们真是为我们老百姓办实事儿啊，民生银行值得我们信赖。"虽然一来一回的路途，让人汗流浃背，虽然少了两名厅堂人员让厅堂的运转紧张起来，但客户最后的一声感激、一句认可，鼓励着厅堂每一个人，感动着厅堂每一个人，温暖着厅堂里每一个人。

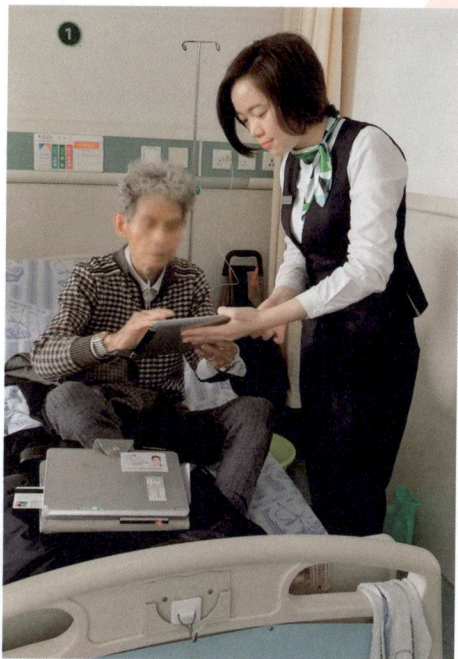

懂你于心，大道同行，我们要成为客户身边最有温度的银行，为了达到这个目标，黄埔大道厅堂团队成员一直在提升服务的道路上努力着前行着……

真诚服务　相伴成长

兴业银行佛山分行营业部感动故事

　　"禅韵筑兴，兴越汇川"是兴业银行佛山分行营业部的服务理念，从2004年兴业银行佛山分行成立以来，我们一直秉承着用心服务客户的理念，不断提升文明优质服务水平。

　　2018年7月17日，炎热的一天，厅堂大门已关闭，大家也都开始做着班后工作，这时有一位阿姨站在玻璃门外不停向厅堂望去，久久没有离去，神情十分着急，我们的柜员同事项晓婷这时刚好从一楼现金区出来，看到这一幕，便主动上前告诉阿姨："阿姨，营业时间已经结束了，您有什么业务要办理，可以明天早上九点上班时过来办理。"阿姨有点哽咽："能不能帮帮忙，帮我汇笔款，我老伴在老家病了，需要这笔钱做手术，谢谢您。"按照兴业银行规定此时已不能再办理相关业务，但是我们的柜员同事感受到了客户焦急的心情，让

保安人员把玻璃门打开，让阿姨进来，并把阿姨带去二楼贵宾室，倒上一杯水给阿姨，并不停地安慰着阿姨不要着急，立即把这件事情向主管反映，主管得知情况后也秉承着用心服务客户的理念，在了解核实客户的转账用途后，让营业部各岗位的同事及时有效地处理，帮助客户顺利地办理了业务，最后客户如释重负且满怀感激地离开了。

　　规定只是一把衡量的戒尺，但是客户的需求、用心服务客户才是兴业的立足之本，相信佛山分行营业部全体同事必将秉承兴业银行的服务理念，不停地做好服务，只为看到客户满意的笑容。

做一家有温度的银行

招商银行广州盈隆广场支行感动故事

　　自开业以来，招商银行广州分行盈隆广场支行一直以"招商银行，因您而变"为核心服务理念，将优质服务贯穿于日常工作和营销当中，全心全意为客户服务，赢得了广大客户的赞誉和社会各界的认同，逐步成长为系统内银行的一个标杆网点。

　　2017年3月15日，在招商银行盈隆广场支行及广州市天河区冼村派出所、广东电视台的爱心接力下，一名在广州走失的5岁男童历经3周、终于成功与家人团聚。在20余天的寻亲过程中，盈隆广场支行不抛弃不放弃的处事风格、以温暖大爱回报社会的高度责任感，赢得了全行同事和客户的由衷赞许，也获得了极好的社会反响。

　　一份爱心，不仅改变了一个家庭的命运，无形之中也为招商银行树立了良好的品牌声誉。自该事件发生以来，招商银行总分行高度关注，通过广州分行微信公众号、总行"招行微刊"等平台开展宣传报道，并积极联系地

区主流媒体，借助社会力量帮助孩子继续寻找失联的母亲，扩大事件影响力。广东电视台、广州电视台、《广州日报》、《信息时报》、新浪网、今日头条等媒体已对该事件进行了现场采访或转载报道，在推动后续寻亲进展的同时，也传播了招商银行作为"一家有温度的银行"的品牌形象。广州市天河区冼村派出所还向盈隆广场支行颁发锦旗，以表彰招行员工自始至终无私的帮助。

在关键时刻伸出援手，不仅体现了盈隆广场支行干部员工高度的社会责任感，也充分反映了其"以客户为中心"的主动服务意识。自2016年以来，盈隆广场支行在激烈的同业竞争中成功抢占市场高地，批发和零售团队双双在分行年度考核评比中跻身前十，实现了业绩的华丽转身，支行长期以来优秀的服务文化功不可没。

凡人善举，因其真实而具有打动人心的力量；"因您而变"，体现在日常服务的细节之中。在当前同业竞争加剧、移动互联大幅抬升客户体验预期的背景下，招商银行总分行正在持续推进"感动服务场景化"项目，切实营造良好的服务氛围，以人性化、创新化的视角，为客户实实在在地解决问题、提供真正打动人心的服务体验，为再造新时期招商银行服务的差异化优势而不懈奋斗！

让人"心疼"的申女士

华夏银行柳州支行感动故事

服务是银行立足的基石,更是银行发展的根本。优质的服务,就是要注重每一个细节,做好看似渺小,实则充满智慧的每一笔。

华夏银行柳州支行有一位传奇的客户,我们都称她为申女士。当你问她需要办理什么业务,申女士总是傲娇地不告诉你全部,办起业务来需要你边办边猜,业务交流过程中申女士一不小心就拍桌子,不是嫌弃网点环境就是嫌弃工作人员,还总抱怨为什么明明没取过钱,账户的钱会长腿飞了。

总之,遇到申女士,我们都要打起十二分的精神。但是现在起了微妙的变化,申女士现在来网点办业务人见人爱。

这个变化还要从今年的元宵节说起。

元宵节这天,申女士又来柳州支行办理业务,她高傲地向我们走过来,我们也都打起十二分精神准备热情地接待她。她走到柜员叶超海的服务窗口,叶超海热情地招呼:"申姐,祝您元宵节快乐。"申女士愣了一下,并回了一句:"大家都快乐。"同时,叶超海也接收到同事善意的提醒:"申女士来了,请加油噢。"

叶超海笑了笑开始帮申女士办理业务,他发现今天厅堂的客户不是很多,同时也发现今天的申女士不太一样,好像心情还不错。于是就壮着胆子跟申女士聊天。不聊不知道,一聊吓一跳。原来申女士一直独居,早年离婚,一人含辛茹苦地把孩子拉扯大,现在孩子出国留学,过年也没有回家,申女士对孩子很思念和担忧,怕孩子一个人在外生活不方便，她自己一个人生活也很孤独。

叶超海了解申女士的情况后说："我也有过离开父母一个人到外地读书的经历，当时我去北方一个离家很远的地方，回一次家要倒几趟车，所以一年也就回一次。我能体会到其中的父母别离的心酸，父母总说担心孩子在外吃苦受累，作为在外地的孩子也一样挂念着父母，担心家里的父母身体是否健康，是否生活得幸福。"面对这样的一位妈妈，叶超海不由得感叹。申女士听到叶超海的这一席话，顿时感到遇上了知音，感到不那么孤独了，她意犹未尽地跟叶超海拉起了家常。

叶超海现场就帮申女士下载了微信，并且教会她使用，怎么发语音，怎么发视频等等，这样方便以后跟孩子联系，晚上孩子放学了可以跟申女士互动，申女士也可以时常看到孩子的样貌，能听到孩子的声音。

申女士很愉快地办完业务，高兴地离开了网点，离开的时候还和每一个员工摆手说："再见！"没过几天，申女士又来网点了，直接找到叶超海。申女士非常高兴地对叶超海说："我看到你，就像看

到我的孩子一样，谢谢你那天安慰我、关心我，还教会我这些新科技。我性子急，以前来你们网点办业务，对你们态度不好，请你们原谅。我今天来就是想把钱都转到你们这里，你们给我办一下。"突如其来的道歉和惊喜，让网点的人员也有点不好意思，对申女士也更加"心疼"。

后来申女士经常来网点，不仅仅是办业务，有时候不办业务也来，她说你们这里很好，我就是来聊聊天。

每一个客户心里都有一堵信任的墙，发自内心的关注，真正热情地为客户提供服务，我们就能跨过那堵墙，得到客户的信任。服务是小事，但是我们要用包容、关怀、感恩、奉献的大智慧去做好它。

暴雨见真情　服务暖人心

交通银行广西壮族自治区分行营业部感动故事

进入雨季，南宁的天气就像孩子的脸，说变就变。这天临近下班时，原本晴朗的天空乌云聚集，突降暴雨，骤然间厅堂的客户躁动起来，"这么大雨，可怎么回家呀！"人群中，开始弥漫出抱怨与焦虑。

"大家不要着急，这雨说不定是场雷阵雨，请在这里稍事休息，我们给各位准备茶水和报刊读物。"大堂经理运用丰富的厅堂管理经验，推动送水车，安抚客户躁动的心情。客户们陆续回到座位上，静静等候办理业务，员工们也松了口气。

十分钟过后，"铃铃铃铃！"几乎在同一时间，所有人的手机都收到了短信提醒，客户经理拿出手机一看，"南宁市气象台发布橙色预警，暴雨态势将持续扩大！"这让刚刚平静下来的大堂又躁动起来。与此同时，厅堂大门外，挤满了躲避暴雨的路人。一些有交通工具的客户，已经冒着暴雨回到自己车上离开了，但是剩下的许多人都是来领养老金的老年人，经不起风吹雨打。

眼看已到下班结束营业时间，倾盆大雨毫无将停之势，客户本来想等雨小后离开的，也愈发焦虑起来。大堂经理见状，迅速取出网点的便民伞，组织客户依次登记将伞发放出去。可是杯水车薪，网点便民伞正常的配备量只有10把，可网点内包括在网点门口等雨停的客户足有20位以上。事不宜迟，大堂经理迅速将情况报告了支行行长李华。李华闻讯，迅速前往大厅了解具体情况，目前便民伞的数量无法满足客户的需求，她沉思片刻，当即作出决定，向全体员工发出求助通知，号召大家能将自己多余的伞捐出来给客户使用，并且率先回到办公室将自己的伞送给一位老年客户。许多员工的电单车都配有雨衣，因此，在支行行长李华的带领下，大家纷纷将自己备用的伞捐了出去，由大堂经理有序地将雨伞登记后分发到有需要的客户手上。许多客户临走之前连声道谢："太感谢你们了！这下可以及时赶回家吃饭了！"虽延迟了下班，大家也为能够帮助客户解决困难感到满足。

　　一夜暴雨过后，第二天的天空又恢复了晴朗，营业大厅里依旧是熙熙攘攘的客户。突然，人群中出现一位熟悉的面孔，原来是前来还伞的李大爷。李大爷握住大堂经理的手，感激地说："小姑娘真的谢谢你们，你们想得太周到了！你们后来都顺利回家了吧？"大堂经理点点头笑着回应。随后的一两天里，所有借出去的雨伞都由客户还了回来，感激之情不绝于耳，网点一直弥漫着温馨的氛围。

真诚服务　回馈温暖

柳州银行营业部感动故事

2018年6月8日，骄阳似火，营业厅如往常一样繁忙。

大堂经理黄鹏刚解答完一位客户关于存款产品的咨询，正四处巡视，便看到柜台前有一位头发花白的老阿姨。她是来领取高龄补贴的，年事已高，眼睛昏花，看不清密码键盘上的数字，输入了3次密码都不对，十分焦急。柜员隔着柜台玻璃无法协助，老阿姨又无人陪同独自前来，黄鹏便主动走上前去。"阿姨，取钱需要您输入密码，第一排是1、2、3，第二排是4、5、6，第三排是7、8、9，请您输一下密

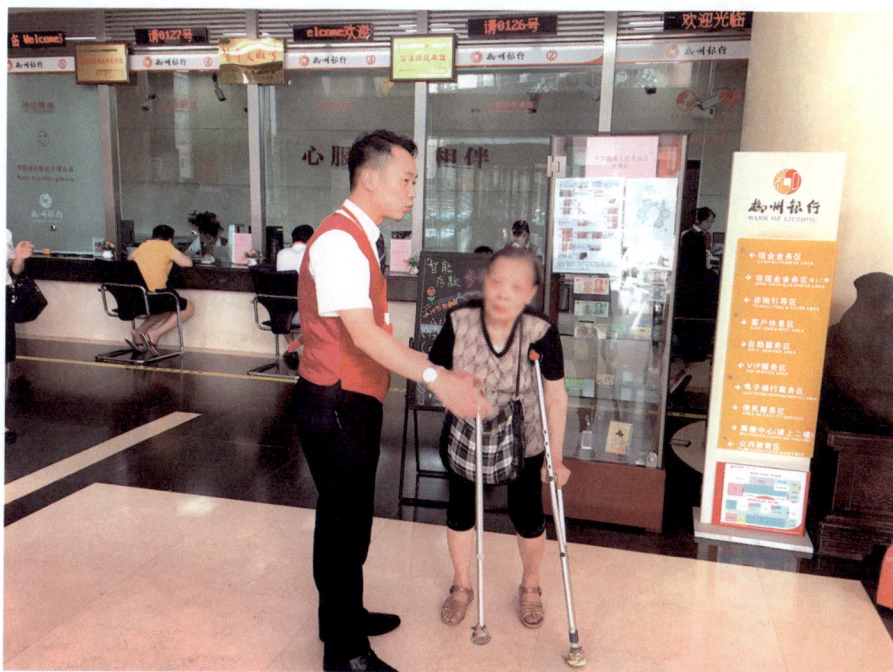

码。"阿姨听不清楚,黄鹏又提高音量,耐心地一个个数字指给阿姨看,在他热心负责的帮助下,阿姨终于按对密码取了钱。办完业务,她感谢地对黄鹏说道:"小伙子,真麻烦你,你别走,在这等一等阿姨。"黄鹏赶紧说道:"阿姨您别客气,这都是我应该做的,您慢走。"便搀扶着阿姨走出了营业厅。

让黄鹏没想到的是,过了一会儿,阿姨果真回来找他,提着三四个澄黄的香蕉,颤颤地握着他的手不住地感谢。

赠人玫瑰,手有余香。用心、周到地接待每一位客户,设身处地为其服务,客户也会感受到我们的诚心,回馈我们真诚的温暖。大堂的工作平凡而充实,平凡之下,感动常在。

真诚为客户负责

中国工商银行桂林市阳桥支行营业室感动故事

2018年3月6日，一位年过六旬的老人来到阳桥支行营业室大厅，神色慌张地说要办理一张储蓄卡并存钱汇款，大堂经理李颖便到自助发卡机为其办理开卡业务。在开户的过程中，老人的手机一直处在通话当中，从通话的内容里可以发现，电话的另一头要求老人办卡后存入2万元并汇到指定的账户中去。李颖发觉这位老人可能遭遇电信诈骗了，于是开始询问老人是否认识收款人。老人支支吾吾半天回答十分含糊，而且对李颖的劝说不但不理解，反而更加发火，强行要求汇款。这时李颖更加坚信老人受骗了。于是引导客户到ATM假装指导其转账，故意造成客户卡片被机具吞没。同时要求老人叫其子女一同过来领取卡片。过了一会儿，老人的儿子来到网点，李颖将事情的经过告诉老人的儿子，并同老人儿子一起劝说老人，老人才恍然大悟自己被欺骗了。

原来，前段时间，老人接到一个自称是上海检察院打来的电话，称老人涉嫌一起洗黑钱案件，为了配合检查，需要老人将2万元汇

到对方提供的一个"安全账户"当中，当案件检查确认老人无罪后，会将钱一并返还老人。犯罪分子为了达到恐吓老人的目的，还伪造了两份检查书和拘捕令，通过传真给老人，恐吓老人如果不配合检查将会对老人进行逮捕。事后，老人和其儿子对我们表达了深深的感激之情，再三道谢后才离开网点。

作为一名工行人，客户是我们宝贵的财富，客户的资金安全是我们的责任。而责任，是一种久铸的灵魂，平淡如水的日子，因为责任而博大，因为责任而温馨，因为责任而厚重。我们每天所做的，不仅仅是伏案完成自己的本职工作，更重要的是要让客户感到满意，感到安心。而这一切的客户体验，是建立在我们所有员工的责任心上。我们所有的服务不仅仅是简单表现在形式和业务上，而是表现在每一个细小的环节上，表现在我们对客户的责任心和态度上。用心去感知，用心去服务，我们就能获得更多的客户信任与赞赏。

特殊的退汇申请

中国光大银行南宁分行营业部感动故事

故事要追溯至2016年3月30日的下午，客户朱女士到营业部办理一笔金额为1980美元的境外汇款业务，柜员莫欢怡按照正常流程受理了该笔业务，并于次日上午通过核心系统将该境外汇款发往总行。而次日下午，朱女士的到来让这天变得不再平静。此时的朱女士，神色慌张，焦急地说道："昨天我汇出的外汇，能不能先不汇了，我要申请改账号！"见此情景，小莫隐约觉得有些不对劲，为进一步了解客户意愿，保证资金安全，她先尝试着安抚客户情绪："朱姐，有什么事情您就和我们说，有问题我们一起分析解决。"与朱女士进行了深入沟通后小莫发现，其经历与近期互联网上发布的多起跨境诈骗案件十分相似：对方首先通过网络与朱女士成为网友，相互熟悉后，便通过电子邮件告知自己从英国寄出一个包裹作为礼物。包裹在邮寄途经马来西亚时被海关扣留，却由某快递公司发送邮件告知朱女士需要支付1980美元的费用，海关才会将包裹退回，但收款人却是马来西亚汇丰银行某个人账户。经过这番详细分析，朱女士幡然醒悟自己已上当受骗，立刻向我行提出退汇申请！

此时款项已经汇出境外，能否追回具有很大的不确定性。但为了客户的利益不受损失，在向朱女士充分揭示退汇可能存在的风险并取得正式授权后，小莫第一时间发出了退汇申请。由于汇款已发出，且我行与境外银行的沟通只能通过外汇清算查询系统进行，如果按常规流程坐等境外银行回复，该笔汇款就会因耗时过长很难追回。为了争取时间，我们一方面多次与总行运管部联系退汇事宜，另一方面与汇款人朱女士保持密切联系，做好安抚工作，帮助她应对境外骗子的不断催促。

将近9天过去了，毫无进展的日子让朱女士减少了追问次数，最终放弃了退汇。尽管希望不大，我们仍继续寻找更为积极的处理办法。于是奇迹发生了！在两周的漫长等待后，一封简短的退汇报文让我们都乐开了花，被骗的1980美元终在4月16日成功退回原汇出账户，这个已经半成的跨境电邮诈骗最终被我们成功堵截！

朱女士的感激之情溢于言表："我本来已经放弃了，要不是你们，这钱哪里还能回来呢？太感谢了！"这份真挚的感谢让我们瞬间感到所有的付出和煎熬都是值得的！

想客户之所想，急客户之所急，客户至上，用心服务——阳光服务的理念早已根植于每一位光大人心中，我们将继续努力，努力打造精品服务，成为老百姓最贴心的银行！

心有多细，工作的舞台就有多宽

中国建设银行海口海府支行感动故事

　　都说临柜人员是银行的一线，而大堂经理则是一线的前沿，作为客户进入营业网点第一个见到的工作者，大堂经理应当展现出来的亲和仪表、友好态度、文明礼仪和规范服务则是银行服务的第一张名片。身为大堂经理的我，在十一年的职业生涯中，尽心竭力地为合作与服务的桥梁添砖加瓦。

　　从营业前的大厅检查、工前准备，到营业中的迎接每一位踏进银行大门的客户，大堂经理给客户展现的是最直接具体的服务。我常常利用客户排队等候时间作金融宣传，给客户发自助设备使用说明，安全用卡宣传折页，在与客户的沟通过程中点滴的细节成为了客户满意的源泉。

　　提高警觉性，有效地阻止各类冒名开户和电话诈骗等案件的发生，这也是一个合格的大堂经理应履行的职责。一次开学季，我遇到了一位遭遇电话诈骗的客户。"你们什么时候能把钱转进来啊？好，教我去机上操作吧。" 这天上午，我正在大厅忙碌着，看到有一位女士讲着电话直奔ATM而去。工作经验告诉我，这位女士可能遇到电话诈骗了，于是我跟了过去："您好女士，请问您需要办理什么业务？""卡里余额太少操作不了啊，那我再去多存点钱。"女士没有理会我，继续她的通话。"大姐，现在社会上诈骗的案件很多，请问您认识对方吗？如果是对方把钱转入您的卡上，是不需要您到ATM上操作的！"可能是由于我的连续提醒和询问，电话那头挂断了。

　　"财政厅要给我女儿返还学杂费，这不是诈骗！"客户愤怒地制止了我，去柜台存了2000元钱。随后又拨通了诈骗电话，走到自助服务区。

"大姐，您先喝杯水，若是不了解情况，随意盲从，财产损失只在一瞬间呀！"虽然客户态度很不友好，但我还是倒了一杯水说："我先了解一下情况，再帮您操作可以吗？"

因为我的坚持，女士的手指在"确认"键上停住了，抓住这难得的间隙，我立刻摁下了"取消"键。

"退还学杂费、税费是现在骗子常用的手法，他们以此通过电话诱导客户操作，把钱转到对方账户，达到他们诈骗的目的。"经过解释，女士才意识自己遭遇了电话诈骗，"要是没有你，这钱就没了，太感谢了！"我也松了一口气："不客气，我们有责任保护每一位客户的资金安全。"

优质服务，点滴在心。我深刻地体会到我们的工作不仅仅是停留在微笑和帮助上，而是肩负着倡文明、树模范的使命。我将一如既往地在大堂经理的岗位上做好客户服务与金融宣传的工作，为建行的事业贡献自己的绵薄之力。

心系客户　营业部急客户之所急

中国银行海南省分行营业部感动故事

4月6日清明小长假的第二天，外面下着毛毛细雨。下午4:50，接近一天营业结束的时间，厅堂里没有客户，柜台也开始进行营业终了的清点工作。突然门口急匆匆走进一对老年夫妇。大堂经理小曾赶紧上前询问老夫妇需要办理什么业务。

经了解，余老夫妻刚从新加坡回海南琼海老家扫墓，计划明天一早乘机返回新加坡。刚才检查行李时发现银行卡不见了，经回想，原来是上午离开博鳌酒店时持卡在ATM取款，将卡片遗忘在ATM里了。想到明早将乘坐飞机离开，余老先生急得像热锅上的蚂蚁。大堂经理小曾考虑到为保障客户资金安全，立即指引余老先生到柜台办理卡片挂失止付。

柜员王源和事中复核员林云非常配合，立即进行挂失操作。但王源在我行核心系统内未能查询到客户的账户，余老先生称自己开卡时所持的护照已经更新，旧的护照号也记不清楚。且余先生的预留电话是新加坡的家庭电话，无法通过预留手机号码查询客户信息。

如果不能查询到账户信息，就无法进行挂失，从而保障客户资金安全！王源仍不放弃，继续询问余先生有没有旧护照的复印件，或者银行卡近期有没有转账类的金融交易。在大家的引导下，余先生想起来一周前孩子从新加坡给自己的账户汇款1000新加坡元。顺着这条线索，柜员王源找到余先生银行账户信息，终于可以进行挂失操作。

待业务处理完毕，天色已黑。我行工作人员没有因为临近下班时间而推辞业务，热情、耐心、专业地为余老夫妻解决问题，他们十分感动。为表感恩之心，余老先生从行李箱里拿出特产执意送给我行工作人员，秉承着"廉洁中行"的原则，我们婉言谢绝了。随后，余老先生致电95566对我行员工进行表扬，肯定了我们的工作，并表示回新加坡后会跟亲人朋友分享这段美好的体验。

送走余老夫妻后，我们为能够服务好客户而感到欣慰。让客户满意是我们做好每一天工作的目标，不拿客户一分一毫是我们不愧于心的信念。

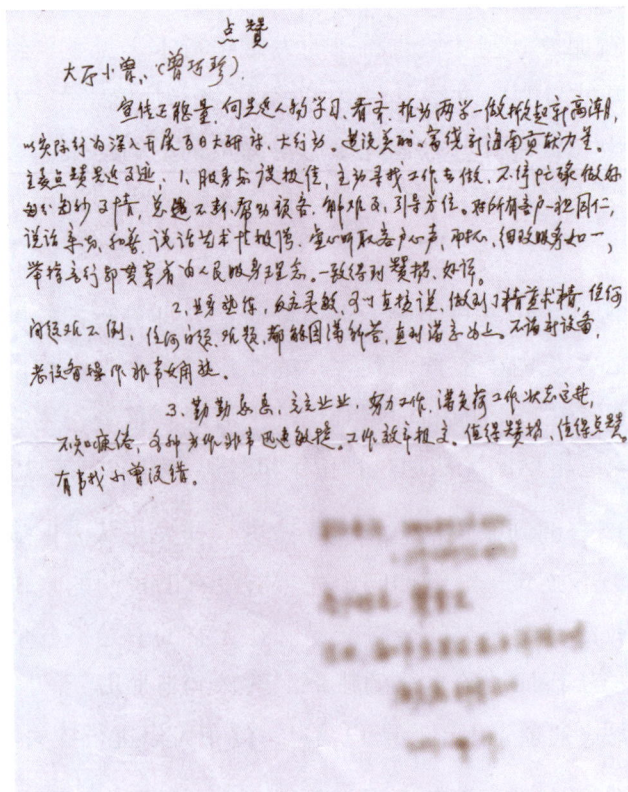

冬日暖阳

中国建设银行涪陵分行营业部感动故事

"客户至上，注重细节"是建设银行的服务理念，也是建行涪陵分行营业部一直践行的服务标准。每一位员工都将该理念牢固树立于内心深处，真正做到急客户所急，排客户之所忧。

2018年2月15日，农历大年三十，大街小巷都散发着浓浓的年味，人们都在家准备着年夜饭，街上的行人寥寥无几，建行涪陵分行营业部的大厅却仍是熙熙攘攘，挤满了前来取款的农民工。营业部的员工已经是15个工作日没有休息了。

营业部经理黄力像往常一样在大厅值班，引导分流客户。这时一位客户急冲冲地朝她走去。黄经理立马上前询问客户办理什么业务。客户着急地说急需取80万元现金给工人发工资，没有提前预约。时值春节，网点已支付了前期预约的大额资金及民工工资，库存现金不够，她耐心地跟客户解释，看客户能否过几天再来支取。

客户着急地说："这么多工人都是跟着我在外地工地干活，大半

年来一直没有发工资，眼看要过年了，好不容易从工地上要到了一部分钱，刚刚才打到账上，今天无论如何都要把这些钱发到大家手上，让大家回家过一个安稳年！"

黄经理看着那一张张焦急的脸庞，安慰客户道："大家先不要着急，我来帮大家想办法，一定让大家回去过个安稳年，大家先在等候区休息一会儿。"她马上联系其他网点，询问库存现金情况，经过协调，为客户在三个不同的网点凑足了资金。她立马将这个消息告诉了客户，跟客户交谈中，黄经理了解到客户对涪陵并不熟悉，也着急回乡过年。于是，黄经理主动提出开车载客户去取钱，环绕了半个涪陵城，80万元现金终于到了客户手中。

这个冬天特别冷，街上的寒风吹在脸上像刀割一样疼，看到民工们领完工资，马上要回家的喜悦表情，黄经理的心里是温暖的。客户的脸上满是笑意，眼眶里含着晶莹的泪花，拉着她的手哽咽地说道："太感谢你了！要是没有你，我们真不知道该怎么回去过这个年，这么冷的天，你还亲自开车载我们去取钱，真不知道怎么感谢你！""这没什么的，赶紧回家过年吧！"一句简单的回答体现了建行人满满的责任感。

"以心相交，成其久远"，黄经理秉承着这一理念在工作岗位为客户服务，赢得了客户的认同。年后，客户再次来到网点，拉住黄经理的手，激动地说："谢谢你上次的帮忙，我把其他银行的钱都取出来，以后都存在你们建行了！"

这件事只是涪陵分行营业部服务客户的小缩影，作为一名网点负责人，她也经常给员工说："我们要把客户放在心中，客户的需求就是我们的使命，为客户提供优质贴心的服务就是我们的追求！"

真挚服务　带动营销

中国民生银行重庆分行两路口支行感动故事

民生银行重庆分行两路口支行位于上清寺中山四路，于2005年11月成立，支行一直坚持以客户为中心，从细节入手，把小事做精，狠抓服务，员工以专业标准的职业素养，以服务带动营销赢得客户青睐。

2018年1月初的一天，一位老年客户路过支行门口时向厅堂随意观望，服务经理胡杰热情地回应客户："您好，有什么可以帮您吗？"客户表示："没事儿，就是随便看看。"1月的冬天特别冷，胡杰担心客户在外受冻，立马招呼他至厅堂里避寒。客户进厅堂后，胡杰引导他至休息区落座，并递上热水，闲聊中得知客户姓郑，之前听过关于民生银行的负面新闻和谣言，所以对与民生银行接触有些犹豫。胡杰对郑叔叔的疑问进行了逐一解答，听大堂经理这么耐心热情的解释，郑叔叔慢慢化解了心中的疑问，也逐渐产生了对民生银行的好感，临走前还表示以后会支持民生银行的。

几天过去了，郑叔叔又来支行了，胡杰一下子就认出来了，于是询问："您好，今天过来有什么事情吗？"郑叔叔提到，他上次走的时候就说了以后要来民生银行办业务，所以这次是专门来开卡的。不仅要开卡，还要把其他银行的资金转到民生银行来购买理财。当天，郑叔叔开了新卡，并转入了10万元资金购买理财。之后一段时间，郑叔叔陆续主动将新的资金转到支行，也配置了更多类型的产品。

通过几次的接触交流，胡杰和其他工作人员跟郑叔叔的关系也相处得比较和谐愉快。他就住在支行附近，平时没事儿就到支行来转转，找工作人员闲聊。工作人员在闲聊的过程中，常给他讲讲金融知识、产品等，郑叔叔也更加信任支行，并表示有闲置资金都会转过来支持。

除了日常的关怀之外，支行了解到郑叔叔和老伴没有和儿女住在一起，家里面的电脑、电器使用时时常遇到不懂的问题，这时胡杰和支行的同事们会专程上门帮忙处理，让老人感动不已，主动邀请他们留下来吃饭，但他们都婉言谢绝，这又获得了更多的赞扬。郑叔叔也主动帮助支行宣传民生银行的服务，介绍了不少朋友邻居来行办理业务。

作为一名服务在一线的员工，只有从细微之处入手，关注服务细节，才能赢得客户青睐；作为服务的提供者，只有不断提升主动服务意识，提升服务质量，最终才能提高客户满意度，拉近与客户的关系，在服务中创造价值。

配送轨道零钞，
为市民出行保驾护航

中国银行重庆渝中支行营业部感动故事

随着当今交通工具以及出行方式的多元化，越来越多的人选择轻轨出行这种便捷的方式，而营业部则承担着每天为某轨道公司配送零钞的重任。渝中支行营业部一共32名员工，其中女性员工23名，而零钞又多为硬币，有时连押钞的专业工作人员在搬运配送时也很费力。但大家处于这个积极向上的集体中，没有人叫苦退缩。面对每日平均500斤的硬币零钞，在男员工人数有限的情形下，女员工们迎难而上，齐心协力，共同将零钞搬运配送至轨道公司的各个站点。谁说女子不如男，营业部的女员工们一样巾帼不让须眉，面对工作，大家目标一致，为的就是保证各条轻轨线路正常运行。有的员工因为搬运沉重的零钞，手被磨破了皮；有的员工在搬运零钞时膝盖和腿被磕出了瘀青；还有的员工在没轮到自己的接钞组工作时，仍旧自觉加入搬运零钞的队伍。这是大家凝聚力的象征，同时也是大家积极性的体现。

2018年2月的一个早晨，天色渐明，渝中支行营业部的员工们早早来到网点，开始了一天忙碌而充实的工作。某轨道公司临时联系营业部需要配送零钞，主要负责现金调配的清分员刘康及时联系金库进行紧急调现，并立刻赶往金库随同押钞员将零钞配送至各站点。恰逢早上上班高峰期，他在拥挤的公交车中一直站到目的地。一到达金库他立即就将零钞清点齐整后赶赴轨道站点，确保各线路能够正常运行，直到下午才完成工作，在寒冷的冬日汗水却早已浸湿了他的工作服。事后才得知当天刘康父亲生病在医院动手术，本想下午请半天假陪生病的父亲，但为了工作的正常进行和市民的便捷出行，他牺牲了陪伴父亲的时间，让大家都很感动。

　　一个出色的集体往往会从每一件小事做起，因为一件件小事往往会成为工作中至关重要的一环，多年来，渝中支行营业部总是认真谨慎地对待每一件小事，圆满地完成每一项工作。对工作的负责，不但是对银行、对客户的尽责，而且也是对自己的负责。营业部的每一位员工都秉着对工作认真负责的态度，牺牲了不少休息时间，花费了更多的精力和体力。相信当涌现出更多像渝中支行营业部一样团结积极的集体时，我行力争成为新时代全球一流银行的目标会更早更圆满地实现。

孩子，我要为你点赞

重庆农村商业银行开州支行营业部感动故事

人生应该如蜡烛一样，从顶燃到底，一直都是光明的。身边总有那么些好人好事，让生活更美好。重庆农商行开州支行营业部的临柜人员向珍，帮助失独老人顺利支取去世儿子留下的养老金，在寒日里为老人带来了春天般的温暖。

12月的一天，临近冬至，天气分外寒冷，一位年迈老人蹒跚着来到农商行开州支行营业部二号柜台，温暖的营业室竟无法掩盖老人满脸的忧伤。

迎接他的是分理处的年轻员工——向珍。对于向珍的问候和微笑，老人没有任何回应，从老人的神情中可以明显看到他的愁容，向珍估摸着老人一定遇到了大的烦心事。紧接着，向珍示意大堂经理为老人递上一杯热茶，关切地问道："老人家，有什么需要帮您的吗，我们很愿意帮您。"向珍从老人的眼神中感受到一丝希望和信任，便重复道："叔叔，感谢您的光临，我们很高兴为您服务，您遇到了什么困惑，看我能否帮到您。"老人这才开始有了回应的动作，默默地从上衣口袋掏出两张身份证和一张银行卡，递进了柜台，称需要支取他唯一的儿子为他存下的养老金，但自己年老忘事，却忘记了儿子生前告知的密码。

"生前？原来，这是一位失独老人。"满脸的悲伤瞬间感染到了向珍，内心有一股冲动要以最快的速度帮老人解决好他的烦恼。向珍一边安慰老人要"放宽心，想开一些，保重身体是关键"，同时针对客户的问题，将解决办法一一告知："叔叔，您的密码忘了可以重置，需要提供相应的手续。如果您觉得提供这些手续麻烦不方便的话，您可以试一下您的密码。"老人听说需要提供的手续较多，老人急得眼泪直流。因老伴、儿子相继去世，老人身心倍受打击，表示力不从心。因老人无法提供相关手续，若要支取这笔钱，输入正确的密码是唯一的途径。看着交易界面，此时的向珍若有所思，她查看了该账户的基本信息，发现除了这笔定期存款以外，并无其他存款。

"叔叔您别急，再好好想想，您儿子当时告诉您密码的时候还提到些什么？"向珍请老人将儿子生前的一些重要信息再回忆一下。老人哽咽着说了一遍。原来，老人的老伴去世后，老人与儿子相依为命10余年，前几年，儿子从事高危行业，每年回家都会给老人一笔钱，但老人顾虑儿子年轻尚未成家，每次都拒绝收下这笔钱，无奈之下，儿子将钱存入了自己的账户，并将存折交与父亲保管。老人记得，儿子曾经提到过的密码也许和生日有关。

从与老人的交谈中，向珍捕捉到了这样的信息：孝顺、生日。"叔叔，您的生日是什么时候呢？"向珍的提问让老人顿时恍然大悟，他用颤抖的手在密码键盘输入了自己的生日，居然成功了。向珍见此情形，已激动得无以言表，她难以想象这位老父亲此刻的复杂心情，那一定是夹杂着感动和幸福，所以当场喜极而泣。向珍连忙与其交流："叔叔，恭喜您把密码输对了，太为您高兴了。您的儿子很孝顺，他为您存了这笔钱，一定希望您后半生能够好好地享清福，所以您一定要健健康康地继续生活，祝您身体健康，长命百岁。"

老人把钱从儿子的账户取出，存入了自己的银行卡，竟再次以泪洗面，他说仿佛感觉儿子又在身边尽孝，感觉柜员向珍就像自己的孩子一样贴心。嘴里一直念叨着感谢柜员的帮忙，工作人员平静地解释道："您太客气了，这是我们的职责。"老人急得直跺脚，站在门口无奈地说："我到底要怎么才能表达我对你的感谢呀？真是一个耐心

的好孩子，你什么都不要让我这老骨头心里更难受啊！"老人思考后，振振有词地说道："姑娘，我要为你点赞。"于是，在支行营业部，工作人员用手机拍摄下这张珍贵的照片，并为它取名为"爱的延续"！

一个很小的细节，一笔平常的业务，却带给了客户莫大的感动。故事告诉我们，作为一名银行柜员，我们需要以真诚、热情的态度去迎接每一位客户，用优质的服务去接待每位客户，在服务中急客户所急、解客户所烦，站在客户立场去做好每一次服务，将收获的是无比的信任和赞扬。

用爱关怀 用心服务

重庆银行綦江支行感动故事

马上快过年了，银行厅堂里人头攒动，客流量已达到高峰。我正忙着协助客户在填单台填单时，突然一堆硬币洒落地上产生的清脆的声音打断了我与客户的交谈。不远处一位穿着破烂军大衣、头发凌乱、腿脚不方便的老大爷正在捡洒落一地的硬币，有一块的、五毛的、一毛的，用一个白色的塑料袋装着，老大爷则蹲在地上整理着。

我处理完手上客户的业务马上走到老大爷的身旁，问道："老大爷，您怎么不到柜台去办理？门口挺冷的。"老大爷头也不抬地盯着这堆零钱，小声地说："打扰你啦妹子，我想先数数清楚，你们这里可以换这些零钱吗？我都去了几个银行啦，他们都忙得没空换。""大爷，这儿太冷了，来来往往人又多，钱都散在地上也不安全，我和同事一起帮您点吧！"

清点的同时，老大爷告诉我，这些零钱是平时卖菜所得，攒了很久。我观察到他苍老的手上裂开了好多口子，大拇指处已经看不出有完整的指甲了，心里很是酸楚。清点完毕后，我带着老大爷至绿色通道快速办理完毕，并把他随身携带的空水瓶子灌满热水。考虑到他后续仍然有换零钱的需要，担心他看不清名片上的字，我在自己的名片上用笔加粗了手机号码，递给了老大爷，交代他以后有什么需要打电话。临走的时候大爷拉着我的手不停地说"谢谢"，还对着柜台员工竖起了大拇指。走到门口的时候老大爷又抬起头颤颤巍巍地说："谢谢你啊，有的银行给我换钱总是让我等客户少了再来，我这个样子是人人烦的年纪啊，做事又慢，很少遇得到你这样耐心的妹子啦，你们银行的服务态度很好！"

送走了老大爷，我满是感慨，其实这就是我们的工作，一次搀扶，一个微笑，简单的换零钞，简单的几句话，简单的几个字，却能让我深深地体会工作的意义，让我感触良多。撇开所有的服务技巧，其实做好服务真的很简单，那就是一颗真诚服务的心，真诚服务的态度。虽然有时做的只是一些小事，但那也许正是顾客所需要的，因为服务客户无小事。顾客能在办理业务的同时感受到我们的真诚，得到他所需要的帮助，这也就是我们服务的价值和意义。

这也只是我们在营业大厅岗位工作上做的极其平常的小事，这些激励人上进的事每天都会发生在我和我营业部的同事们的身上，我们将继续秉承"更近距离、更好服务"的理念，和我的同事们在厅堂各个岗位上一直奋斗下去，从每天的服务做起，从点滴的小事做起，提升服务意识和水平，体现人文关怀，尽力为老弱病残等特殊客户群体提供贴心化、便利化的人性服务，践行企业社会责任，加强服务文化培育，提升员工服务意识水平，真正做到用爱关怀、用心服务。

温暖小钦

大连银行成都天府支行感动故事

大连银行天府支行理财经理钦久洋，工作多年，心细热情，一直以优质服务感动着周边小区的业主，在业主群中有"温暖小钦"的称号。

有一天，一位年轻妈妈李女士带着1岁的宝宝来到支行办理业务。因为丈夫长期出差，家中老人突然生病，需要取钱就医。但是自从怀孕后，李女士就没有管理过财务，又是生产后才搬家到天府支行旁的南苑小区，既对周边的银行不熟，又需要看护婴儿尽快办理完业务回家照顾老人。李女士很着急，拿着多家银行卡抱着宝宝走进了大连银行天府支行。这时，理财经理钦久洋接待了李女士。

幸好，大连银行天府支行在客户服务方面一直用心思考，厅堂常备有婴儿座椅，钦久洋确认李女士的业务需求后，立即将婴儿座椅推到柜台窗口，请李女士放心地腾出双手办理业务；办理完后钦久洋又递上了支行设计的"便民服务卡"，上面列明了周边主要银行的名字、地址和联系电话，告诉李女士她需要找寻的银行这上面都有，先去哪家银行再去第二家银行怎么过去最方便。李女士感到非常惊讶，从没想到会在一家银行获取其他银行的线路信息，而且如此清晰。看着李女士惊讶的表情，钦久洋又递上了自己的名片，告诉李女士她一个人带小孩照顾老人太不容易，大连银行的工作人员都是南苑住户的邻居，如有什么需要帮忙的话可以随时联系他，并为李女士安排了一辆出租车离开。

晚上，当李女士办理完所有业务后，专门给钦久洋打电话致谢，称她今天在大连银行所遇到的一切都是超预期服务，非常感动。钦久洋在电话中又问候了一下老年人的病情，默默记在心中，并获知客户这几天无暇顾及，都是点的外卖，非常不健康而且不准时。第二天晨会，在做服务工作检视时，钦久洋将李女士的情况提出来，支行厅堂团队特别是已经做了妈妈的员工都纷纷表示，一个人照顾老人小孩确实很难，于是支行决定通过支行食堂每天为李女士准备一份简餐，轮流送到南苑小区；同时钦久洋又根据老人的病情搜集整理了一份调理健康指引，并联系支行特惠商家幼儿代管班为李女士提供体验课程服务，以便如李女士有急需时可以将宝宝妥善安置。这一切都让李女士感到了万分暖意，不再焦虑，很快随着老人的康复，李女士一家生活又重回正轨。

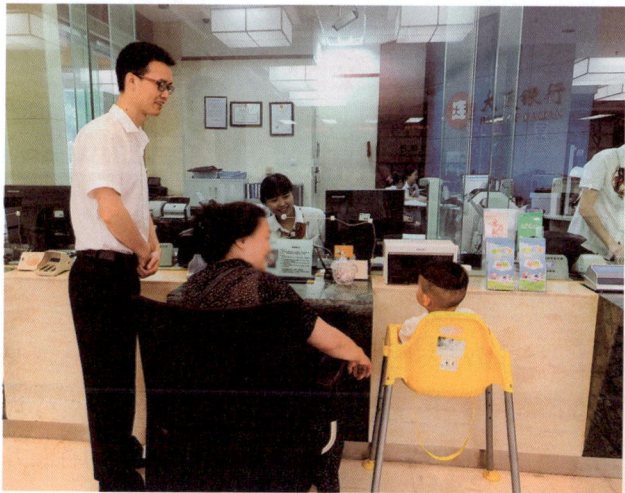

俗话说远亲不如近邻，这一次的经历让李女士发自内心地将大连银行天府支行看作是她真正的邻居，并告诉家人就是大连银行的小钦帮了她。随后，李女士一家都在天府支行开卡并将天府支行作为她的主要合作银行。同时，李女士也成了天府支行的义务宣传员，在各类社区活动和业主聚会中都夸赞天府支行服务好，员工好。当李女士一提起小钦，业主活动中心的老人家们都笑了，告诉李女士"这个就是温暖小钦呀"。

客户资金的守护天使

成都银行成飞支行感动故事

2017年9月的一天上午，营业大厅走进一位70多岁的婆婆，当班的大堂经理曾朱见老人神色有些慌张和焦急，便主动迎上前去，亲切地询问是否需要帮助。老人说她姓张，来银行想办理一笔汇款，说孙儿在北京住院有急用，张婆婆拿出5张定期存款单共计15万元要求全部提前支取，并请大堂经理帮她填写汇款凭证，汇入工商银行北京梨源支行。

大堂经理告知客户提前支取有利息损失，但张婆婆仍坚决要求提前支取并办理汇款，并解释说如果今天钱到不了对方账户会影响孙儿交住院费和学费。职业的敏感性提醒曾朱应谨慎对待这笔汇款，她立即在网银上核实开户银行无果，便告知婆婆，婆婆听后十分着急，说回家再问问便匆匆而去。当值保安发现张婆婆的一张存单遗失在填单台，曾朱想到婆婆年龄大，腿脚不便，而家就在支行对面小区，于是立即将存单送至张婆婆家中。

下午，张婆婆又来到支行要求继续办理汇款，并递给曾朱一个电话号码，希望能帮她打这个电话落实开户银行，电话拨打后一名福建口音的男子接了电话，自称是张婆婆的孙儿，电话中他反复催促我行尽快办理汇款。"孙儿"的言语引起了曾朱的高度警觉，于是她再次耐心地询问支取原因和用途，善意提醒张婆婆要谨防上当受骗。听了大堂经理的解释和劝解，张婆婆思考片刻后，才吞吞吐吐地说明了急着取钱汇款的原因：原来，张婆婆前一晚接到自称"公安局郑队长"的电话，称怀疑她与涉案人员杨某有关联，在详细了解了张婆婆的退休工资、养老金、存款等情况后，要求张婆婆将15万元存款转至"公安局"指定的"安全账户"，待案件审理结束后再退回。并恐吓张婆婆要保密，不得外传，如不照办，则将资金冻结三年。由此曾朱确信客户受到了电信诈骗，随即报警。

警察赶到现场了解情况后，判定这确实是一起诈骗案件，告诉张婆婆上当受骗了，并告诫说现在犯罪分子诈骗手段狡猾、花样繁多，在接到陌生电话时，不要轻易向对方透露个人信息，更不要将资金转入所谓的"安全账户"或陌生人的账户。

至此，张婆婆才恍然大悟，意识到自己被骗了，张婆婆感慨地说："真的很感谢你们的员工，为我挽回了这么多的血汗钱，以后我的钱全都存你们行，放在这里很放心……"

事后，张婆婆一家人对我行周到细致的服务和高度的安全防范意识给予了极大的肯定和赞赏。正是因为成飞支行员工强烈的安全风险意识，才最终成功化解了一起案件风险，为客户挽回了15万元的经济损失；正是因为我们的始终如一的真诚与用心，才让所有成飞支行的客户感到安心。我们是客户资金安全的守护天使，再一次赢得了五星网点的良好口碑。

用真心赢得客户信任

招商银行成都光华支行感动故事

"您好，欢迎光临！"整齐的迎客声开启了每日的晨会，大堂员工们精神抖擞，神采奕奕开始了一天的工作。

一开门，一位女士神情焦躁、步履急促地走进营业大厅。大堂经理鄢静见此情况，快步上前，问道："您好，请问有什么可以帮助您？"女士带着哭腔对工作人员说："昨晚家里被盗，所有证件和银行卡都被偷走了，现在只有一个户口簿在手上，口袋里也没有一分钱了。"眼泪一滴一滴连着线似的往下落。鄢静引导客户坐下，立刻递上纸巾和一杯热水，请客户慢慢讲清事情："我现在要办理招行卡挂失，还要去其他银行办理相关业务，怎么来得及……"

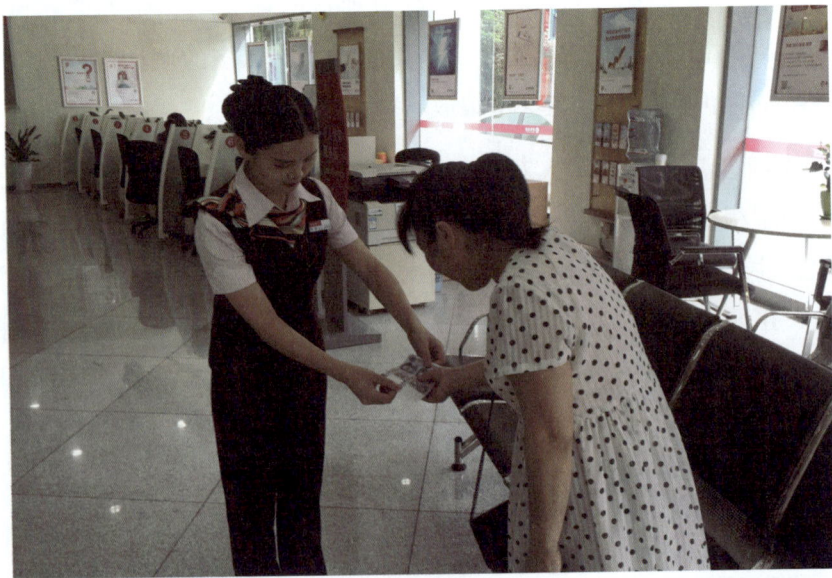

鄢静一面协助客户进行电话挂失，并与运营柜台通力合作，"特殊情况特殊处理"，以最快速度为客户办理了卡片挂失，一面耐心安抚客户情绪，为客户送上小点心和果汁，温馨提示客户尽快报警，尽力减少被盗的损失，客户连连点头。临走时，鄢静陪同客户出门，递上20元现金说："刘女士，您快打车去其他银行办理业务，不要耽误了。"刘女士拉着鄢静的手，热泪盈眶，一直说："谢谢、谢谢……"

转身，鄢静又投入了新的工作，忙忙碌碌，接待客户。几天后，一个熟悉的身影走进了光华支行，径直走向那天给予她帮助的大堂经理鄢静："今天是专门来感谢你的，还有还你那天借给我的20元钱。多亏了你们，我才及时办理了挂失，资金冻结了，我也就放心了。招行员工真是贴心！"

其实，这些只是大堂工作中一些小插曲，但正是因为这样的小插曲，才组成了最动听的旋律。作为一名招行员工，要真诚与客户交流，用心为客户服务，一切从客户角度出发，了解客户需求，提供更好的顾客体验和服务，真正做到"因您而变"！

心系农民工　服务解难题

中国工商银行绵阳游仙支行感动故事

"履行社会责任，用心服务大众"是工商银行绵阳游仙支行一直信守的服务理念，支行始终站在社会的角度，心系大众，真诚服务，用实际行动赢得了社会和客户的一致称赞和高度评价。支行"创新服务农民工促进解决工资拖欠难题"就是一个鲜活的实例。

农民工是美丽城市的辛苦建设者，他们作为家庭的经济支柱，为了生存和养家不得不背井离乡，告别老人妻儿，来到陌生的城市，承受孤独和寂寞，承受高空日晒和雨淋，在艰苦的工作和生活环境中辛苦打拼。但他们却常因建筑商拖欠工资而不能按时领取到应得的报酬，导致不仅自己生活困难，而且家中老人也无钱养老医病，孩子无钱上学，不得不为了讨薪多方奔走但却艰难无果。农民工工资被拖欠已经形成了较为突出的社会问题，并且还是个老大难问题。农民工是多么需要社会的关注和支持，又是多么盼望能帮助解决生存之难啊。

工商银行绵阳游仙支行的重点客户——某公司主要承担建设"幸福美丽绵阳"的系列基础设施建设，其项目施工工程多，也常因农民工工资被建筑分包商恶意压榨和拖欠难题而发愁，每逢春节前夕，都会面临有大批的农民工集中上门到公司讨薪。

2018年2月6日，恰逢春节来临，农民工工资拖欠问题亟待解决，为保障节前农民工工资按期支付，支行积极研究国家刚刚出台的集中整治拖欠农民工工资的政策，立即召开行务会集体研究服务解决方案，大家献计献策，认真反复研究，决定通过开展农民工工资创新集中代发金融服务，以促进解决工资被拖欠难题，并立即成立服务专班，迅速展开行动。

为了简化流程实现尽快代发，支行行长立即前往该公司与公司高层联系并获得支持，商定通过该公司取得所有农民工的个人信息资料，由我行上门为农民工现场办卡集中代发工资。支行行长迅速带领服务专班成员赶往建筑工地，现场搭建服务机具，指导农民工当场提交办卡申请，实现当日代发。客户经理现场为农民工讲解办理流程和要求，不厌其烦地指导其填写申请资料，快速办卡启卡，并一一回答用卡取款等问题咨询。大家在施工现场不怕日晒风吹，废寝忘食，一直忙碌不停，还完整登记下农民工个人的联系电话，提供跟踪金融服务。短短几天时间，支行跑遍了"三江码头"等多处工地，支行服务团队人员无怨无悔的辛勤付出，为的是为农民工提供优质服务，大家忙碌的身影构成了工地上一道道靓丽的风景。之后，支行还专门安排

车辆，免费送农民工返回家乡。

支行集中上门代发服务后，农民工终于在春节回家前顺利拿到自己应有的工资，个个眼含泪花感动不已，脸上露出了喜悦的笑容，不停地夸奖道："你们工行真是我们农民工的贴心人啊！"

支行普惠金融创新服务，不仅保障了节前社会和谐稳定，而且得到了该公司和市委市政府的高度赞扬，并将支行金融创新服务模式作为标杆进行普及宣传。

十六个字

中国建设银行成都岷江支行营业部感动故事

2017年6月一个平凡的工作日，岷江支行营业部大堂经理陈嗣镓刚刚送走了上一位客户。持续为客户解答业务咨询、办理等问题的他拿起杯子想要润润嗓子再继续为下一名客户服务，却发现水杯空了。他起身正准备去倒杯水，就看到一个身影匆匆向他走来。

迎面走来的这位女士眉头紧锁，面色焦急："小伙子你好，我想办个汇款。我很着急！"见此情形，陈嗣镓连忙放下手中的空水杯，微笑着接待客户入座并安抚道："女士您请坐，别着急，我马上为您办理。"

经过沟通陈嗣镓了解到，客户宋女士是要为即将出国留学的儿子缴学费。由于第二天是境外学校给的截止日期，如果款项不能顺利到账，那么宋女士的儿子将无法进入其心仪已久的学校就读，因此宋女士心急如焚，焦急万分。陈嗣镓为她倒了一杯水，耐心安抚她请她放心，答应一定尽快为她办好这笔业务。

宋女士之前从未接触过外汇业务，因此有许多的疑问，对于外汇政策、业务流程都不熟悉。陈嗣镓耐心聆听了宋女士的询问，为她讲解了办理的流程，并告诉她这项业务叫作电汇业务，汇款时只需要准确提供以下几项关键信息即可完成汇款：第一是收款人的户名，第二是收款人的账户号，第三是收款人地址，第四是收款银行名称，第五是收款银行地址，第六是Swift Code。听完这些话，宋女士依然很着急："我之前去另一家银行的时候提供的信息也是这些，但是我的款却被退了回来，小伙子请你一定仔仔细细地帮我检查一下！"陈嗣

镳笑着解答道："宋女士，您是汇往德国，汇往欧洲的电汇款项只能够填写IBAN作为收款账号，才能顺利被总行后台清算汇出。您就放心吧，我一定认认真真地为您办理好这项业务！"

为了争取时间，陈嗣镳拨打了外汇后台处理中心的电话，简述了事情原委，请后台人员加快处理。办理完毕后，宋女士再三确认是否办理妥当，陈嗣镳斩钉截铁的回答才让她放心。可怜天下父母心，这时宋女士紧锁的眉头才渐渐松开，松了一口气："这真是太感谢你了！小伙子，你叫什么名字啊？"陈嗣镳笑笑指着工牌回答："叫我小陈就可以了。"

送走宋女士，陈嗣镳才拿起空空的水杯去喝了一杯水。急客户之所急让他忘记了口渴，送走客户后才感到口干舌燥。

几日后，对陈嗣镳来说仍然是一个忙碌而平凡的工作日，宋女士再次来到了网点找到陈嗣镳。这次她不再像第一次来时那样满面愁容，而是笑如春风。她说："小陈，我今天过来送个东西。"说着展开手里一面锦旗，锦旗上写十六个大字："以人为本、客户至上、服务周到、待人热情。"原来最终款项在次日及时到账，宋女士儿子顺利就读。

更让陈嗣镓惊喜而感动的是，锦旗上清楚写着他的名字！因为嗣镓两个字笔画多，镓字也少见，很少有人能记住"小陈"的名字。原来把这十六个字做到后可以被人记住以及尊重，陈嗣镓觉得自己的工作得到了极大的肯定。

工作中像宋女士这样对业务不熟悉又着急办理的客户屡见不鲜，为了更好地为客户服务，陈嗣镓决心要不断提高自身业务熟练度，并把这十六个字深深烙在心里——这将鼓励他成为一名更优秀的建行人！

普惠金融事业的践行者

中国建设银行乐山城西支行感动故事

烈日酷暑下，老张一如既往地奔走于各家企业。"吴总，您好，今天上您这儿瞧瞧！"吴总是一家食品加工企业的负责人，一见老张便热情地迎上来："张大哥，你又来啦，快进来坐坐。"老张可没顾得上坐，拉着吴总便往车间里钻，"溜"完一圈，老张心里有谱了，企业生产情况不错，再结合之前掌握的企业对公账户结算情况，看来最近订单又上量了。

"要贷款，找建行。"这是老张出门在外的口头禅。吴总的企业他已跑了许多次，每次吴总都是热情接待，但却又表示不需要贷款。精诚所至，金石为开，在老张的词典里可没有退缩一词。小微企业，最开始对贷款总会有一些担忧和抵触情绪。果然，吴总说道："张大哥，不瞒你说，咱不是不需要贷款，只是咱厂子小，要的也少，怕建行瞧不上！还有就是怕手续麻烦。"能让吴总敞开心扉，事情可就成功了一半，老张赶紧趁热打铁："吴总，我们建行现在执行'双小'

战略，大力支持普惠金融，支持小微企业，不管您要几万还是几千，建行都竭力为您服务。还有，建行现在推出了'快贷'产品，免抵押、全流程线上操作，手续方便快捷！"老张说着向吴总送上了早已准备好的"快贷"宣传折页，吴总认真地看完，脸上露出了微笑。

没过几天，老张再次上门指导，帮助吴总的企业成功申请了建行"快贷"10万元。

老张，是建行乐山城西支行客户经理张中枢，今年58岁，入行40年，一直从事储蓄和小微企业信贷业务，用老张最近的话说："干了一辈子普惠金融啦！"别看老张临近退休，干起工作来可一点不含糊，很有股和年轻人比高低的劲头，经他专业眼光瞧上的企业，最终都能成为建行的忠实客户，并且不断发展壮大。罗城牛肉、中油乐仪、繁山矿泉、博缘礼品、方盛商贸……老张谈起自己的客户总是如数家珍，客户谈起老张也总是赞叹不已。

同事们说，老张是建行普惠金融的一张靓丽名片。老张自己却有另外的看法："普惠金融是个慢活儿，我只是干的时间长了，有耐心罢了！"老张现场也开始带起徒弟来，他教得最多的话是："小企业，大事业，普惠金融有干头！"

老张的精神其实正是城西支行文化的最佳体现，"乐业，乐善，乐园，乐众"，城西人就是用这种文化传承，传递着快乐与梦想，创造着美好和希望。

服务无小事　服务无止境

中国农业银行资阳分行营业部感动故事

资阳分行营业部在深植深化"客户至上，始终如一"服务理念的基础上，围绕客户需求，进一步凝练和归纳，逐渐形成了"服务至诚，专业至精，团结奋进，砥砺前行"的特色服务理念。营业部关注每一个客户的需求，用温馨、贴心、细心、耐心的服务谱写了一个个感人故事。

某机车公司（以下简称431工厂）退休工人领退休金的时间段，每个月这几天分行营业部大厅都门庭若市，老人们相会在此，叙叙

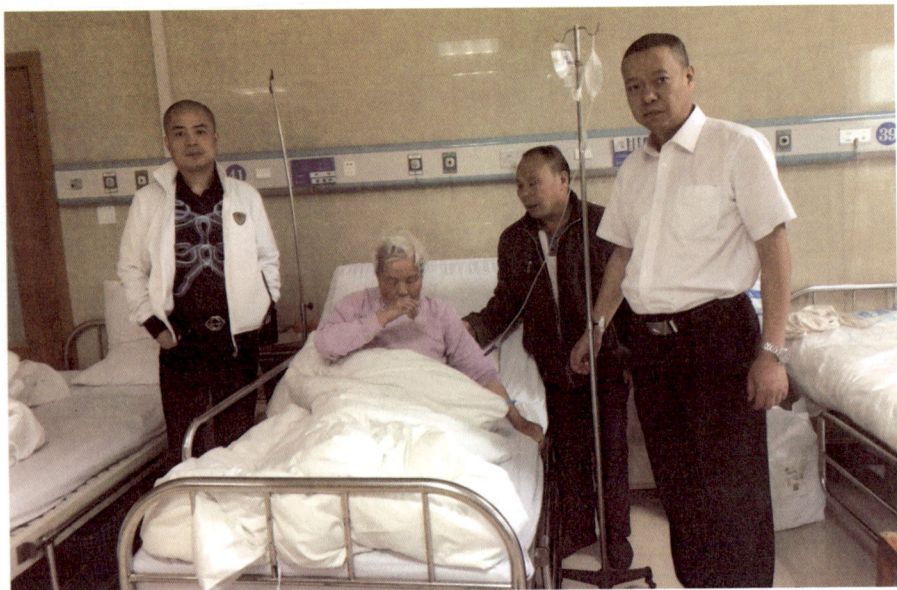

家常，聊聊过往。网点全体员工分工合作，一如既往地有条不紊对外营业。

早上9点左右，一位年过八旬的大爷步履蹒跚地走来，他不是领退休金，而是要求代办爱人的社保卡并完成激活手续，一听说必须本人来，大爷异常激动，连连说道自己有心脏病，爱人眼睛完全失明，要求直接办理。大爷和老伴都是431工厂的退休工人，年老多病，经常到医院就医拿药，听说资阳社保局要在12月底全面取消使用医保卡、启用社保卡，便立即前往网点办理。了解到大爷家里的真实情况后，工作人员一边安抚，一边向网点主任汇报。网点主任在安排妥当工作后，带上工作人员，亲自上门为其老伴办理社保卡代办及激活委托服务。虽已立秋，但天气依旧闷热，太阳依然毒辣，网点工作人员冒着炎热，徒步20分钟找到老人位于南车集团旁的住址，汗水已经湿透衣背，老人看到后非常感动，连连表示感谢。在大爷的见证下，工作人员为其失明的老伴办理了委托业务。

奋斗只有起点没有终点，资阳分行营业部将一如既往发挥青年集体的示范作用，立足新起点，再创新佳绩，争当新时代的奋进者、开拓者、奉献者，为推进农业银行改革发展作出更大贡献。

心系客户，践行中行责任与担当

中国银行新都支行营业部感动故事

那是一个普通的周二上午，中国银行新都支行营业部像往常一样按号办着业务，一位年迈的大爷缓缓走进营业部大厅，同普通的客户一样，在排号机取号后便在等待区的座位上休息。

上午11点左右，营业部保安人员在巡视网点时，无意中发现这位大爷嘴唇发白，身体虚弱，倚靠在墙上，随后还发生了呕吐现象，情况十分危急。保安人员立即将此情况告知客户经理，客户经理和大堂经理赶紧前去询问客户的情况，客户难受不语。大堂经理为客户倒水并陪伴客户，随时观察客户的反应。在休息片刻后客户将自己的身份证和一个写有电话号码的纸条递给大堂经理。大堂经理与客户经理这才知道大爷姓杨，今年已有73岁的高龄。客户经理遂将此特殊而又紧急的情况报告网点业务经理。业务经理了解情况后，立即启动客户突发疾病应急预案，拨打120急救电话，并按照客户提供的纸条拨打客户家属的电话。

杨大爷的老伴接到电话后，情绪既焦灼又激动，称自己的儿女都在外省，不知如何是好。业务经理立即安慰大娘的情绪，并安抚她120救护车已经在路上，请她不要着急。在观察客户情况等待救护车的同时，业务经理将此情况迅速上报了保卫部门和上级机构，上级领导高度重视，并指示启动应急预案，随时关注客户情况。

大约10分钟后120救护车到达新都支行营业部，营业部工作人员立即带医护人员去为客户进行简单检查，并对客户病情表现进行详细描述，医护人员遂将客户移至医院进行救治。这时杨大爷的家属还未到达营业部，业务经理便安排营业大堂经理陪同患病客户一同前往急救中心。

一到医院，大堂经理便忙着为客户办理相关入院手续，病患家属在11点半左右赶到了医院。病患家属也是70多岁的老年人，所以大堂经理便一直陪着两位老人，安抚着两位老人，将所有入院手续办理完毕，等到老人们的亲戚到场后，才放心离开医院。

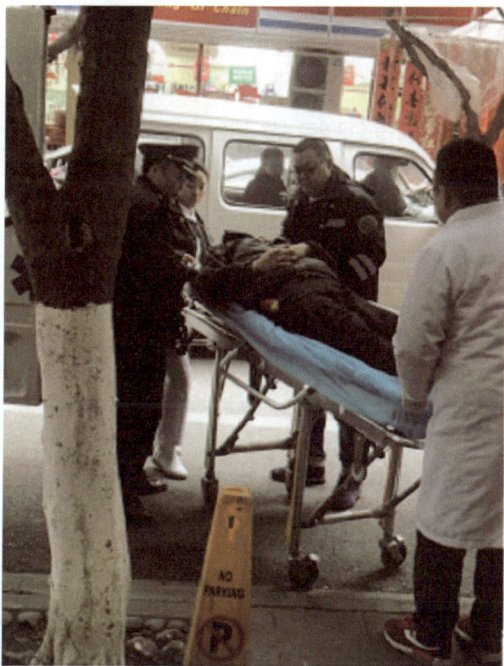

面对此次突发事件，我行工作人员反应及时、上报迅速，在紧迫的时间内全心全意帮助客户，最终客户已无生命危险。客户家属对我行员工的及时帮助十分感激，对我行员工的贴心服务深表谢意。这次事件也反映出我行工作人员对于处理突发事件有较高的素质和能力，在面对紧急情况临危不乱、心系客户、主动作为，将客户生命安全放在首位。中国银行新都支行始终秉承和践行"做最好的银行，承担社会责任"的社会担当和经营服务理念，不忘初心，牢记使命，体现了我行以"人"为本的价值观和社会责任感。

用温暖铸就不一样的人生

中信银行成都锦绣支行感动故事

又是一年梅雨季节，在南方，遇着这样的机会，还算是幸运。今年的雨来得很宁静，不疾不徐，基本上不见雷鸣电闪。

和平时一样，我们做着班前准备和开门迎客，大家都各自忙碌着。此时还没有到正式营业的时间，但是门外却出现了两个特别的人。他们在门口徘徊着，犹豫着进还是不进，也许是他们觉得自己与别人有些不同。即使是站在厅堂里的我也能从他们的脸上看到徘徊与犹豫，那是两位盲人，我能猜到他们心里的想法——因为自己的某些缺陷，或许会给业务员带来烦恼，正值早上上班高峰期，同时会增加前来办业务的人的时间，降低他们的效率，影响他们的原计划。

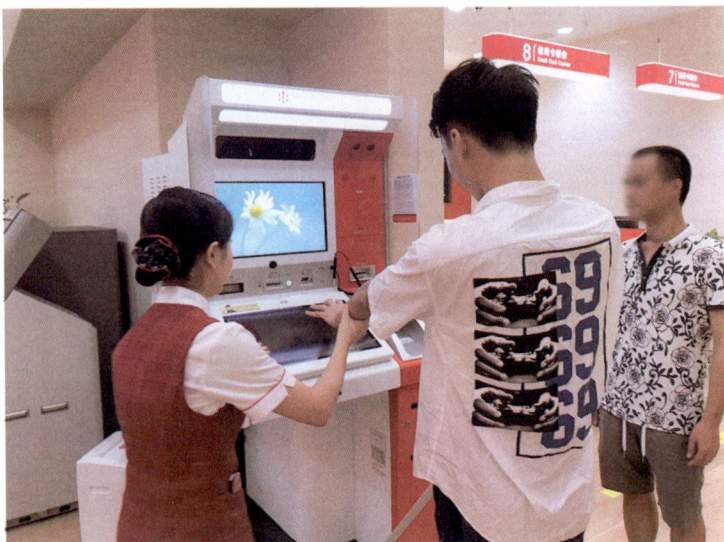

我走向前去，询问道："老师，有什么可以帮你们的吗？"他们支支吾吾地说："我们现在正在经营一家盲人按摩店，平时客户都问我们可不可以用什么码支付，所以我们想来问一下这个码到底是什么。"顿时我明白了，其实就是微信支付宝用的收款二维码。"两位老师，你们就是需要开通一张储蓄卡，然后再绑定微信和支付宝就行啦。"

我带着两位老师进了大厅，帮他们把雨伞收拾好放在门口的雨伞架上，细心地询问了他们的要求，带他们去了空闲的柜台。这时，大堂里办业务的人越来越多了，其中一个盲人说："要不先让他们办理业务吧，我们不着急。"我耐心地向他们解释道："没事儿，我们银行有为残障人士专门提供的无障碍绿色服务通道，不需要担心，我们会竭尽全力地帮助你们解决问题。"

随后的办理过程相当顺利，我帮他们开通了白金卡，并帮他们绑定了微信支付宝等功能，同时还打印了微信和支付宝的收款二维码交到客户手上，耐心地告知客户这个二维码应该怎么使用，最后我还把自己的手机号码存到了客户的手机里。此时客户已经感动不已，连声道谢。

这时，雨已经停了，我扶着他们慢慢走出了银行，帮助他们拦下了一辆出租车，并再三叮嘱师傅，一定要安全地把他们送到目的地，还帮他们提前支付了车费。在送上车的那一刻，他们还一直在说感谢的话。工作一年多以来，我从不懈怠，每当有客户道谢的时候，我的内心都充满了感动，只希望我在以后的工作中会越做越好，给更多的客户带去更优质更贴心的服务。

用我真心　走进您心

贵阳银行直属支行营业部感动故事

一直以来，贵阳银行直属支行营业部的每一个员工都秉承着"为您所思，尽我所能"的服务理念，把客户当作自己的亲人，竭尽所能地为客户提供服务。营业部每天的客流量较大，并且以老年人、低收入人群居多，由于客户群体的特殊性，我们要急客户之所急，想客户之所想，甚至客户没有考虑到的，我们也要为客户想到。

2018年7月16日，刚入行不到一个月的新员工脱凡正在巡视时，发现一位大叔推着轮椅正向银行走来，轮椅上坐着一位白发苍苍的老人。脱凡连忙上前去询问是否需要帮助，了解到原来轮椅上的老人已经有80多岁，由于行动不便只能用轮椅代步，旁边推轮椅的是老人的儿子刘先生，也已年近60。老人家患病需要就医但医保卡遗失，情急之下来银行办理社保卡即时制卡业务，但由于制卡柜台在二楼，老人无法上楼办理，这可把无计可施的刘先生急坏了。脱凡了解情况后二话没说，将老人背起。

刘先生一愣之后，立马跟上，旁边来办业务的人们见此情景纷纷开始议论起来："这大小伙，真不错！""有这小伙帮忙，这回问题解决了！""这银行真不错，服务真热情！"可是大家不知道的是，一米九多的大高个脱凡，由于前几天打球受伤，腿骨骨裂还没有完全恢复，他背着老人爬楼梯很吃力，加之天气炎热，脱凡额头渐渐冒出了汗水，但他脸上依然笑容不减。在将老人背到了制卡柜台之后，还全程陪伴老人办理业务。在等待的过程中，脱凡贴心地和老人攀谈，在了解到老人的病情后，脱凡一直安慰老人及刘先生，真诚的态度，

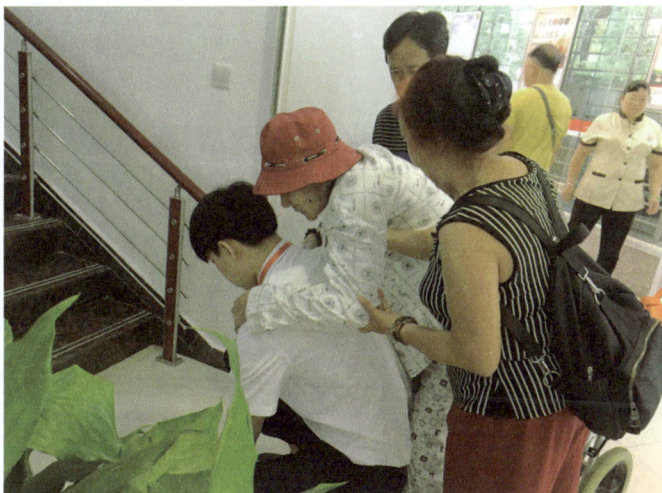

温暖的话语，使老人当场落下了眼泪。刘先生激动地说："没想到这个大小伙子还这么暖心，真的让我们很感动。"

业务办理完毕，脱凡又接着将老人背下楼，送老人离开。离开前，老人及刘先生连连感谢，脱凡微笑着说道："这是我们应该做的！"第二天，刘先生携全家人送来锦旗向营业部表示感谢，锦旗上端端正正地写着几个大字"敬业热情，为民解忧"。刘先生说道："我以为感动中国的事迹在文章上才能读到，没想到这样的事情就发生在我家人的身边，这也许是你们工作人员普通的一天，但我却要带着这份感激的回忆过上几十年。"

这些曾经发生在营业部的数不胜数的感人故事，不就是对"为您所思，尽我所能"这句话的最好的诠释吗？来这里的老年人多，记忆力不好，行动缓慢，营业部的员工都把他们当作亲人一般，耐心地跟他们解释，给他们最温暖的关怀与帮助。我们充满激情、甘于奉献；我们永不停歇、追求卓越；我们用行动证明了：尽我所能，不是终端，而是起点；为您所思，不在嘴上，而在心中。

让爱心在这里传递
交通银行毕节分行营业部感动故事

2017年的某一天，交通银行毕节分行营业部收到了一封来自陌生客户的表扬工单，表扬了网点所有员工，并对大家表示了深深的感谢。

事情发生在5月，一个阴雨绵绵的早晨，大堂经理如往常一样维持着大厅的秩序，雨越下越大，来到网点躲雨的客户也越来越多。人群中，有一个不一样的身影，他焦急地张望着，胸前紧紧抱着一个档案袋，大半个身子露在门外，雨水打湿了全身。大堂经理见状急忙走上前询问客户为何如此焦急，原来他是一名老师，打算去工行汇款，却不料下起了大雨，手里抱着的是全校师生给一名身患重病的学生的捐款，眼看明天就要手术了，手里的钱汇不出去该怎么办啊？大堂经理了解情况后，迅速安排老师在休息区坐下，耐心地说道："我们银行也能跨行汇款，外面雨下得这么大，您就在这里办理吧。我马上向主管汇报一下，争取能免手续费。"会计主管得知此事后，为客户申请到免除手续费，并将客户安排到沃德区办理业务。

来到沃德区，老师打开档案袋，里面的钞票一叠一叠地用纸包裹着，写着"高一三班""高二五班""高三七班"，每一叠钞票面额都不大，一块、五块、十块不等，却饱含了师生们的无限真情。看到这么多零钱，会计主管急忙走近柜台，接过一叠钞票用手点了起来。大堂经理也贴心地递给老师一块毛巾，微笑着说："老师，您先擦擦，别着凉了。"此时会计主管对后台柜员说道："都过来一下吧，这是捐款，零钞过不了点钞机，大家一起帮忙点点。"一个人过来了，两个人过来了，小小的柜台前围了四个人，大家什么话都没有说，只是默默地拿起面前的钞票数了起来。同事们见状也纷纷慷慨解囊，你二十我五十将钱递到老师手中主动要求捐款。

半小时过去了，在大家的共同努力下顺利办完了汇款业务。此时老师的眼里满是感动，动情地说道："孩子有救了，我替孩子感谢你们。"这一刻老师的眼眶红了，看着柜台上整齐的零钞，大家心中有说不出的欣慰，这不单单是一笔简单的汇款业务，更是所有人对孩子的关心和真情。

这样一件看似平凡的小事在这里时常发生，营业部青年员工用真心诚心信心责任心，细心爱心热心进取心，精心尽心衷心拳拳之心，把常事做新，把小事做细，在服务的道路上坚持不懈，永无止境。

交行服务　心系客户

交通银行贵州省分行营业部感动故事

　　一天下午，一位先生来到营业部。柜员梁玉丽接待客户，询问业务需求。经了解客户姓陶，次日要出国，急着换一些美元。梁玉丽快速地为陶先生办理完外汇业务，客户匆匆离开。

　　梁玉丽正准备接待下一位客户时，发现陶先生因为走得匆忙，把身份证遗失在了柜台的凹槽里。想到客户次日要出行，可能需要携带身份证，梁玉丽立即查询客户电话准备联系客户，这才发现陶先生并没有在交行开过户，没有信息资料。经过商量，梁玉丽决定下班后亲自送到客户家中，以便客户顺利出行。

下班后，梁玉丽与大堂经理於泉睿便先按照身份证上的地址寻找陶先生，敲门无人应答，向邻居了解后得知陶先生已将房屋出租，且邻居没有陶先生的联系方式。我行两位工作人员并没有因此而放弃，他们想着租户一定有陶先生的联系方式，于是便在门口等待租户归来。

晚上9点左右，租户才回家。两名工作人员向这位租户说明了情况，对方非常理解并支持我们的工作，帮忙拨通了陶先生电话。梁玉丽亮明身份并告知缘由，陶先生这才意识到自己的身份证遗失，更没想到交通银行工作人员会亲自上门为其送还，于是连声道谢。两位工作人员考虑到陶先生是次日中午的航班，明日送还恐赶之不及，于是便搭车前往陶先生住所，将身份证交还给了陶先生。陶先生对于两位工作人员贴心的服务非常感动。次日清早，陶先生安排助理买了水果送至营业厅，我行对客户的热情和支持表示感谢，表明这是我们应该做的，婉拒客户赠送的礼品。

陶先生回国以后，再次来到我行并开立个人账户，经过客户经理刘芸的专业服务，陶先生陆续将资金转入交行进行理财规划，成为我行沃德客户。

事后陶先生表示自己当时只是就近选择交行办理外汇业务，但是我行员工这种急客户之所急、尽职尽责的服务态度着实让他赞赏，从而赢得了他的好感与信任。陶先生认为这是他与我行深深的缘分，他必须珍惜。

俗语有云，缘分天注定，但更多是事在人为。如果交行员工没有怀揣对客户的一份责任，就不会有主动、热情服务的举动，便无法与客户产生这一份深深的缘分。只要每一位交行人都责任立业，心怀客户，我们必定能不断发展壮大。

公益行　光大行

中国光大银行贵阳分行营业部感动故事

2018年6月14日，我们光大银行贵阳分行营业部工作人员一行到贵阳市某小学开展扶贫活动，给学校的孩子们送去学习用品和关怀，这次行动让大家看到我行的实际行动，在公益这条路上，我们一直在坚持。

云岩区某小学是贵阳市区农民工子弟学校，专门为云岩区流动儿童提供教育服务。全校学生有283位，每一位都来自朴实的农民工家庭，他们有着和同龄儿童一样灿烂的梦想，却没有足够的条件去实现自己的梦想。在考察的过程中，我们了解到该小学主要靠企业资助补给校方开支，由于是私立学校，申请不到食堂，孩子们吃饭只能靠家长送过去，家长没办法送去的，孩子就只能走很远的山路回家匆忙吃饭再回到学校；老师们吃饭也只能从微薄的收入里拿出部分来自己买饭吃，有时间的时候就到校长家里做点简单的伙食，没时间的时候随便点些粉面就解决了。

可想而知，在贵阳这座城市里，这所学校的条件是多么艰难，慢慢地，越来越多的企业知道了这所学校，纷纷开始赞助，有资助衣服和学习用品的，有资助体育器材的，也有资助餐食的。大家纷纷献出爱心，贡献自己的一份力量，每一次捐赠都能为该校师生提供小小的帮助。

光大银行贵阳分行也不例外，6月14日清晨，营业部一行把提前买好的学习用品带到学校物料室，和学校的老师按班级清分好摆放成堆。

该小学的情况真的让人非常同情，作为一家企业，我们能做到的也只是一点点，但就是这么一点点，对接这次活动的支教老师小李都表示非常感动，她说，礼轻情意重，我们的心意校方已经感受到了。我们也表示，尽自己最大的努力，以后能帮助到的会尽量帮助扶风小学，帮助他们创造更好的教育条件。

　　我们到班级分发文具的时候，一进门，孩子们纷纷向我们问好，一张张天真无邪的笑脸把最好的时光显露无遗，我们感受到孩子们的开心，我们也跟着开心，孩子们的要求很简单，我们应该尽力而为。一转头，黑板上"欢迎光大银行的叔叔阿姨"几个大字赫然映入大家的眼帘，一看就是孩子们提前用心写的，瞬间眼泪在我们眼眶里打转，久久不能言语。给孩子们发东西的时候，领导一个个亲手递到他们手里，语重心长地告诉他们要好好学习，孩子们都非常认真地承诺，一定会好好学习，以最好的成绩报答我们。活动结束，孩子们给我们每人送了一幅自己的画，看得出来每一幅画都是他们用心描绘的。看着孩子们灿烂的笑脸，我们觉得这一趟行程真的刻骨铭心，公益这条道路，我们会坚持走下去。

从"心"出发
——对服务最好的诠释
富滇银行昆明滇池支行营业部感动故事

富滇银行昆明滇池支行营业部于1992年12月成立，走过了26个年头，从开始的设施简陋，到如今的千佳支行，一路艰辛，依靠的是支行全体员工的共同努力，一起创建了现在的富滇银行昆明滇池支行营业部。当然，一个千佳支行的成功，绝不仅仅靠好的设施！

还记得2017年8月24日，一个正常的营业日，11点钟左右，一位年过七旬的老太太走进了富滇银行昆明滇池支行营业部的营业大厅，大堂经理杨娜热情招待，老太太满脸焦急，似乎有什么急事。来到柜台才得知，老太太的老伴在买菜回家的路上，被一个莽撞的骑电动车的青年给撞伤了，人现在就在距离滇池支行营业部30公里的黑龙潭旁的一家医院，急需钱垫付医疗费用。但是老太太老伴的银行卡遗失了，子女又不在身边，老太太自己没有收入来源，全靠老伴工资生活。现在银行卡遗失了，但挂失银行卡需本人办理，帮老太太办理业务的柜员和梅花一边安抚老太太，一边立即向主管阮玲汇报。由于当天支行有两名柜员请假，和梅花身上的担子本就繁重，工作了一上午，已是满身疲惫的她还是决定利用午休时间，赶去医院为老太太解决燃眉之急！

中午12点到了，办理完上午最后一笔业务的和梅花，急急忙忙带好挂失补办的资料，与主管阮玲一起，顾不上吃饭就马不停蹄地赶往30公里外的医院！办完业务回来时，二人已是全身湿透，简单去洗手间整理后，便又开始了下午的繁忙工作。

这件事情微不足道，类似这样的小故事还有很多，它反映出了我们支行全体员工的心声：对客户全心全意的服务已成为我们的日常习惯，早已成了融入血液的信念。

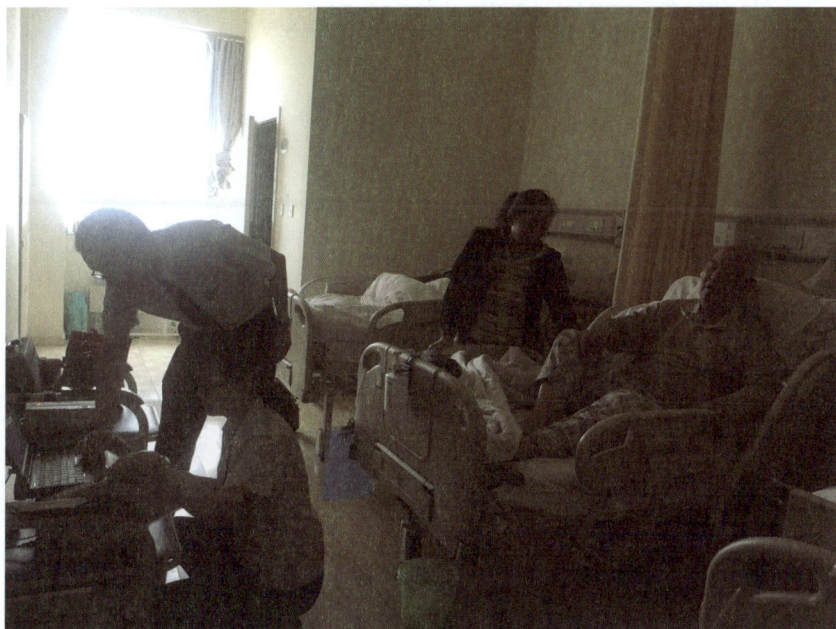

广爱无言见真情
发扬传统承美德

广发银行昆明分行营业部感动故事

1月的昆明，一丝寒意中透出微许阳光，似是春分顶替了立冬。空气中透着一丝薄雾，缠绕在春城的参天古树旁，柏油路面渗出南方的气息，大群的红嘴鸥从极寒的西伯利亚不远万里，经长途跋涉，飞来昆明，栖息在暖阳下的滇池。

结束了一天繁忙而紧张的工作后，我们网点正在进行班后工作流程。突然，柜台发现我们所发放的一笔房屋拆迁补偿款项迟迟没有人来领取，而回忆起之前来办理同业务的客户都说："十年啊，终于等来这笔钱了。"客户对于这笔钱望眼欲穿的心情至今记忆犹新。于是赶快由柜台联系拆迁办寻找到了客户信息，在与客户联系之后才得知，客户已是耄耋之年，且由于年事已高无法自理生活，现在已经住进了养老院，而老人的孩子也由于不在本地工作，无法协助办理业务。了解到事情的来龙去脉后，我们立即上报，领导当机立断决定成立上门小组，为老人上门办理业务。考虑到网点与老人所住养老院相距较远，若此时出发抵达必已是深夜，最后，决定先与养老院提前对接，第二天一早就出发办理。

翌日，清晨的昆明，风中还有一丝寒凛，分行营业部两位同事前往一百多公里以外的"老年之家"养老院。在经历了近两个小时的车程之后，我们见到了客户及她的家人，老人由于无法起身躺在床上，看到我们的到来分外激动，紧紧拉着我们的手，湿润了眼眶，激动得一句话也说不出来，在场的所有人都被这一幕感动。后来在聊天中得知，老人一度觉得这件事情需要很多手续，甚至怀疑自己有生之年还能否拿到这笔房款。我们一边安抚老人，亲切地与她交谈，一边拿出印泥、文件、委托书等材料，为老人办理业务，并告诉老人在采集好资料后我们会立即返回，保证今天就能把款项发放到老人的账户里，此时老人已经热泪盈眶。"眼前分明外来客，心底却是旧时友。"在老人一直拉着我们的手感谢我们的时候，这句话一直在我心里回荡。返程之后我们立即将这笔业务办好，并在当天下午接到了老人及她家人的感谢电话。

　　下班归家的途中，感受着红嘴鸥从手旁飞过，挥动着翅膀的节奏感；感受阳光在手面的停留，带来冬日的温暖情愫。阳春三月之后，红嘴小可爱们会陆续离开，待下一个冬日再与我们相聚，这种不用言语的默契，如同我们对待客户的初心一样，坚守本心，贴心服务，时刻等待着下一次与客户相聚的时光，一如既往地以客户为先，用心相伴。

用微笑化解怒气
用真诚收获客户

昆明市西山区农村信用合作联社滇池信用社营业室感动故事

时值盛夏，天气闷热，营业厅内活跃着一群穿短袖的"小蜜蜂"，她们用青春快乐给客户带来一股清流。

即便如此，不时仍有客户因误解而大发雷霆。"别人的退休金都发了，为什么我的没有！你们把我的钱弄哪里去了！"这天，王阿姨气势汹汹地跑到储蓄窗口指着柜台里面的小姑娘大声质问。整个等候大厅瞬间安静了下来，大家都愣住了。柜台里面的小姑娘很礼貌地站起来，跟正在办理业务的客户欠身致歉，并招呼客户到旁边的柜台继续办理业务，然后微笑着请王阿姨坐下慢慢说。王阿姨坐下后依然不依不饶，拍着柜台大声嚷嚷："你们银行把我的钱弄哪里去了，赶紧还钱来！"面对怒气冲冲的王阿姨，营业室党员先锋岗张洁面带微笑，一边安抚王阿姨的情绪，一边帮王阿姨查询银行卡相关信息以确定问题出现在哪里。经查询，确认不是我社操作失误或是系统差错。张洁心里有了数，但并未得理不饶人，反而耐心地跟王阿姨解释，并建议王阿姨先跟原单位沟通一下问题所在。王阿姨的情绪也渐渐平复下来，当即与原单位联系后明确是单位的原因，王阿姨觉得挺不好意思，笑了笑走了。

从此以后，王阿姨每次来办业务都要对张洁笑笑，张洁每次都热心接待，一来二去两人就熟了，见面都聊聊家常。一次，王阿姨跟张洁讲自己有一笔养老钱，想存成定期，问定期利率是多少，张洁马上根据王阿姨的情况向她推荐我社代理的保本型理财产品，既兼顾资金安全又最大限度保障收益，王阿姨欣然接受了。之后，每次王阿姨理财快要到期前，张洁都及时给王阿姨打电话，提醒她再次购买并帮她做好资金规划。慢慢地，王阿姨不办业务也来网点转转，时不时来跟张洁打个招呼、送个水果、送本书，甚至还张罗着要帮张洁介绍对象……王阿姨说张洁这个孩子态度太好了，并一直称赞信用社员工真好，不仅态度好，办理业务又快速又专业又暖心。

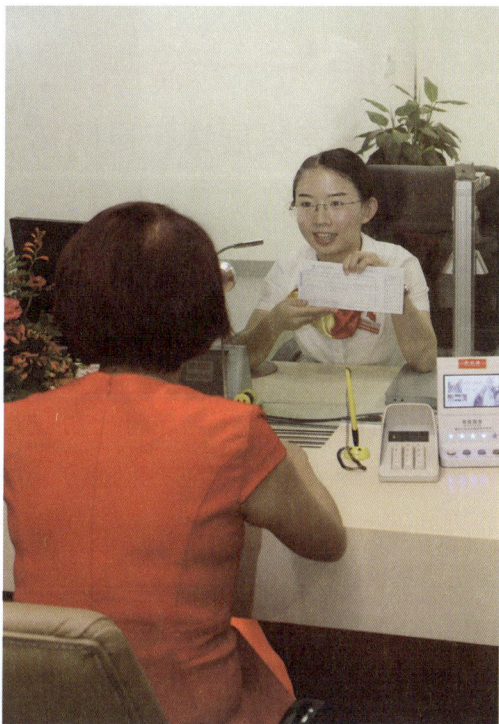

张洁只是我们众多信合员工中的一个，作为信合员工，作为共产党员，她用实际行动诠释服务，她用无限爱心铸就党性修养，用一个共产党人的信仰和追求升华了一名基层党员的先进性和模范性。以上本来都是我们应该做到的，但却意外收获了客户的无限感激，这让我们很内疚，其实我们做的还远远不够，我们的服务仍然在路上。

无数个用心服务的鲜活事例，都来自你我身边，而这些感人至深的故事从未间断，我们有理由相信，在今后无数个明媚的时光里，会有更多用心奉献的故事，等待我们去讲述。

和浦发一起关爱留守儿童

上海浦东发展银行昆明拓东支行感动故事

留守儿童指的是那些常年不在父母身边生活的儿童。

近年的调查显示，中国农村留守儿童超过6100万名，其中大约15%的孩子一年都见不到父母。留守儿童遭遇意外伤害的比率比非留守儿童要高8%左右。同时他们除了贫穷的生活环境外，还存在更多的心理问题。近年来发生的一系列"留守儿童"事件，让人们日益关注留守儿童问题，一部分留守儿童的成长压力增大。事实上，并非所有留守儿童都像报道的那样只有不好的一面。坚强乐观，自信懂事，天真活泼，爱玩爱闹，也是大部分留守儿童真实的写照。

昆明市禄劝县撒营盘镇卡柱村卡柱小学里就有这样一群留守儿童，这是卡柱村里唯一的一所小学，目前就读的有20多名6至11岁的孩子。虽然国家免费提供义务教育资源，但贫寒的家庭环境和过早离开父母温暖怀抱的孤独，让他们小小年纪就体会了生活的艰辛，无法安心求学。在得知此消息后，拓东支行23名员工在行里举行了简单的捐资仪式，自发踊跃捐款6200元，为卡柱小学的小朋友们采购了书包、文具、大量阅读物、足球、跳绳等文体用品，希望尽我们的绵薄之力，给他们带去温暖与关爱。

2018年5月16日，9名员工代表在拓东党支部书记夏淑娟、支行行长蔡珺带领下于上午9点驱车前往禄劝县撒营盘镇卡柱村。到达卡柱小学时已是中午12点半，得知我们的到来，中午放学的孩子们早早就守候在小学门口，虽然舟车劳顿让我们大家甚感疲惫，但看到孩子们期盼的眼神和天真的笑容，一切辛苦都是值得的。

校长和老师们热烈欢迎我们的到来后，小朋友们把自己的小课桌都抬到了操场上，让我们摆放准备好的文体用品。看到这些漂亮的新文具，他们都发出了小小的惊呼，雀跃不已的表情让我们看着都很心酸。孩子们叽叽喳喳地问这问那，非常有秩序地排成队，面带羞涩地一一接下了我们精心准备的文体用品。"你们会和我们一起玩吗？"其中一个孩子小声问我们，得到我们的肯定后大家都兴奋得拍起手来。

卡柱小学的老师比较少，课程表上也只有简单的常规文化课，得知他们没有什么声乐舞蹈课后，支行员工陈晨自告奋勇在操场上给大家上起了舞蹈课。虽然烈日当空，但孩子们依然兴致盎然跟着老师手舞足蹈，一遍一遍地重复着简单的动作，不协调的小手小脚挥舞着跳跃着，显然这是他们上过的第一节舞蹈课。

随后，孩子们开心地带着我们去参观他们的教室，把他们的作业本给我们看，虽然条件艰苦，但每本作业本上的字都是认认真真一笔一划的。我们问孩子们长大后的理想，有的说想当医生，有的说想当老师，有一个孩子怯生生地说："我想和爸爸妈妈住在一起。"听到这里，我们不由得红了眼眶，对于平常孩子来说最基本的家庭温暖，在他们的眼中居然是一个遥不可及的愿望，于是我们决定这一天一定要给孩子们尽可能多的陪伴。

支行员工庄燕茹给孩子们上起了美术课，教他们画可爱的海绵宝宝，随即又教他们折纸、教他们唱歌；营业室经理栾晓景还给孩子们上了一堂简单的安全知识和自我保护意识的普及课。在这一群孩子炯炯有神的目光里，我们能看到他们的童真和稚嫩，希望这些祖国的花朵能时时刻刻保持着这样朝气蓬勃的心情，每天都生活在快乐里。

下午的上课铃打响时，我们要离开了，快乐的时光总是很快过去，不舍的心情涌上心头，让人不禁在现场就留恋起孩子们抱着礼物时眉眼的喜悦，更留恋孩子们和我们一起玩耍时手舞足蹈的欢呼雀跃。希望这次活动，能在他们成长之路上留下欢笑和希望，我们也在这次活动中切身体会到农村留守儿童面临的问题。事实上物质上的缺乏很容易满足，精神上的匮乏却让人束手无策，之后我们将会更多地开展诸如此类的社会公益活动，让更多需要我们的孩子体会到社会上还有许多爱心人士关爱着他们，世界是充满爱的！

热心服务台湾籍客户
解决特殊困难

中国工商银行咸阳人民中路支行感动故事

2017年9月中旬，人民中路支行接到95588客服中心转来的一起求助工单，工单大致内容：我是一名台湾籍人士，90年代在上海开立一张工行卡，因年代久远，忘记密码，现想修改密码，但现在手持台胞通行证与原来开户留存信息不同，无法顺利办理，想求助支行给予解决。

了解到这名台湾同胞的实际情况后，支行领导高度重视，立即启动特殊服务应急预案，安排专人与客户蒋先生取得联系，详细询问客户目前所持证件具体内容。得知开户信息不符是由于台胞通行证定期更换导致证件号码多次发生改变，形成银行卡重置密码业务受阻，又因蒋先生常年在中国大陆和其他国家有贸易往来，近几年不会重返台湾，因此客户无法提供修改开户三要素信息变更的有效依据。听着客户期盼的求助，想到客户焦灼的心情，支行当即决定越是特殊业务，越需要我们发挥大行担当责任，对非标准化业务，要善于用法律风控理念，用真情服务行为，积极解决特殊服务事件。于是支行积极联系分行、省行个金部、法律事务专家，并与咸阳市台属台胞管理办公室工作人员联系，了解台胞通行证件的更换规则，事情终于取得"柳暗花明又一村"的突破性进展。台胞通行证件号码的最后两位属于更换次数标注，而客户手中还留存作废旧证件，与系统开户信息具有联系性，为了完善手续，支行专门向省行运行管理部、省行风控中心出具更改证件的情况说明，从源头化解内控风险。

当客户蒋先生顺利办完重置密码手续后，感动至极，连连道谢，自己当初想想解决起来这么麻烦，认为没希望，已经产生放弃念头，但令他没有想到的是，人民中路支行严谨认真的做事风格使自己的困难迎刃而解，蒋先生发自内心称赞道："工商银行与台湾同胞一家亲呀！"同时他还通过新浪微博发表个人感言表达感激之情，并且当即决定在人民中路支行开立贸易结算账户，称自己愿意和这么真诚的银行打交道，与这儿建立长期合作关系。

这起案例给人民中路支行每个人心中都留下一个相同的感受：服务不分大小，不分对象。只要做到急客户之所急，想客户之所想，从客户的角度去对待、感受问题，理智、客观地处理问题，以婉转、更人性化的服务去感染客户，得到的回馈总会是温暖的，在这种工作环境中才会使人更加热爱自己的工作，善待每一个人，创造出更有意义的价值。

在一线服务工作中，我们要站在客户的角度看问题，保证客户利益尊重客户的想法，在非原则的事上不要随便对客户说"不"。所以人民中路支行提倡的令人信赖的服务质量，令人满意的服务态度，令人赞许的服务效率，绝不是一种表面的东西，它成为每一个人民中路支行员工所具备的习惯和品格，这种思想就是要有责任感和乐于助人的优良意识，服务工作只要用心去做，收获的不仅仅是客户的认可和赞誉，更多的是人性化服务中超值价值的释放。

服务无小事　爱心送温暖

恒丰银行西安融鑫路支行感动故事

当下，世界日新月异，发展瞬息万变，各行各业都在脱胎换骨，银行业的发展也面临着新的转型和改变。就在恒丰银行焦准新旧动能转变的实况下，那些感动故事正在一幕幕上演。

这样的故事浓缩在一位步履蹒跚走进银行的花白老人身上，她姓张，子女都在外地打工，和孙子生活在一起。

"银行现在理财产品收益差不多，网点也都比较舒适，如果说差异，就是服务。"张奶奶进门便道："我年纪大了，就担心有人不认真接待我。"

她走进银行，"但这家银行不太一样。"

张奶奶选定的服务银行是恒丰银行西安融鑫路支行，而她认定这家银行网点，其实是因为一件小事。

2017年元旦刚过，张奶奶第一次走进恒丰银行西安融鑫路支行，手里拎着的是一小袋被撕烂的百元纸钞，这些钱是她的小孙子玩耍时无意损毁的。可银行能不能给她办，她心里也没谱。

当天，融鑫路支行接待张奶奶的是柜员刘臻。在给刘臻表达诉求的时候，张奶奶非常忐忑，以至于手都有些颤抖，她告诉刘臻，孩子父母都在外地打工，这些钱差不多是小孙子两个月的生活费了。

看着有些紧张的张奶奶，刘臻耐心地听完张奶奶的叙述，然后微笑着接过了张奶奶手中的钱币说："我这就给您换，您放心。"

随后，刘臻让大堂经理为张奶奶倒了一杯热水，自己则趁着清早客户不多，仔细小心地为张奶奶粘贴破钞。

"这个拼图任务"刘臻整整一个多小时才完成，等粘好最后一张抬起头，她才发现，自己的脖子已经僵了。

最后，刘臻将粘好的纸钞进行了清点，兑换成新钞后，递给了张奶奶。看着张奶奶如释重负，连声道谢，刘臻也感到特别开心。

送走张奶奶，眼见着要下班了，大堂经理韩婷本已经准备联系保安关门的时候，一个十五六岁的少年突然急急忙忙地走进营业网点，腼腆地问："能不能办理兑换钱币？"

韩婷在少年手里看到满满一包破旧的硬币。

"可以。"韩婷不假思索地回答道。

韩婷先请客户进入服务区，然后立刻前去和柜台沟通，让大家做好加班的准备。

随后，在大家一起清点硬币的过程中，韩婷了解到，少年是利用寒假时间捡塑料水瓶补贴家用，才有了这么一大堆的硬币。而明天就要开学了，就想换了方便流通的纸币去买书本，也想用余下的钱给家里的老人买些鸡蛋。

少年的行为让韩婷深为感动，也加快了手中的速度。在清点完成之后，韩婷将少年领到柜台，将硬币兑换成了纸币，全员协作，也让少年赶在天黑前，安全到家，不让家人担心。

"多为客户着想，体谅客户的难处，照顾客户的感受。"

这是恒丰银行西安融鑫路支行全体厅堂人员约定俗成的一项基本原则。这些都是工作中的小事，但处处都体现出这家支行的服务的爱心所在，让人温暖之中倍受感动。

塞上寒冬　兴暖人心

兴业银行榆林分行感动故事

　　此时，听着这洪亮的声音就知道是刘先生又来我行办理业务了。说起刘先生，脑海里出现的便是他在填单台埋头认真填写单据的样子。年近六旬的刘先生是一家集团公司的财务主管，因为一些特殊原因，本不该由他负责的银行转账业务现在由他负责办理，汇款填单便理所应当地成为了他日常生活中的一部分。时间久了，每当在营业厅看到那匆匆的步伐，微微弯曲的脊背，就能猜到，刘先生又来柜台汇款了。也许对于年轻人来说，填汇款单是一件特别简单的事儿，但是对于已经年近六旬的刘先生来说，确实存在一定的困难。因为要保证原始单据的有效性，不可涂改的原则让刘先生经常反复填写。开户行的名称、大写金额的规范等总是会出现一些小小的差错，虽然每次汇款的金额都不大，却经常需要反复几次才能把汇款单填写成功。作为在厅堂工作的员工虽然都替刘先生感到着急，但是确实是没有权限替客户填写单据。每每遇到这样的情形，我们的大堂经理都会向刘先生推荐我行方便快捷的电子银行服务渠道，结果却是每多一次推荐便多一次拒绝。在刘先生心中，还是手工填单柜台转账更能让他们感到放心，也因为他们上了年纪，便不愿再接受新的事物。

　　一天下午，天空飘着大雪，天气阴冷，寒风阵阵。已是接近下班时间，刘先生匆匆忙忙地走进营业厅要办理跨行转账业务，并说今天一定要转，但是此时已经超出我行办理跨行转账业务的受理时间。由于路途遥远、雪天路况拥堵，没能够在恰当的时间赶来我行办理业务，刘先生非常焦急，我们的大堂经理再次向刘先生介绍我行方便快

捷的电子银行服务渠道。几
番解释之后，刘先生终于同
意开通电子银行，并顺利地
通过电子银行渠道，把钱汇
入对方账户。电子银行渠道
既解决了当前问题，又方便
刘先生今后的业务办理。

刚刚办理电子银行业
务时，遇到操作不熟练的地
方，刘先生经常来到网点求
助大堂经理，我们的大堂经
理不厌其烦地手把手地教刘
先生怎么操作我行的电子银
行。渐渐地，熟能生巧的刘
先生再也不用手工填写汇款单了。刘先生也对我们的耐心、细心的服
务竖起了大拇指。我们的服务感动了刘先生，他把自己儿女的存款都
存放在我行。

用心服务，情系客户。客户至上，笑暖人心 。"以客户为中心"
是一切服务工作的本质要求，更是银行服务的宗旨。银行服务"贵在
人心"，优质的服务就是要注重每一个细节，做好细致工作。

播种一种思想，收获一种行为；播种一种行为，收获一种习惯；
播种一种习惯，收获一种品格；播种一种品格，收获一种命运。我们所
提倡的令人信赖的服务质量，令人赞许的服务效率，令人满意的服务态
度，就是我们播种的思想所收获的行为。服务是一次次不懈的努力，来
时一个会心的微笑，一句亲切的问候；离开时一个善意的提醒，一句真
诚的谢谢，都是让我们在点滴中做好优质服务这件大事儿。

点滴汇聚　真诚服务

中国光大银行西安经济技术开发区支行感动故事

有这么一群人，他们整日两点一线穿梭于城市之间，以真诚的微笑服务于每一位客户；有这么一群人，他们伫立于三尺柜台之后，用专业的知识帮助人们解决了很多问题；有这么一群人，他们以精湛的业务技艺和高尚的职业道德在信息化时代里筑起了一道坚固的金融防线。他们，就是光大经开支行的员工们。

前不久，有一位姓李的大爷来经开支行办理业务，他是一名退休职工，已经84岁了，儿女都在外地工作，老伴常年瘫痪在床。他拿着老两口的退休工资折子，急需支取现金给老伴买药。但是这种批量存折必须要本人亲改密码才可以支取。李大爷听说情况之后，一方面想到老伴来不了，担心她独自在家会出状况，另一方面想到老两口晚年悲苦的生活，禁不住老泪纵横。经开支行的理财经理祝亚莹见状及时上前安慰李大爷，给他端茶送水，陪他谈心聊天。了解情况后，祝亚莹没有多想，立即决定上门服务，亲自上门为李大爷办理手续。到李大爷家时，看到李大爷残破不堪的生活环境，祝亚莹还主动帮其打扫了卫生。就这样来回几趟，祝亚莹都亲自开车载着李大爷，直至业务办理完毕将他送回家中才放心。李大爷激动地泣不成声，他颤颤巍巍地向工作人员竖起了大拇指，称赞道："光大银行就是好！我活了八十多岁了，从来没有享受过这样的待遇，尤其是银行提供的待遇。我要告诉身边的老伙计们，让大家把钱都存到你们银行去！"直到今天，经开支行的工作人员还经常去看望李大爷和魏大妈，帮助其料理一些日常琐事。

像这样普普通通的生活琐事每天都在光大经开人身边上演。正是从这样的小事上，我们看到了光大人对琐碎小事的执着、对人间真情的坚守。

"您好，欢迎光临，请问您需要办理什么业务？""请稍等，我马上为您办理。""请携带好您的随身物品，请慢走，再见。"伴随着这一声声悦耳的问候语，我们迎来送往了无数的顾客。干净整洁的营业环境，方便全面的硬件设备，迅速快捷的办理流程，热情似火的服务态度，专业优质的全方位产品……经开支行的品质已深入人心，光大经开人的笑脸就像一朵含苞待放的花朵，在人们的心田绽放。

2017年4月26日上午，一位白发苍苍的老太太拄着拐杖颤颤巍巍推开了经开支行营业室的大门。大堂经理胡健见状，立马搀扶老太太坐到了爱心柜台前，并热情耐心地询问她需要办理什么业务。老太太说想开个定期存单，胡健耐心地向她讲解了定期存款各个期限的利率，又根据她自身的情况推荐了合理的存款期限。老太太耳背，听不清楚，一遍一遍地询问，胡健不厌其烦，一遍一遍地解释。业务办理完毕后，胡健搀扶她走到门口，老太太微笑着缓缓站起来向我们挥手告别。后来，老太太在客户意见簿留言："经开支行真是好！我是异地退休职工，在西安多处银行办理工资或转存业务均要交纳手续费，非常不便，而且对我不理不睬。通过同事介绍，抱着试一试的心态来到光大银行，果然真心为老百姓服务，态度热情，服务周到。工作人员真是好，在此写上几句，以表内心感谢之情！"事后，行长表扬了胡健，胡健却不好意思地挠挠头说没什么，他对每一个顾客都是这样服务的。的确，经开支行的每一个员工，乃至经开支行的每一个员工对待顾客都能做到热情耐心、细致周到，优质服务的理念已经融入了每一个员工的血液之中。

　　大事小事、点点滴滴，汇聚着经开支行服务客户的真情，汇聚着经开支行团队的亲情。正是因为深刻理解了"阳光服务，创造价值"的理念，经开支行的每一位员工才能把客户当作亲人，把员工当作家人。这句话并不是一句简简单单的口号，它更像一盏明灯，指引着经开支行在优质服务的康庄大道上行走得自信而从容。

用心服务　用爱感人

中国农业银行西安慈恩东路支行感动故事

中国农业银行慈恩东路支行成立于2012年1月，位于古都西安大雁塔之侧，是一个年轻的网点。网点自成立以来，始终坚持"服务立行"的经营理念，把高标准、精细化的要求融入工作的方方面面，精心打造出有细节、有温度、可触摸的"家"文化，赢得了客户的一致赞誉。

银行的工作虽然平凡，但能在平凡中看到伟大。虽然员工们从事着重复的工作，没有惊天动地的事迹，但他们有的是每天的坚守与奉献。杨凌是慈恩东路支行的大堂经理，她是一个经验丰富，热情善良，细致温柔的人，她的微笑可以让客户感到家一般的温暖，只要是走进我们网点的客户，她都能始终像朋友、亲人一样去对待，始终如一的服务和亲切温暖的笑容，让客户觉得宾至如归。杨经理以最周到的服务，塑造了农业银行员工的最佳形象。

8月末的一个上午，慈恩东路支行的员工们正在认真地工作，这时走进来一位年龄比较大的客户，看起来六十多岁的样子。杨凌一如既往地笑脸相迎，"您好，大姐，请问您办理什么业务？"大姐颤抖着说："我，我想办一张卡。"大姐姓尚，她似乎身体不好，显得有点局促不安，杨经理急忙询问了客户的情况，原来尚大姐之前中风了，出院以后想报销医疗费用，所以过来办一张卡。杨经理搀扶着这位客户走到了超级柜台，开始办理业务。客户在办业务的时候问了很多关于报销的问题，杨经理对这方面的问题还不太了解，但是觉得客户非常着急，也很需要这方面的知识，于是办完业务后带着这位客户坐在椅子上，让她稍微休息一下，并且倒了一杯温水递给她，让她稍等片刻。杨经理走到后台，告诉了大家客户的境况和难处，并询问谁对医疗报销的过程比较清楚。另外一个柜员小贾说她了解，但是因为手头比较忙，所以只是口头上告诉杨经理应该如何去报销。杨经理为了让客户把这件事情了解得清楚一些，因此又进一步问了小贾几个详细的问题，直到她搞得明明白白。她细心地用一张白纸，详细地写下了相关的报销流程，又一点一点地详加批注，直到她看起来觉得尚大姐应该可以理解为止。然后又为尚大姐复印了卡和身份证，并告诉她在规定时间内把复印件送到医保处，在家等着报销就可以了。送别时，尚大姐双手接过杨经理递过去的复印件以及写满说明的白纸，眼眶红红的，她握住杨经理的手，并向她深深地鞠了一躬，杨经理既意外又感动。看到这一幕，旁边的客户都安静了下来，不知谁带头，一个、两个，营业大厅响起一片掌声。

善良、宽容是微笑的源泉，包容、同情是微笑的内蕴，在中国农业银行慈恩东路支行，一朵朵绽开的微笑，一次次贴心的服务，打造了一个不一样的网点。感动，不一定是惊天动地的大事，也可以是身边不足挂齿的小事；感动，不一定非得轰轰烈烈，有时细水长流般平凡的感动更能持久碰撞人的心灵。就像尚大姐在留言簿上写的："我在慈恩东路支行得到的是尊重、关怀。非常感谢杨经理的贴心服务！"一个发自内心的微笑，一句饱含感情的问候，能让客户感受到亲切的氛围与真心的服务。杨经理用真心、真情为客户提供贴心的服务，急客户之所急，想客户之所想，真正做到了"客户至上、始终如一"，让客户把微笑与满意带回家。

争分夺秒化危情
通力协作献爱心
中国银行西安高新技术开发区支行营业部感动故事

中国银行西安高新技术开发区支行营业部不断规范完善营业网点突发事件服务应急处理的管理，围绕遇到客户、员工、群众突发疾病制定了相应的预案，定期进行演练，组织员工学习必备的急救常识，配备了应急的速效救心丸、葡萄糖等药品，确保在发生紧急情况时从容应对，保障客户、员工以及群众的生命安全。

2018年4月16日上午10点左右，高新技术开发区支行营业部主任洪霞正在大厅进行日常巡察，突然发现大门外台阶处有位男子瘫倒在台阶上，她立即上前查看，发现该男子意识丧失，面色铁青，出现阵挛性痉挛。洪霞根据症状和经验判断该男子有可能是癫痫突发，为了第一时间保护该男子安危，防止他因痉挛咬断舌头，她当机立断拿出口袋中的一沓名片塞入客户口中控制住嘴部痉挛。

随后，营业部立刻启动客户突发疾病应急处理预案，大家分工协作，一部分人员留守进行紧急救助处理，一人拨打120急救电话，一人向支行综合管理部及行领导汇报，保安人员负责维持现场秩序。副行长史宏雷与主任张寒星得知后飞速赶到现场，指挥抢救，现场有从医经验的客户在听到紧急号召后，也加入抢救的队伍中。大家依据建议给客户脱鞋按摩脚心以及急救的穴位，帮助客户侧卧，防止呕吐物堵塞气管，拍打客户背部使客户尽量顺利呕吐，并不断帮助客户清理、冲洗口中的呕吐物，确保客户呼吸顺畅。保安人员在维持现场秩序的同时，禁止围观和拍照，疏散无关人员离场，保持空气流通以及紧急通道的畅通。

经过十几分钟的有效急救，昏迷中的客户逐渐恢复意识，脱离了危险，大家立即让客户解锁手机密码，联系客户手机中存储的朋友、家人前来。在陪伴客户缓解客户心情的同时，客户的朋友与120救护车先后赶到，营业部人员协力将客户抬上救护车，客户平安前往医院进行进一步就医。

一场紧急而有序的救援使客户转危为安，能做到合理的处置，得益于高新技术开发区支行营业部制定了详细的服务应急预案，并定期进行的演练，从而在发生紧急情况时，大家临危不乱，按照预案有序处理，成功地实施紧急救助，保障了客户与群众的生命安全。作为金融企业，我们有责任、有义务细致做好各类服务，担当起自身的责任，帮助客户与群众解决问题。我们在担当社会责任的同时，彰显了中国银行的良好服务形象，赢得了客户与群众的赞誉和掌声。

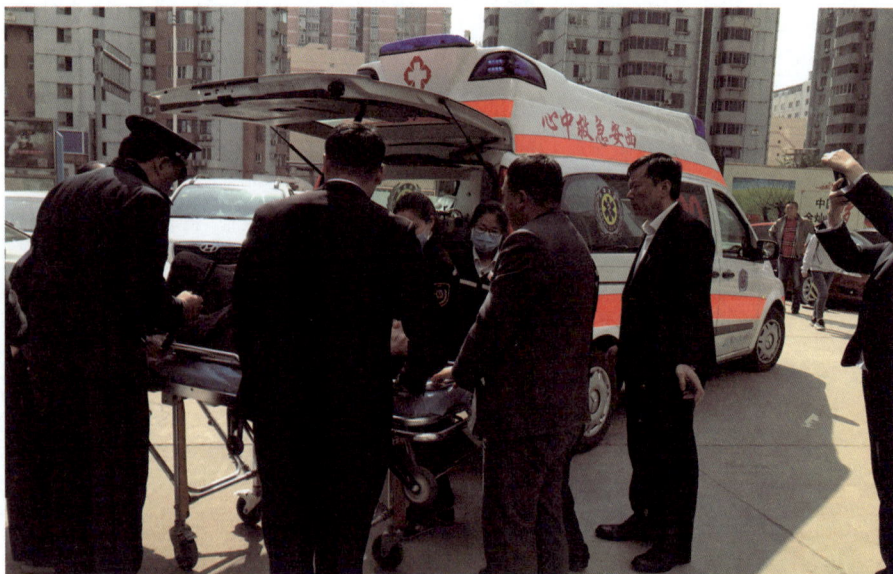

履行社会责任　爱就在身边

甘肃银行兰州市中央广场支行营业室感动故事

在加快业务发展的同时，中央广场支行营业室也积极践行社会责任，主动上门为行动不便的客户办理业务，为客户排忧解难，所有员工用心去对待每一位客户，受到客户广泛赞誉，拾金不昧的故事也时有发生，对此每个员工都会说"这是我们应该做的"。

2018年4月14日，看似平常的一天，在下午快要停止对外营业的时候，一名5岁左右的小男孩哭泣着来到支行营业室，向安保人员陈建国寻求帮助，陈建国将其带到VIP休息区，和大堂经理一起安抚小男孩。经了解小男孩不慎与家人走散，大堂经理向营业室主任汇报了此事。与此同时陈建国耐心地与小朋友沟通，详细询问了他的家庭住址与监护人的联系电话。由于孩子小又受到了惊吓，电话记得不准确，多次拨打错误，陈建国耐心安抚帮其回忆，最终成功联系到小男孩的母亲。因电信诈骗较多，其母亲接到电话最初不相信，后男孩哭泣着与其通话后这才相信，在电话中小孩母亲再三感谢并表示尽快赶来网点。大堂经理拿出了饮料及小吃安抚小男孩，在陈建国、大堂经理及营业室主任的悉心照顾下，孩子情绪终于得以平复。

大约20分钟后，两名男士匆匆忙忙来到我网点，见到小男孩后，其中一位男士激动得整个人瘫软在地上并不停地抽泣，虽然现场所有人的情绪都很激动，但是营业室主任还是十分冷静、细致地询问了相关信息，确认是孩子的父亲后才将小男孩交于男士。小男孩的父亲为表达感激之情，拿出现金要当面感谢陈建国及工作人员，支行工作人员婉拒后表示这是我们每一位员工的应尽职责。次日，小男孩父亲特地将一面"感恩戴行"荣誉锦旗至支行营业室，再次感谢帮其找到小孩。

　　银行就是失散儿童的守护人。无论在哪里，无论面对谁，履行社会责任，传播互助互爱的传统美德，是每一位甘肃银行人应尽的责任和义务。中央广场支行将继续倡导"诚信、开放、进取、责任"的甘肃银行核心价值观，践行社会责任、创建文明社会、传播正能量，以博大的爱心和责任感把"甘肃银行甘肃人民自己的银行"这块牌子擦得更亮。

一朵格桑花
中国建设银行嘉峪关分行营业室感动故事

"紧紧握住她的手，陪她慢慢走，就像当年她教我咿呀学语，教我蹒跚学步……"

这是嘉峪关分行营业室大堂经理王丽同志对母亲的承诺，15年如一日，她从未放开母亲的手。

喂饭、洗漱、翻身、换药，点点滴滴都渗透着深深的爱。

照顾母亲十五载，风雨无阻。王丽像一朵美丽的格桑花，花开正好。

从"全职保姆"到"生活医生"

王丽，今年47岁，来建行工作已经20多年了，是嘉峪关分行营业室大堂经理。曾经的她，有一个幸福温馨的家庭，母亲、老公、女儿和她组成了一个三代同堂的家，但不幸的是在15年前，年迈的母亲由于高血压瘫痪在床，生活不能自理，王丽是独生女，当起了母亲的全职保姆。一年365天，不但每天要给母亲喂饭、洗漱，还要帮她翻身、按摩。这十几年下来，王丽不仅学会了换药、拔罐，还学会了理发、打针，几位邻居大婶都羡慕地夸奖她："有这样孝顺体贴的女儿可真好哇。"俗话说：久病床前无孝子，然而在王丽这里，这句话是行不通的。她从一个什么都不会的人，到什么都会；从母亲的全职保姆，到生活医生。15年来从未停歇，从不离弃，其中的艰辛，旁人无法体会，但是王丽却是这样一个乐观坚强的女人。

有妈在，家就在

照顾母亲生活，督导女儿学习，就是她和丈夫八小时之外的全部，15年来，王丽和丈夫从来没有同时出门享受花前月下的美景，但在建行这个大家庭的支持帮助下，王丽和丈夫共同撑起了这个家。母亲是她心中的希望，有妈在，家就在。15年的精心照顾，使得卧床不起的母亲幸福而又知足地享受着晚年生活，常言道：父母在不言老，今年40多岁的王丽经过一天辛勤工作，回到家每当听到母亲亲切的话语，顿感身轻气爽；家有一老、如有一宝，40多年的母女情，特别是15年来瘫痪在床的照顾，使王丽深刻体会到了人生的真谛。虽然生活的压力很大，但王丽不觉得苦，反而感到日子充满着阳光，2017年，王丽18岁的女儿参加高考，取得了500多分的优异成绩。

从容优雅，笑对人生

在工作中，王丽是嘉峪关分行营业室大堂经理。平日里，她不仅熟悉各类金融产品，还有过硬的业务能力和较好的亲和能力、沟通能力。工作中她很勤快，营业室大厅哪里需要哪里就有王丽的身影。在服务客户过程中，她养成了关注细节的好习惯，敏锐的职业素养让她多次堵截诈骗案件。有一次，大概在中午时分进来一位约70岁的老太太，衣着简朴，神态慌张，还不时地打着电话。王丽热情迎向前询问，但是客户防备心很强，通过简单的交谈，她了解到原来大妈是收到了中奖短信，相信自己中了15万元大奖的谎言，来银行是为骗子汇钱的。她耐心解释说："大妈，您上当了，这是一条诈骗信息，

现在通过这种手段骗钱的很多。"大妈不相信，说："我一辈子命不好，这次老天终于开眼了让我中了大奖，怎么可能是假的，只要我把所得税汇过去他们就把15万元打过来。"她一再劝说："您千万不能汇，钱一汇出他们就失联了。您要是实在不相信我说的，可以跟对方说把所得税扣掉，把剩下的钱给您汇过来！"大妈真的打电话了，但对方坚持说只有先付所得税才可以拿到大奖。经过王丽耐心细致的劝说，大妈才如梦初醒，激动地说道："闺女，真是谢谢你了，要不我的血汗钱就被骗走了。"大妈握着她的手，眼角里流出感动的泪水。

她每天在大厅里小跑穿梭，迎来送往，还要做好与柜员的衔接，使客户高兴而来，满意而去。尽管忙碌，但王丽说她在建行的日子很充实、很快乐。岁月苍老了她的容颜，但是笑容却不失优雅，从容淡定，如一朵格桑花，坚毅而勇敢。

15年的辛酸历程，15年的悉心照料，15年的辛劳苦楚，王丽都不曾低头，不曾抱怨，也不曾放弃；工作上，她很谦虚，生活上，她充满感恩。她感动于领导和营业室全体员工对她经常的关心、鼓励、照顾，感恩于周围同事的帮助，使她面对家庭沉重的担子，还能充满热情地工作，2015年2月，原省分行李尚荣行长一行亲自慰问了王丽一家，使她深感建行家庭般的温暖。

15年过去了，母亲尚未痊愈，却在她的怀抱里，像个婴儿一样开心地生活、幸福地老去。她就像母亲当年疼爱她一样，倾注了所有的爱。母亲的笑容，不是孝顺的成就，更像是一件艺术品，王丽在用心雕琢。

在藏语中，"格桑"是幸福的意思。在春夏之交雪域高原有一个璀璨的好季节，风姿卓越的格桑花儿就会如约来到草原上，为青春亮丽的姑娘们带来好时光，也带来幸福。王丽这朵格桑花，充满着惊人的勇气和能量，我们看到，幸福就在她甜甜的酒窝里，调皮地笑。

真诚相伴　铸就品质

兰州银行安宁支行感动故事

"兰州伴黄河，常观两岸千般景；

　银行盈紫气，广揽八方万理财。"

"方信惟诚人气旺；

　子恭以敬市场赢。"

——牧川

这是两副藏头对联。新年伊始，兰州银行安宁支行的老客户、笔名牧川的老先生又来到行里，为我们的营业室主任王芳子送来了厚厚的一封信，同时在我们的客户意见簿上留下了老先生精心准备的两副对联，藏头的内容"兰银方子"，指的就是我们的主任王芳子。

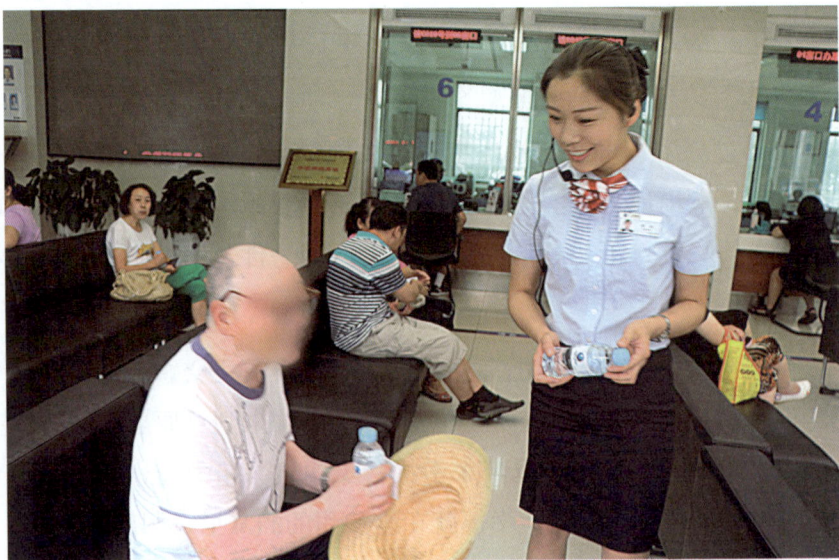

安宁支行作为辖内最大的支行，客户基础庞大，储蓄柜台部分每天叫号能够达到600个以上，无论寒冬酷暑，前来办理业务的客户总是络绎不绝，客户的要求也千奇百怪。一天，一位80多岁、拄着拐杖、自带"干粮"和水的老先生，在营业快结束的时候，怒气冲冲地来到行里："我的钱怎么也对不上，你们解不解决？"老先生表示这次来一定要把问题解决，不然他是不会离开的。这时，王芳子同志从储蓄柜台里出来，微笑着将老大爷引导至VIP区域，为老先生斟满水杯，耐心聆听着老先生的不满和抱怨，老先生开始诉说独自生活的艰辛，诉说自己每次到公家办事遭遇的不公正对待。这时银行的所有工作已经结束，同事们已经陆陆续续离开行里，王芳子主任仍然陪着老先生，认真陪伴的同时为老先生讲解银行存取款业务的手续，讲解存折上的各项科目应该怎样理解，随即又调取老先生在我行办理业务时的取款凭证，让老先生亲自查阅。看着自己签下的名字，老先生皱着眉头说："字确实是我自己签的，可是我怎么也想不起来。"

　　王芳子同志又再一次帮助老先生回忆过往，她的耐心帮助和热情服务让老先生备受感动，连连夸赞我们是"老百姓的银行"。日常工作中，这样的事情非常多，由于支行所处地域临近三大老国营企业，我行的大部分储蓄客户都以退休的中老年人为主，沟通和服务是日常工作中的重点。王芳子同志带领她的团队在业务上一丝不苟，努力了解客户的疑难杂症，以最便捷的方式为客户提供最优质的服务，赢得了客户的信任与喜爱。

真情服务 "零距离"

招商银行兰州分行营业部感动故事

李晨辰是招商银行兰州分行优秀的贵宾理财经理之一，不管作为员工还是主管，她都能尽职尽责做好本职工作，带领好自己的团队。无论在基金、中收、客群，还是产能飞跃项目，每一个指标的榜单上她都位居前列，带领的团队也都能够名列前茅；她获得的各种荣誉称号也多不胜举，"先进个人""营销精英""服务明星""产能飞跃精英"……

有责任　有担当　赢得信任

李晨辰从事贵宾理财岗位工作，面对的都是高净值的客户，如何做好服务，如何赢得他们的信赖，都是必须要面对的问题。她坚信自己可以做好，但事实却没有想象得那么简单。

贵宾客户比普通客户的要求更加苛刻，刚开始很不信任她，约访率非常低，营销难度大。有一次，一个贵宾客户进门就开骂，说她服务不行，要把她换掉，因为原来买的基金亏损了，买的保险产品也没挣到钱。生日蛋糕也没送上门，过节也没送礼物，钱必须要转走……她当时好冤枉，眼泪止不住地往下掉。

虽然一头雾水，但是她还是把眼泪咽下去，一边用微笑去迎接客户的指责，一边仔细分析客户的财务状况和投资组成，为客户做产品说明和资产配置。她明白，无论是因为交接还是职责的问题，都和客户无关。既然现在她是这个客户的理财经理，那她就一定要为那些疏忽买单。她想，作为招行人，一定不能推诿责任，也需要有所担当。

之后每阶段她都会准时给这个客户提示账户情况，过节问候，生日时也不忘送蛋糕上门，最终换回客户的谅解，客户对她的服务赞不绝口。

真情 真意　收获喜悦

虽然有委屈的眼泪，但也有收获的喜悦。李晨辰相信，只要真心付出，还是可以换来真心，虽然她现在不再直接接触和营销客户了，但是只要之前她的客户遇到任何问题找到她，她都会竭尽所能为客户处理问题。

她的一个客户在兰州有家车行，客户年龄已经很大，第一次上网汇款时，怎么也不会操作。打电话过来，询问怎么操作。李晨辰在电话里说了很久，但客户还是听不明白。感觉客户操作得很艰难，她主动说过来帮客户下载。当时正在下雨，客户听完有些不好意思，说不用了。但李晨辰还是坚持上门帮客户解决问题。客户看着从大雨中冲出的李晨辰，特别感动。她教客户下载了手机银行，还教会了他怎么转账，解决了他的大问题，客户特别感激。

之后客户进账时都会主动联系李晨辰，还因此做成了兰州分行首单信托类产品800万元，分行给予了她个人全行通报表扬的奖励。

客户是咱一家人

俗话说得好，"不是一家人，不进一家门"。在兰州分行营业部，凡事上门办理业务的客户无论是迎来还是送往都要认真做好每一个细节。营业部地处市中心，周围写字楼和商业街都很多，许多客户大多选择中午集中来办理业务，其中很多人没有吃午饭。员工们注意到了这一点，向领导做了汇报，经过详细筹划，很快就增设了许多便民措施。

为中午前来办理业务的客户送上小饼干，不仅可以缓解客户对等候时间长的焦躁情绪，也能给还来不及吃饭的客户送上温暖的关怀；保障饮水机饮水和一次性水杯的供应，主动询问客户；7月的酷暑天气为客户到访带来不便，我们针对炎热天气，为客户细心提供消暑服务，清凉湿巾、冷藏饮品在大厅随处可见，在炎热天气让客户一进招行大厅就能感受到丝丝凉爽。只要我们能考虑到的细节，只要我们能做到，我们都绝不拖延，及时为客户送上我们的关怀。

招商银行兰州分行营业部，一家有"温度"的银行。

用心服务　感动你我

青海银行海湖新区支行营业室感动故事

2018年6月20日，平凡的一天，一位外国人来到了营业大厅，环顾四周。大堂经理看到后，立马上前问他："需要什么帮助吗？"他拿出一张银行卡，并且说了一堆英语，一直在用肢体比划，看起来非常着急，再加上这位外国客户一句中文都说不来，这可难倒了大堂经理。正在柜台里面办业务的同事吴丰看到后决定出去和这位外国客户进行交流，吴丰是我们网点英语口语能力最强的一位。

经过一番交流，得知这位客户来自澳洲，来青海旅游，因为行程有变化，所以没有再继续跟旅行团，而是自己单独订了去日本的机票。不料在旅途中钱包丢失了，幸运的是他的护照和一张澳洲的银行卡因为放在书包里没有丢失，他想知道这个银行卡可不可以取钱，并且需要兑换一些日元。客户的银行卡带有银联标识，可以取钱；但他想换日元，而我们行尚未开办日元外汇业务。当时距离飞机起飞的时间不到两个小时，看到这位外国客户焦急的表情，大堂经理与中国银行客服联系，为客户预约了需要兑换的外币，考虑到这位外国客户第一次来青海又不会说中文，大堂经理决定亲自送他去，并且帮他叫了去机场的出租车。外国客户离开时眼里充满感激，对我们竖起大拇指，不停地说："Thanks for this meeting， qhbank. Best wishes to you!"

这个事情让我们充分感受到我们服务水平和服务理念的提升，从以前的与外国人无法交流，到现在可以与外国人顺利沟通，并帮助他们解决问题。看到外国客户充满感谢的眼神、动作和祝福，我们自己也很有成就感和满足感。同时，这件事也体现了我们行真诚、贴心、精细、高效的服务理念，更体现了我们青行人助人为乐的精神，对外树立了良好的形象。

用心服务　用爱经营

青海西宁农村商业银行西门支行感动故事

西门支行坐落在繁华的城市中心，对于全辖农商银行来说，这里接待的顾客最多，办理的业务最复杂，然而，并没影响这里成为全辖优质文明服务标杆网点。说起服务，这里的柜员有讲不完的故事，说不完的辛苦，更有道不完的满足。

2018年6月18日正值端午节，人们沉浸在节日的喜庆里，然而西门支行的员工依旧忙碌。因为是节日，今天向家里汇钱的客户格外多，尤其是身在异乡的打工人员，为家里人汇一笔钱更能表达他们的思乡之情。这不就来了一位特殊的"客户"。下午临下班的时候，一位30多岁的女客户急急忙忙进来，不修边幅的脸上汗渍渍的，表情十分着急，眼眶已经湿润，营业室的员工看到这种情形，急忙询问她需要什么帮助。但是这位客户只能发出支支吾吾的声音，不能清楚地表达意思，这时大伙才意识到，这名客户是聋哑人。这时，大堂经理连忙给这位客户倒了一杯热水，安抚她的情绪，并耐心询问她要办的业务，并把所需要的单子拿给她，让她确

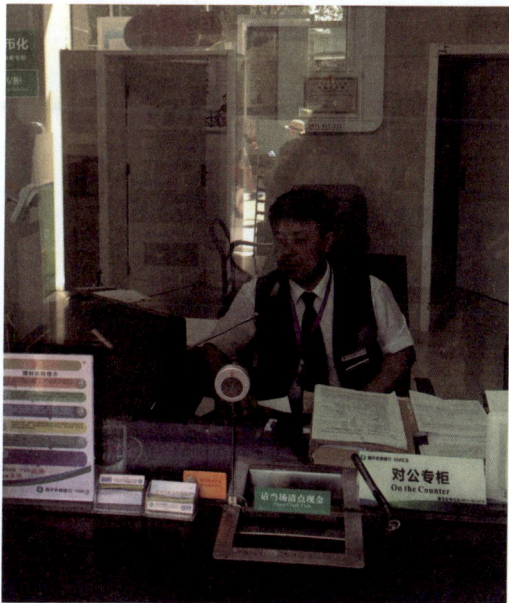

认；接着把想表达的意思写在纸上与客户交流。填好单子时，客户拿出一大把零钞、破钞。5000多块钱，大多是一元、五元的零钞，最大的面值也不过十元。营业室的三名员工把一张张零钞分类整理好，把破钞也粘贴好。一个多小时后，终于清点完成了聋哑人带来的一口袋零破钞。汇钱的时候，他们仔细核对客户填写的单子，反复确认后将这笔钱汇出去。此时，大家并没有休息，一直等到客户确认汇款到账的信息，才松了一口气……

在之后的交流中才得知，原来这位客户想在端午节时给家里的老人汇钱，然而好多银行看到这么多零钞就推脱不愿办理；她是一位残疾人，独自来到西宁做烤面筋的小生意，只能收到这些零钱。在了解她家里的情况后，员工们一起出钱为客户买了粽子、水果和一些节日用品。看到这些，这位特殊的客户眼眶又一次湿润了，以前是我们工作人员给客户鞠躬，而这一次我们却收到了客户的鞠躬。那天下班时已经是下午6点，比节假日下班晚了两个小时，已经赶不上家里的晚饭，但是他们心里非常高兴。

在西门支行里，有这么一群人，他们默默地付出着，奉献着，他们用真诚诠释着银行人的情怀与服务。

"用心服务，用爱经营"，看似简单的八个字，但它饱含了银行人的爱心和付出。西门支行员工正是用这样的精神、汗水和智慧践行着、诠释着这简单的八个字。

客户办理业务突发疾病
员工热心救助转危为安
招商银行西宁分行营业部感动故事

"快！快！王浩去拨打120，马贵琳赶快查找客户信息和他家人取得联系，袁智敏妥善保管好客户散落的财物，疏导围观客户！"在招商银行西宁分行营业部总经理武海霞机智又果断的指导下，全行人员快速行动、周密处理，成功救助起晕倒在营业厅的一位男客户。

2月1日中午，一位年龄大约三四十岁的先生前往招商银行西宁分行营业部办理业务，服务专员袁智敏热情接待，问道："先生您好，请问您需要办理什么业务？"先生表示想办理信用卡提额业务，袁智敏立即将该名客户转介至服务专员马贵琳处，由马贵琳专业解答该客

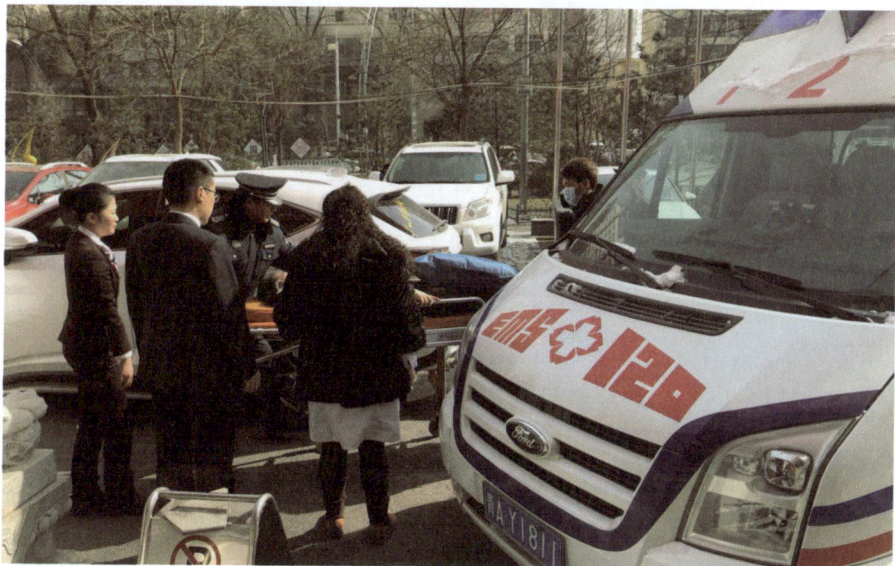

户咨询的业务，在刚刚讲解该业务如何操作时，突然"砰"的一声，只见先生晕倒在地，口吐白沫，手中手机、银行卡撒落一地。服务专员、保安人员以及正在厅堂巡视的总经理武海霞和财富主管王浩迅速赶来，运营主管董蓝和大堂主管尹越也迅速前往大堂，在仔细确认先生生命特征之后，马上采取应急预案处理，于是有了开头的一幕。

虽然大家都很紧张，但工作的默契让分行营业部全体工作人员冷静果断，总经理武海霞布置了施救分工，兵分三路进行救助处理：首先查找该陌生客户手机联系人中的"妈妈"进行联系，武海霞及时通知先生的母亲和父亲，沟通中其家属表示不能及时到场，请求联系客户单位；因客户处于昏迷阶段，根本无法知晓其单位名称，在此情况下，只有拨打120急救电话，并与医院取得联系，咨询急救知识；因无法立即确定病情，在先生恢复意识前不能采取其他方式进行救助，只能细心照看，由于客户出现口吐白沫、呼吸困难等症状，武海霞亲自为其擦拭和清理，并准备了热水供客户饮用，随时观察该名客户情况等待医护人员的救援。大约5分钟后，120救护车赶来，医护人员对该客户简单进行检查，认为其神志未恢复，需立即前往医院，营业部总经理、主管、服务专员们，一同配合医护人员将客户送往医院进一步检查。

因为及时的救助处理，该名客户得到了及时抢救，未给其本人和厅堂其他客户造成不良影响，维护了营业部正常营业秩序。这岌岌可危、千钧一发的一刻，充分体现了招行西宁分行营业部全体员工日常工作的井然有序、临危不乱、默契配合、勇于担当，他们把客户当朋友与亲人，真心帮助付出，感动了所有在场的客户，也赢得了在场客户的赞扬。这次突发事件的成功处理，进一步体现了该行"因您而变""感动服务"的价值观和服务理念。

用真情温暖客户

宁夏黄河农村商业银行营业部感动故事

每天，柜员赵蓉的工作从叫号机叫出的第一个号开始，"6001号客户，请到……"远远地看到那位熟悉的老爷爷，拄着拐杖微笑着不紧不慢地向她走来。已经不记得从什么时候开始，每次老大爷来，都会径直走向赵蓉的柜台，每次都是简单地刷刷折子，取点零花钱。即使偶尔赵蓉的柜台有客户，老爷爷被叫去其他同事那儿办业务，他也会在办完业务后，专门到柜台前跟赵蓉打个招呼，哪怕是招招手！每次给老爷爷办业务时，赵蓉叫完号都会等待他慢慢走过来，示意他不要着急慢慢走；他听不清楚会耐心地多重复几遍；在他要走时会提醒把钱装好，走路注意安全。正是这些再平常不过的问候，温暖了客户的心。

某次和老大爷攀谈的时候，老爷爷说自己就住在这附近，孩子都在外地，一年也回不了几次家，就每个月固定给自己和老伴儿打生活费，每次去银行取钱都有点怕。他说："我老了，耳朵不好使，行动也慢。每次在银行叫了号，还没等我走到柜台就又叫下一个客户了。和他们反映了很多次，都没有什么改变。但来了你们这儿就明显感觉不一样了，就感觉远远看到我，知道我行动不方便，好像在故意等我，每次又特别亲切地问这问那，让我想到自己的小孙女，觉得特别亲切。"

用心服务不问来者

石嘴山银行吴忠分行营业部感动故事

石嘴山银行吴忠分行始终秉持着"以人为本，用心服务"的价值理念，在服务中不问来者，一视同仁，从不区别对待，始终坚持以饱满的热情迎接客户，始终坚持以耐心的态度对待客户，尽可能地处理好每一位客户反映的问题，给客户带来优质的服务体验。客户的满意就是对我们最大的肯定，这一理念已深深植入在我们每一位员工的心中。

一个下过雪的傍晚，天色渐黑，营业厅已接近下班时间，就在工作人员认真忙碌地在各自工作岗位上开展一天最后的盘查工作、整理一天的业务票据时，正在大厅检查物品摆放的大堂经理杜小芹突然注意到远处一个颤颤巍巍的身影，紧紧攥着手中的布袋，顺着营业厅的方向急急忙忙地走来。

"大婶，路滑，您慢点走，不着急。"杜小芹很快地向前走去，为大婶开了门，扶着这位神情有些慌张的大婶，面带微笑关切地问道："您好！请问有什么可以帮到您？"

"姑娘啊，我想要把袋子里的这些钱换成整钱。"大婶冰冷的双手紧紧握着杜小芹的手，着急地说道。

杜小芹起身为大婶接了杯热水，并说道："当然可以，您先喝点热乎水，坐到3号柜台，我们这就给您办理。"3号柜台的柜员立即停止了手中正在整理的票据，接过大婶的袋子里的钱，一捆，两捆，三捆……全是参差不齐的零钱，在整理的过程中很多钱因为过于残损，需要用胶带重新粘贴、整理。

看到柜员这么认真地点数着零钱，大婶的眼睛里渐渐泛起了泪花，然后用她那有些发黄的衣角擦拭着眼里的泪花，哽咽地说道："我跑遍了附近的几家银行，结果那些银行觉得很麻烦，干脆就不帮忙换了，我就一路走到了你们银行。"大婶控制不住情绪流下了眼泪。"大婶，在我们吴忠分行，从来都是一视同仁的，只要是客户，我们都会同等对待的！您放心，马上就给您办好了。"柜员微笑地安慰着被感动的大婶。

业务办完后，大婶拿着换好的整钱，激动地连连说着谢谢。"这都是我们应该做的。"此时的大堂经理杜小芹一边说着一边上前来扶着大婶准备走出门，大婶欲言又止杜小芹便让大婶坐下，耐心地听大婶说完难言之隐。原来这位大婶是位拾荒者，家里的顶梁柱儿子因为一场车祸卧床不起，儿媳也早已不堪重负离开了这个家，换来的整钱是为了给孙子买些营养品，为了每天能按时回去给儿子和孙子做饭，她只能周末下午的时候过来换钱。听了这些情况后，大堂经理杜小芹随即对大婶说道："您放心，以后换零钱您就到我们行里来，我们一定会尽力为您提供帮助和服务。"

随后的几个月里，每到周末，我们的工作人员在下班前都会等一等那位换钱的大婶，这位大婶也渐渐非常

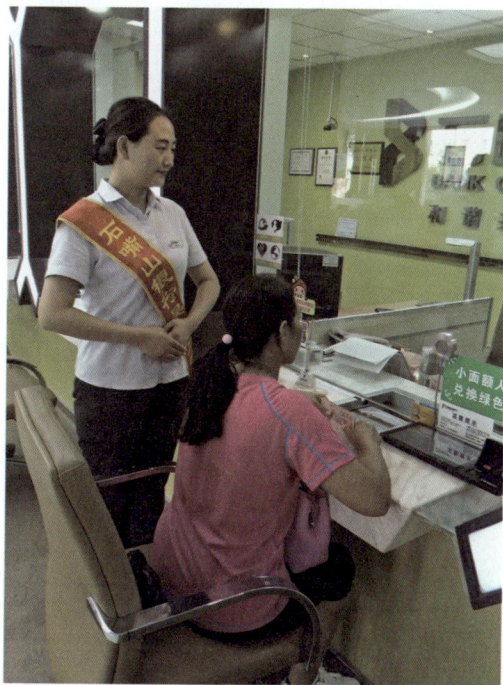

信任我们，在我行办了一张零存整取的折子，留着给孙子上学用。7月的一天，大婶又来了，这一次不是一个人来，而是两人，她的孙子带着她过来办理业务，这次也不是换钱，而是来开卡。原来大婶的孙子已考上了大学，而且申请上了助学金。大婶的孙子告诉我们，他要办一张银行卡，将每月省下的钱打给奶奶。他说是奶奶的辛苦付出才有了他的今天，同样也感谢我们的服务让他们一家人在生活上得到了便利。

　　一直以来，吴忠分行都是用心在服务，用服务去传递温暖。每一个小小的故事后，都离不开我们对高效、温馨、优质服务不懈的追求。用心服务，不问来者，任何一个来到吴忠分行办理业务的人，我们都将一如既往地让客户感受到分行的优质服务，感受到分行工作人员饱满的热情和关切！

优质服务　暖心你我

新疆库尔勒农村商业银行北山路支行感动故事

随着时代的发展，银行服务体系早已遍及千家万户，成为大众生活不可或缺的一个重要组成部分，在为客户服务的过程中，总会留下不少难忘的回忆，在北山路支行，暖心的故事每天都在上演。

大堂经理小欧，是北山路支行出了名的热心肠，谁有困难事，她总是第一个帮忙。那是一个周一，清明小长假刚结束，来办理业务的人特别多，营业大厅里排起了长长的队，这时门口走进了一位孕妇，眼尖的小欧一眼看到，急忙走上前去帮助孕妇找到位置坐下。经询问得知，孕妇快要临产，为了锻炼身体每天都会出来散步，今天正好散步来银行办理业务。小欧帮孕妇拿取排队号码之后嘱咐她在这里稍作休息，自己去接待其他客户，但一想到孕妇快要临产了，小欧便始终放心不下，工作中不时观察孕妇的状态。果然，不一会儿，小欧便察觉到孕妇似乎有异样，上前一看，发现对方大汗淋漓，意识也有些不清醒。才成为母亲不久的小欧即刻判断孕妇可能要生产，赶紧拨打了120并通知了孕妇的家人，同时组织在场的工作人员

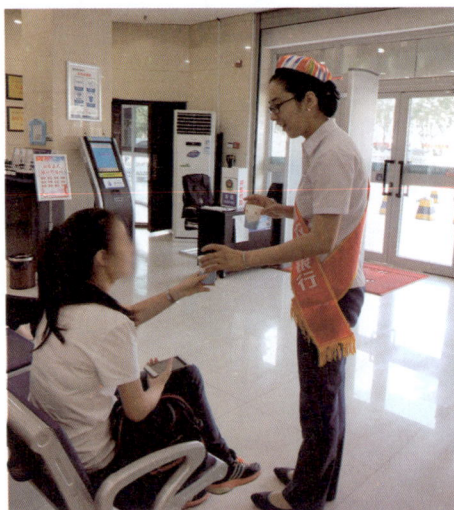

将孕妇移至母婴室，陪同她等候救护车的到来。救护车赶到时正好到了中午交接班的时间，本该下班的小欧二话没说便跟着救护车陪孕妇到了医院。经过正确及时的处理，孕妇顺利诞下了一个胖小子，母子平安。孕妇一家人感激不尽，拉着小欧激动地说："你们库尔勒农商银行服务好，人也好，今天真的是多亏了你们，真的太感谢了！以后，我们的钱就存在你们行了！"

在北山路支行，不仅有乐于助人的故事，还有足智多谋的佳话。有一次，一个姑娘来ATM汇款，操作了几次没有成功，正着急时，大堂经理小木来到她的身边，恰好此时姑娘的电话响起，对方言辞相当迫切，小木听出姑娘与对方并不熟悉，便留了个心眼多打听了一句。原来姑娘在网上订购了回家的火车票，被"工作人员"电话提醒需要补交金额。小木听出其中的端倪，回想起前阵子支行安全教育培训中提过的案例，判断这可能是一起诈骗事件。跟姑娘沟通后，小木重新拨打了对方的电话，在小木的步步紧逼下，骗子支支吾吾，无处遁形，知道事情败露，便匆匆挂掉了电话。机智的小木用细心和留心帮助姑娘挽回了不必要的损失，虽然金额不多，但姑娘一再感谢了半天才离开，把腼腆的小木感动得脸都红了。

支行员工工作虽然繁琐，但责任重大，关乎着每个家庭的安全和幸福，我们在工作中时刻想着把客户的需求放在第一位，想客户之所想，急客户之所急，在工作中注意细节，努力提供最优质的服务，唯有如此，才能赢得客户的信赖。优质服务，暖心你我，北山支行，相伴相行！

心服务　心温暖
——用真诚赢得感动
上海浦东发展银行乌鲁木齐北京南路支行感动故事

走进营业大厅，柜员温婉恬静的笑容，冬暖夏凉、宽敞明亮的厅堂，整齐划一的物品摆放，再添上一杯温度适宜的茶水……这些让浦发银行的客户都会有种宾至如归的感觉。乌鲁木齐北京南路支行全体员工由内而外、由心而发的服务意识，呼应了"一切为了客户，为了客户的一切"的服务宗旨。

要想在同业竞争中始终立于不败之地，就得打造精品化服务，而我们每一位临柜人员要做好服务，首先要对金融产品、业务知识有专业的了解。当客户走进柜台，我们会主动起立迎接，首先对客户报以亲切的微笑，发自内心的微笑会带给人们温暖。然后热情地询问他："您好，请坐，请问您办理什么业务？"当柜台前的客户较多需要排队等候时，我们会对正在等候的第二位客户说："对不起，请您稍等一下。"等客户办完业务后，我们会真诚地道一声："请您带好随身物品，请慢走，欢迎下次再来。"当客户取大额现金时，我们会提醒客户："您取款金额比较大，一定要注意款物安全，需要报纸和袋子吗？"同时，还会和外边的大堂经理一起协助客户叫车，护送客户安全返回。

2018年初春的一天中午，正值柜员轮班时间，高柜柜员甘泉办理完交接手续准备去吃饭。刚刚走出营业室，迎面进来一位满头银发的老奶奶，吃力地拎着一只沉甸甸的塑料袋说："小伙子，我想麻烦你把这些钱给换换，行不？"甘泉闻言没有犹豫，立即抱起袋子返回营业厅。刚把袋子打开，一股腥臭味顿时弥漫了整个营业厅。原来，老太太家里开了个烧烤店，长时间攒了太多零钞，跑了好多家银行都没给兑换，老人家也是抱着"试试看"的态度来到了浦发银行。看看这一堆散发着难闻气味的破损的零钞和油腻的硬币，又望望老奶奶虽然难为情却又充满希冀的表情，甘泉微笑着说："老奶奶，进了浦发银行这个门，您就放心吧，我们一定不会让您失望的。"

清点的过程十分艰难。由于长时间被油污包裹，硬币之间的粘连度很高，根本无法直接点数。于是，甘泉和同事们一道用洗洁精给所有的硬币先来了个大清洗……

经过一个多小时紧张的忙碌，终于整理完毕所有零钞。当老奶奶接过兑换后的917元崭新大钞时，激动地说不出话来。尽管那时是大家的休息时间，本可以好好享用一顿丰盛的午餐，然而他们却放弃了这些。因为他们相信自己的真情已渗透到客户的心中，倾心服务可以感动客户。客户就是上帝，他们用自己的辛勤劳动回报了"上帝"。所以，他们的内心是欢愉的。

"一切为了客户，为了客户的一切"这种理念早已深深根植在北京南路支行人的心中。作为一名普通的临柜人员，甘泉始终把爱岗敬业、无私奉献作为自己的价值取向默默贡献着、付出着……在文明、规范、优质、高效的服务工作中谱写了一首奉献之曲、青春之歌，用自身的品行彩绘着人生画卷，诠释着"服务"这门艺术的博大和精深。

真诚感动客户　拒收客户礼物

乌鲁木齐银行和平北路支行感动故事

古丽拜克拉木是个热情开朗、有着甜美微笑的维吾尔族姑娘，现任和平北路支行低柜理财经理，转眼已与乌鲁木齐银行共同度过了十个春秋。2008年10月，作为一个新人，她怀着满腔的热情和美好的憧憬加入了乌鲁木齐银行这个大家庭，入行以来，从一名综合柜员到低柜理财经理，她始终传承着乌鲁木齐"离您最近，与您同行"的文化精神，利用业余时间学习专业知识，在工作岗位上兢兢业业，业务技能日臻熟练，不断为客户提供真诚满意的服务。

有一天，古丽拜克拉木收到一份小礼物和一封感谢信，信中写到：古丽女士您好，由于您热情、耐心、细致、周到的服务，我及时收到法院通过乌鲁木齐银行返还的案款，顺利搭乘当天返回的飞机。您不厌其烦，多次使用自己的手机联系我，使我能及时纠正支票上的错误，并促使乌鲁木齐银行总行尽快汇出了钱款。对此，我深表感谢！特为您准备了一份小礼物，以表达我的谢意，请您收下。王先生。看到这份礼物和感谢信古丽拜克拉木是又高兴又不安，她高兴的是自己的服务得到了客户的认可，不安的是她不能收客户的礼物。于是她立即将以上情况汇报给支行长。支行长在知道了事情经过后，要求她首先感谢客户对她服务的认可，客户的礼物则必须马上退还。

通过这件事情，古丽拜克拉木更加坚定了为客户服务的信心。对工作的热情和对客户的真诚服务，让她多次被支行评为优服明星，成为新员工学习的好榜样。

如果把顾客比作"鲜花"，那么乌鲁木齐银行人甘愿做那滋养鲜花的"甘露"，以真诚周到的服务，塑造形象，在平凡的工作中成就不平凡，在普通的工作中做到不普通，与乌鲁木齐银行一起成长，走向更辉煌的明天。

无悔的青春

中信银行乌鲁木齐南湖北路支行感动故事

焦瑶，中信银行乌鲁木齐南湖北路支行的一名普通柜员，现年27岁，为响应新疆维吾尔自治区"访民情、惠民生、聚民心"活动，他积极主动报名，与分行其他同事组成了5人工作组，远赴阿克苏市依干其乡阔什托格拉克村开始了驻村工作。

"访惠聚"活动是深入贯彻落实党中央对新疆工作的一系列决策部署和习近平总书记系列重要讲话、批示精神，适应新形势、新任务，结合新疆实际作出的一项重大战略决策，是自治区党的群众路线教育实践活动最有效的载体，是自治区党委深谋远虑的一项伟大创举，更是推进社会稳定与长治久安的重大治本之策。像春风吹绿杨柳，像春阳温暖大地，像春潮热情澎湃，激荡着天山南北2200万名各族儿女的心。

"访惠聚"是宣言书、宣传队、播种机。工作队员与群众聚在树荫下、同坐炕头上，拉近了感情，促进了交流交往交融；形成了万众一心、同仇敌忾的强大声势；面对面宣讲、心贴心交流，引导群众看发展、看变化、看未来，教育群众树立感恩意识，珍惜美好生活，自觉维护稳定；帮助残疾人、孤寡老人，资助贫困学生、困难家庭，解决一批群众吃水行路难、用电住房难、看病增收难的问题，基层面貌发生可喜变化，民心民力民智得到极大凝聚。"访惠聚"活动真心融入群众，真情服务群众，赢得了群众的信任和拥护。群众说得最多的一句话就是：党的优良传统又回来了！

"2017年4月15日，晴。早饭后去打井工地查看井房是否开工，下午5点打井队来村……"翻看焦瑶的工作笔记，厚厚的三个笔记本上记满了群众的各类"鸡毛蒜皮"小事以及会议记录，并对群众来访的问题用不同的符号、颜色一一标记，且在已解决问题的后面，空出几行，写明问题已答复及其情况，细心程度可见一斑。

家住果园街社区的阿西木大叔激动地说："我家十几年没有解决的大事，今天终于解决了，春天来了，你们来了，你们真是春天的使者。"

话还得从十几年前说起，司马义的两个弟弟分别在父亲留下的这个院落盖了房子并单立门户，留给司马义的面积不到三分之一，且小弟弟以养老母亲为由一直不愿把土地大证拿出来办理财产分割手续。对此，兄弟三人一直纠缠于此事，十几年来一直没能解决，兄弟反目，给彼此的血脉亲情、身心健康带来了深深的伤害。

这两天，阿西木大叔找到了工作队。经过工作队及焦瑶反复做思想工作，兄弟三人终于能坐在一起了。作为兄长又有退休工资的司马义，拿出大哥风范，多一些宽容，继承的院落面积少一些。作为弟弟承担赡养母亲的责任，得到院落面积最大。兄弟三人都是六七十岁的人了，血浓于水是亘古不变的真理。老人们表达了他们的心愿，愿意尽快解决财产分割事宜。

"群众工作无小事，群众关心的问题必须要解决好，一时解决不了的，也要耐心细致地做好思想工作，尽量让大家满意。"焦瑶说。其实，这仅仅是焦瑶大半年驻村工作的"冰山一角"。

深入群众家中，面对面和群众交流，对身体残疾、缺少劳动力、体弱多病的弱势群体和困难家庭，上门帮其干农活和走访慰问，鼓舞和带动困难群众脱贫致富。工作组成员与村民一天天熟悉起来，每次走在村子里，大人孩子们都高兴地过来和工作组成员握手，道一声问候，送一个拥抱，让工作组成员和焦瑶感动不已。

　　6月1日早上8点，艾沙和弟弟早早就起床了，在家门口等待着妈妈回来，给他们买"六一"儿童节的新衣服。一直等到10点半，妈妈还没有回来，看着别的小朋友穿着新衣服高高兴兴地玩，兄弟俩羡慕得快要哭了。

　　"快来，来试试新衣服合不合适！"焦瑶招呼两兄弟，同时拿出两套新衣服递给兄弟俩。

　　小米热提扎江接过新衣服就往身上比，高兴地蹦了起来。焦瑶对木尼热丁说："爸爸妈妈还在县教育培训中心学习，不能回来给他们过六一儿童节，这是工作队的叔叔给你们买的新衣服，这个六一儿童节工作队的叔叔和你们一起过。"

　　懂事的木尼热丁连声说："谢谢叔叔，我一定会好好学习的。"

　　兄弟俩换上新衣服，高兴地出去找小朋友玩了，米热提扎江蹦蹦跳跳走着喊着："我有新衣服喽，我穿新衣服喽！"

　　"深入基层不放松，立根原在群众中。千磨万击还坚劲，任尔东西南北风。"习近平总书记改编的这首诗，深情表达了他对上山下乡的体会，也一语道出了在基层实干的真谛。越是条件艰苦、任务繁重的地方，越能够经风雨、见世面，越能够增胆识、长才干，越能够锤炼品格、磨炼意志。

中信银行乌鲁木齐分行认真履行社会责任，一年的艰辛付出不仅换来了村里的变化、村民的变化，更重要的是获得了村民的信任和理解。

秉承根本宗旨和爱民为民情怀，深入基层，扎根乡村，与群众同吃同住同劳动，大办实事好事，在强基层强基础上下功夫、在争取人心上下功夫，把忠诚写在了广袤大地上，把温暖送到群众心坎里，给基层注入了一股强大的思想力量、维稳力量、扶贫力量、发展力量，"访惠聚"活动取得了显著成效。

焦瑶在近一年的驻村工作中，用汗水和泪水，深入推进"访惠聚"，用他的实际行动，用他的真情，赢得了村民的真心！

风中助客户寻回现金受赞誉

大连农村商业银行开发区支行营业部感动故事

2017年12月16日，开发区支行营业部员工帮助客户寻回被大风吹散的2.5万元现金。12月22日上午，受助的高师傅给营业部送来了锦旗，农商行员工危难时刻伸出援手的义举也被大连电视台、大连生活等媒体报道。

12月16日，高师傅到营业部取款，办理完业务后，当班的大堂经理薛晓洁向高师傅介绍了农商行新一期理财产品，并热情地把高大哥送到门口，不成想刚出门的高师傅一时疏忽，取好的2.5万元现金就被大风吹散了。见此情况，薛晓洁、于轶辰第一时间跑出去帮助客户捡钱，其他此时没接待客户的员工也紧忙跑出去，一起帮助高师傅捡拾正在漫天飞舞的钞票。最后在开发区支行员工和附近市民的帮忙下，2.5万元现金全部找回，分文未少。高师傅紧紧握着我行员工的手，连连称赞。为表示感谢，高师傅特意定做了一面锦旗，送到大连农商银行开发区支行营业部。

高师傅说，这钱他得起早贪黑干一整年，才能赚回来，眼瞅着被大风吹跑了，他是又急又害怕，没想到却遇到了热心的农商行员工，让他非常感动。

优质服务是银行财富的源泉，而好的口碑是银行最好的名片，也是银行发展壮大的基石。大连农商银行开发区支行营业部全体员工结合实际情况，不断增强服务意识，加强服务行动。使客户对我们的服务有着切身的感受，从服务入手，深入民心。大连农商银行开发区支行营业部必将以更加蓬勃向上的姿态，在服务中发展，在发展中壮大。

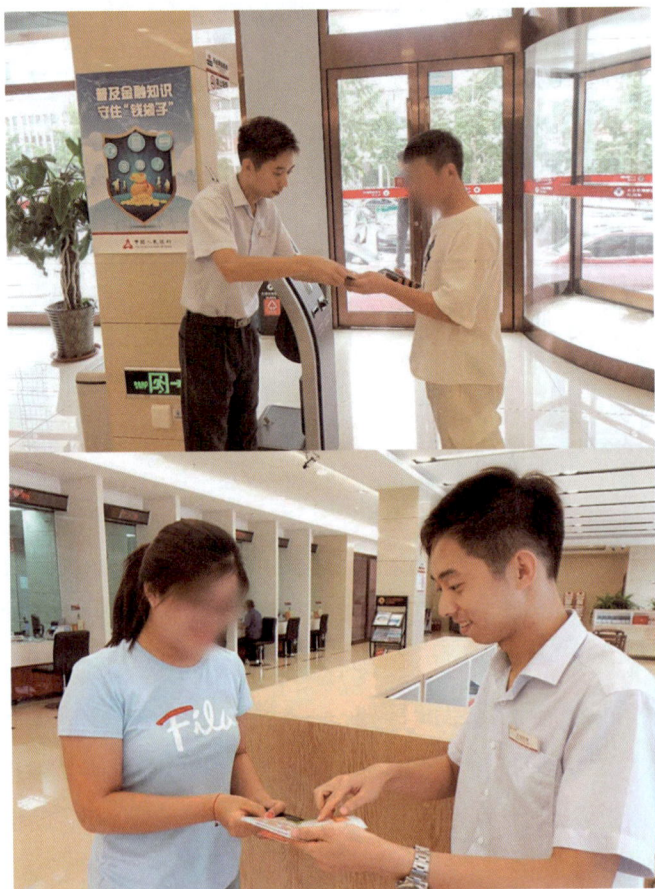

爱一朵花，就陪她绽放

大连银行第二中心支行感动故事

"每个梦想，都值得灌溉，眼泪变成雨水就能落下来，每个孩子，都应该被宠爱，他们是我们的未来！"这是大连银行第二中心支行营业部爱心助学活动的主题歌曲《最好的未来》，总有一首歌会回荡在每个人的心中，也总有一个美丽的约定定格在那里。

每年1月的爱心助学活动似乎成为了爱心小分队与孩子们之间的约定，孩子们期待着、盼望着、也等待着；爱心小分队的队员们努力着、奉献着、也坚守着。2014年，营业部率先提出在全行范围内开展"爱一朵花，就陪她绽放"爱心助学活动。从组建爱心小分队到联系希望小学，从制定助学方案到募集助学基金，营业部人用点点滴滴的付出，让大家看到了一个不一样的金融人，营业部也坚信通过"爱心助学"活动能够净化员工的心灵，培养员工高尚的德行。

2018年2月3日清晨，"爱心直通车"再次启程，这是他们连续第四年走访庄河市光明山镇希望小学。4年时间，爱心小分队累计资助24名学子顺利完成学习，进行党员一对一结对子帮扶8对。今年，营业部爱心小分队向全行发起活动倡议，并在厅堂设置了"爱心回收驿站"，回收客户闲置的过冬棉衣、书籍及学习用品等。温暖滨城，爱无止境。他们没有想到会有员工自掏腰包在网上定制了全新的书籍；他们没有想到会有家属前来帮助清洗和消毒衣物；他们没有想到一周的时间"爱心回收驿站"里已是满满的捐赠物品；他们更没有想到在爱心小分队的背后，还有一群人在默默无闻地牵挂着大山里的孩子们。

与爱相约，如期而至。就这样，爱心小分队的队员们带着30套学习用品、30包衣物、2万余元助学基金，驱车近两个小时来到了希望小学。远远的一群熟悉的身影早早就守在学校门口了，虽然一年时间未曾谋面，但每一张冻得发紫的小脸儿却又那么的熟悉。4年了，他还背着爱心小分队第一年送过来的书包，她头上还戴着同事们买的粉红色发卡，他还穿着那件有点不合身的小风衣，她还是不爱说话但却腼腆地笑着。见到了爱心小分队的哥哥姐姐们，孩子们早已抑制不住那期盼已久的心情，争先抢着抬包裹、搬书籍、给队员们讲他们在学校的故事。每次短暂的相聚后都是一场难舍的离别，爱心小分队的车已经开出很远很远了，透过玻璃窗看见了风雪交加，也看见了孩子们奔跑着挥着手告别……

　　每个孩子都有属于自己的花期，播种希望，破土发芽，怒放生命都是每一个不可逆转的过程。爱一朵花，就陪她绽放吧！

少儿财商教育　托起孩子的未来

中国工商银行大连甘井子支行营业部感动故事

一直以来，作为辖内综合化程度较高的基层支行，甘井子支行坚持以维护多层次客户为目标，以丰富和扩展不同类型的客户群体为发展方向，立足于挖掘客户需求、满足客户期待的长远工作，为此，在推动大零售业务试点的工作中，甘井子支行营业部以此为契机，把握少儿家庭客户群体，依托辖内良好的幼儿教育资源，将公众教育的工作扩展至少年儿童，从娃娃抓起，树立良好的金钱观，使孩子们成长道路上金融知识的积累始终有工商银行相伴。

支行党委依托总分行的"宝贝成长卡"重点项目，培育潜在市场、拓展年轻父母一族。一方面，成立专项工作小组，支行行长亲自挂帅，与区教委、区财政积极协调，针对项目推广和公众教育活动开展了大量沟通工作；另一方面，将甘井子支行营业部作为落地执行网点，积极针对辖内幼儿园的适龄儿童开展财商教育活动，支行成立了专门的幼师团队，积极与幼儿园开展沟通合作，同时针对小朋友的兴趣开发了专属的财商教育系列课程。在甘井子支行特色文化的引领下，"宝贝之家"的建设工作成为支行特色文化的重要内容。支行青年员工利用休息时间自编自演录制银行知识宣传教育短片，经过反复修改，用童言童语的形式将银行业务生动活泼地展现在小朋友面前；为做好"工行伴我成长"银行体验日活动，支行成立由个金部牵头，综合部、营业部、网点青年员工组成的活动策划小分队，小分队成员充分发挥奇思妙想，从卡通人偶迎送到参观动线设计、从各功能区域介绍到存款体验，事无巨细周密安排，保证小朋友们的参观体验行程

充实、快乐、安全。以普及人民币知识为内容的"我是人民币小卫士"宣教体验活动，通过精心筹备，细节完善，在让小朋友学习金融知识的同时，提升他们对工商银行品牌的认知。流程环节方面，考虑到孩子多动的天性，坚持动静相宜，使学习知识与游戏玩乐环节有机结合；细节设置方面，在活动区域内设置了儿童读物、玩具，在游戏过程中准备了鼓励小朋友的小粘贴，涉及假币识别环节为小朋友准备了湿巾，减少触摸钱币的细菌，以多处人性化的布置和筹备，使家长感受到我们通过少儿公众教育活动所传达的对孩子的重视和关怀，使我们作为基层银行网点的金融宣教体验功能不断完善。

面对当下社会体验式服务不断升级的现状，甘井子支行积极把握时机，在支行各方资源的支持下开展面向小朋友的公众教育和宣教体验活动。作为普及金融知识的重要渠道，类似的活动为适龄少年儿童创造了一个近距离了解和认识银行的机会，这是甘井子支行应当承担并履行好的社会责任，也充分展现了工商银行基层支行在践行优质服务理念、建设卓越品牌形象方面的不懈追求。

铸就捍卫客户资金安全的防线

中信银行大连中山支行感动故事

一天早晨7点半钟左右，还未到营业时间，门口急匆匆地进来了三四个客户，焦急地表示企业遇到网络诈骗，希望我行协助客户追回被诈骗的款项。会计经理详细询问，原来是前一天公司财务人员收到法人短信，要求发送近期交易流水，而后又按要求网银转账5万元到某个人账户内。法人发现受骗后，立即到公安局报案。由于财务人员转账的时间是下午5点以后，人行的大额系统已经关闭，该笔款项暂时未汇出。企业法人和财务人员一早赶到支行，就是希望支行协助企业堵截住被诈骗的资金。

由于客户选择的是实时到账，上午9点大额支付系统开启后，客户的资金就会自动被转走，时间非常紧迫。会计经理立即向支行行领导报告，支行长高度重视，要求各部门经理积极配合，全力以赴协助客户追回被诈骗的款项。支行通过联系分行各相关部门，并及时与总行沟通，终于在上午9点前成功撤销了该笔交易。

第二天，该企业法人再次亲自来行，衷心感谢我行为企业挽回资金损失所付出的一切，高度评价了我行员工的服务效率，并向支行送上了一面锦旗：情系客户慧眼破骗局，尽心尽责维护客户财产安全。

在捍卫客户资金安全的战线上，我行始终站在最前线。

为外籍客户排忧解难获赞誉

中国工商银行宁波市分行营业部感动故事

"Thank you very much,I'm very moved！你们的办事效率与办事的严谨的态度让我感谢，真是解决了我的大问题。"宁波分行营业部大厅内，一位外国友人一边跟工作人员握着手一边竖起了大拇指，并声称如果去他们的国家一定要跟他联系请吃饭。这样的感谢语言虽然中英文结合，听起来不太流利，但是这感人的一幕让在场的工作人员及客户都笑意融融，内心暖暖。

一日下午，营业部大堂迎来了一位外国客户，脸色焦急，匆匆地走到大堂经理面前，用英文述说着自己的经历，请求帮助。原来该客户因在ATM上输入密码错误次数超限，无法使用卡取现，但是因为买好第二天的机票急需回国也急需用钱，非常焦急。已去过好几家网点

办理，都没有得到解决，特意赶到该营业部希望我们可以帮助他，解决他的燃眉之急。听到此，大堂经理一边缓解客户情绪一边把该情况第一时间反映到值班经理。问题的关键是非居民身份证办理密码重置需要核实这位客户身份信息才可以办理，但是客户除了可以提供护照外无法提供其他的证件以供银行方面当场核实。客户非常焦急，一个劲儿说着"Help! Please help me!"该部工作人员查询客户卡内信息，发现确实有一大笔资金在内，无法支取。工作人员立即联系业务相关部门请求解决方案，一并当场决定陪同客户至出入境管理中心核实身份信息。客户身份得到确认后，工作人员立即返回网点为客户进行了实时的密码重置。业务顺利办理完毕，客户激动万分，对我们急人之所急、高效优质的服务感到非常满意与肯定，连声道谢。

克服种种障碍，急客户之所急，在严控风险的基础上灵活处理，得到了国际友人的肯定，也为工行树立了良好的国际声誉。正是这样的处事风格与处事效率，让广大客户对该营业部的服务保持了高度的满意度与信任度。

人间自有真情在

华夏银行宁波城北支行感动故事

2017年4月28日下午4点半左右，城北支行营业厅走进来一位面容憔悴、神情凝重的中年女士。见她忧心忡忡的模样，大堂经理连忙上前关切地询问，该女士急切地说道："我弟弟G先生是洪塘一个纺织厂的工人，去年8月患脑出血，人已失去意识和生活自理能力，现在住在第九医院康复科。我是他姐姐，来帮他打印银行卡账户流水，到他单位申请工会补助，麻烦你们帮忙处理一下。"说完，她抑制不住悲伤的情绪，泪水夺眶而出。大堂经理了解该情况后，一边安抚客户情绪，一边将情况向营业室经理及分管会计副行长进行汇报。在了解客户需求并掌握事件经过后，支行决定启动特殊人群柜台延伸服务方案，采取赴医院核实方式，妥善为客户解决燃眉之急。

按照柜台延伸服务流程，支行由分管会计副行长带领一名会计人员随G先生的姐姐一同前往第九医院进行核实。到医院后，我行工作人员了解到G先生意识不清，已丧失生活自理能力，从脑出血手术后至今一直进行高压氧康复治疗，但效果不明显，且患病至今已花费50余万元的医药费。病痛的打击对这个收入微薄的家庭是残酷的，G先生的姐姐还哽咽地告诉我们：G先生的妻子因为要负担丈夫的巨额医药费和儿子上大学的费用，只能在饭店连续打工，不能照顾病重的丈夫，所以平常都由她代为照顾。眼前所见激起了我行工作人员强烈的同情心，是啊！人有时就是如此的脆弱，一个家的顶梁柱倒了，一家人的幸福也就被击倒了。

核实完相关情况后已将近晚上6点，G先生的姐姐随同工作人员一起返回支行，主管会计副行长立即安排下班后等候在支行的柜员为G先生的姐姐打印好G先生华夏卡账户一年的交易流水，并一再安慰她要坚定信念，乐观生活。随后，主管会计副行长将现场核实情况向支行行长进行了汇报，经支行班子集体商议讨论后，决定在支行内部发起爱心募捐活动。于是，在支行班子成员的号召和带头募捐下，员工们纷纷加入了爱心捐助的行列，伸出友爱之手，涓涓细流汇成爱心暖流，传递着爱的温暖。

截至5月3日上午，城北支行共有20名员工献出爱心，捐出善款合计人民币2872元。下午，带着这份爱心捐款，支行员工代表来到了G先生所住的第九医院，亲手将捐款交到其姐姐手中。G先生的姐姐满含热泪地说："真的太感谢你们支行全体员工的关心和帮助，我和弟弟会永远记住你们这些好心人的！"

人间自有真情在，城北支行用实际行动带给客户温暖和感动，树立了我行良好的社会形象。星星之火可以燎原，我们也衷心希望G先生能够早日康复。

让留守的"小候鸟"有个家
浙江泰隆商业银行宁波分行营业部感动故事

"陈老师，我不想去上学，还想天天和你在一起。"

这是一个特殊的"暑假班"，它既不开在学校，也不教授课程，更没有培训、考试、辅导之类的要求，但是却有温暖的"老师"和像家一样温暖的"课堂"与"同学"。这个班级，是开在泰隆银行宁波分行营业部二楼会议室里的暑期临时"小候鸟"托管班。

故事要从营业部员工陈梅的一次拜访客户说起。陈梅的这位客户远在北仑，是一位台州籍葡萄种植户。从客户家里办完业务准备出门时，已经下午4点多了，陈梅收拾东西往行里赶，刚巧客户的孩子从外面走了进来，吵着肚子饿要吃的，仔细一问，竟是还没有吃午饭。

原来，每年7～8月葡萄成熟的季节，正是这一批农户最忙的光景，每天凌晨就要起床收割，白天又忙着销售，傍晚以后才稍有空闲。孩子们正逢暑假，放在老家没人带，放在身边又顾不上，别说教育孩子们读书做作业，有时候连三餐都不能按时，看得陈梅一阵揪心。

农户们愁苦，孩子们也很可怜。陈梅一问，周边这样的农户有七八家之多，心里暗暗定了个主意，不能让"小候鸟"流落在外，得把他们接来"上课"。

陈梅的想法得到了行领导的肯定，营业部专门辟出会议室供孩子学习和休息，那几个月，营业部的会议都挪到了晚上，实在不行就在行长办公室里开。陈梅和部门里的同事，也自发担任起"校车"司机的职责，每天早晨6点多就从行里出发，前后两辆车把孩子们从家里接到银行，下午四五点再把孩子们送回去，如此接送了一整个暑假。早午餐当然也就让营业部"承包"了。定点供应食堂热腾腾的伙食，陈梅还特别嘱咐了食堂师傅，孩子们长身体，得多加菜。

至于中间的课程，也难为了陈梅和她部门的同事们。临时"班主任"走马上任，让那时还没有孩子的陈梅提前体验了一把"妈妈"的感觉。教孩子们写字画画，跟孩子们游戏玩耍，再哄着孩子们午睡休息。暑假两个月的时间里，陈梅和同事们轮流"当班"，正常工作之余兼顾着这些"小候鸟"们。

其中还有一个插曲让陈梅印象深刻：一次，孩子们说到了宁波这么久，从没有出去玩过。陈梅就和同事们带着孩子们去了商场和公园，还给他们买了麦当劳的甜筒。孩子们都说，从来没有吃过麦当劳的冰淇淋，下次还要带爸爸妈妈一起来。孩子的天真让陈梅深受触动。

　　"一开始只是简单地想帮助客户解决困难，没想到后来和孩子们的感情越来越深，看着他们的成长，觉得也有自己的一份责任。"抱着这一份动力，营业部的"暑期班"从两年前一直办到了现在。而如今，泰隆银行的"暑期班"也变成了"财商课堂"，成为了开班30余场，关爱培训近500名小朋友的"大课堂"。

一封来自七旬老人的感谢信

中国银行厦门集美杏林湾支行感动故事

打开信封，两页纸整整齐齐码好，认认真真叠好。

尊敬的陈行长：

您好！

十九大精神永彪炳，中行事业创辉煌，

员工热忱又敬业，百姓储户赞万般。

我是七十多岁的外地退休老人，定居厦门才数月，每月中下旬都要到贵行支取退休金，得到大堂经理杜剑艺、保安小林、柜台工作人员小柯等工作人员的热情接待、悉心指导、帮助。特别是杜剑艺经理帮助我办卡、查账、打印账单等，既热情周到又认真负责；银台上的小柯除了细腻地办理正常业务外，还帮我查对燃气和电费的项目、数字，不厌其烦，和颜悦色，耐心周到，认真负责，十分感人。

中行员工的高素质、精业务、好态度、快效率充分表现了中国银行是金融界的龙头、老大哥！中行领导各级班子执政能力强，水平高，党性好，真不愧是党的好干部、人民群众的贴心人！

敬请领导对厦门杏林湾支行的员工给予表扬、奖励，以资表彰先进、鼓励优秀、以创造更大的佳绩与辉煌！

圣诞、元旦、春节即将来临，祝福中行集美杏林湾支行全体领导与工作人员工作顺利、事业发达、幸福安康、吉祥如意、财源广进！

此致

敬礼！

七旬老人徐××敬上

2017年12月18日

几乎每月总有那么一天，徐阿姨略带蹒跚的身影和一如既往的灿烂微笑都会出现在集美支行。时日久了，我们几乎将乐观开朗的徐阿姨当作了自己的亲人一般熟络。由于阿姨腿脚不太方便，我们总是一边亲密地挽起阿姨的臂弯，一边热情地畅谈着近况，帮阿姨化解等待过程中的闲暇时光，不漏痕迹地帮助阿姨走得更轻松。阿姨将我们都当作了自己的亲人，在办理业务时总会带上自家产的花生、苹果等。而我们也将阿姨真正放在了心尖上，在阿姨不便时帮助其寄送信件，耐心地指导其预约心仪的纪念币等。这一点一滴，都构成了我们和阿姨之间最美的亲情，于阿姨而言，这里不仅仅是银行，更是温暖的港湾。

　　随风潜入夜，润物细无声。在看似平凡的岗位上，总有着这么一群平凡的人，做着不平凡的事。用满腔热忱的付出，交换客户灿烂如花的微笑面庞。最懂你的人，24小时都在。

用心服务　感动客户

青岛银行胶州支行感动故事

　　刚进入银行工作时，我觉得银行柜员的工作很简单、很平凡，每天迎来送往不同的客户，办理着自己已经很熟悉的业务，按照行里的规定，完成着属于自己的"任务"。但渐渐我发觉，在注重服务的青岛银行，在规定的基本服务礼仪都做好的同时，怎样才能做得更好，让客户从内心感觉到好的服务，这就需要我们自己发掘了。

　　客户是我们的衣食父母，服务的目的就是要让客户满意。在平时办业务的时候，我会认真记住每一位客户，这样等客户下次过来就可以准确地称呼出常来客户的名字，这等于给予了客户一个巧妙而又有效的赞美。

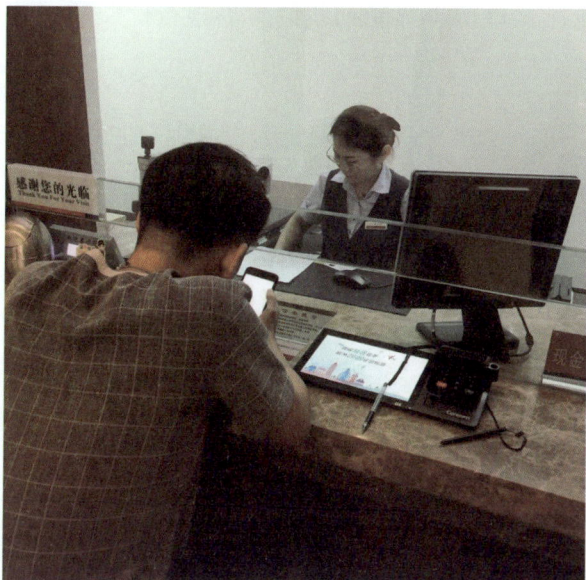

　　要做好服务，就要设身处地为客户着想，做到"深入人心"的服务。有一次，一位客户拿着国债单子来柜台前替他父亲办理支取业务，但在输入密码时一直都不正确，客户打电话给父亲，但老人很肯定地说就是这个密码，他从来没改过，

但密码还是不对。客户说父亲现在头脑不是很清楚，可能已经忘记当时开户时的密码了，所以客户想做密码重置，但在得知密码重置必须由本人办理时客户有点着急了，说她父亲现在病重，根本下不了床，这次来取钱也是父亲委托她前来办理，老人不可能来银行做密码重置，问我们有没有什么其他办法。在了解到客户的难处后，我们及时报告给营业部经理及行长，经领导批准后出具了委托授权书，考虑到客户的特殊之处，我和另一位同事去老人家里办理。看到老人家躺在床上，连起床都很困难时我们心里也很不好受。在我们说明来意并让老人在授权书上签上字后，老人嘴里一直含糊不清地表达着对我们的感谢，说他也不知道怎么忘记密码了，麻烦我们了。走之前我们也为老人送上早日康复的祝福。在回银行的路上，老人的女儿和女婿也一直在表达对我们的感谢。我想这也许就是平时强调的站在客户角度，用心为客户着想的服务体现。

不同客户在不同情况下可能会有不同的需求，所以在办理业务过程中，要多站在客户的角度看问题，尽量保证客户的利益，尊重客户的想法。只有这样，才能让客户切身感受到我们青岛银行优质的温馨服务。

传承爱老文化　践行敬老责任

日照银行青岛开发区支行感动故事

"薛大爷，盐对咱身体健康的影响多大呀，可得听阿姨的话，少盐少油，控制饮食。"乍一听，您会误以为自己置身医院，一名经验丰富的大夫正在为病人诊治病症。定睛一看，并没有身着白大褂的白衣天使，却是日照银行青岛开发区支行员工张茜芮正在耐心地为今年79岁高龄的薛大爷测量血压，针对老人们平时的生活习惯提了诸多有益的建议，还为老人讲解怎样预防高血压等日常知识……

这是日照银行青岛开发区支行敬老室内经常能见到的一幕。走进敬老室，电子血压计、身高体重测量仪、血糖仪等便民设施一应俱全。"在与来行办业务的老年人聊天时，我发现不少老年客户存在

'三高'问题，"员工张茜芮这样说道，"平时若不去医疗机构，老人家不太方便知道血压、血糖等情况和暗藏的健康隐患。"

2016年7月，日照银行青岛分行成为青岛市养老服务协会首家"敬老银行"，青岛开发区支行积极践行敬老服务责任，优化服务流程。支行设立敬老室并配置电子血压计、身高体重测量仪、血糖仪等便民设施后，员工张茜芮利用中午午休和周末空余时间主动到薛家岛社区医院专门学习设备使用方法和健康保健知识，掌握必要技能。同时为到敬老室的老年客户量身建立健康档案。

老年收缩期性高血压应使收缩压降至140~150mmHg，舒张压<90mmHg但不应低于65～70mmHg，若测量值与此标准有所出入时，张茜芮会主动联系社区医院医生，将老年客户的健康档案信息反馈给医务人员，便于社区医务人员为老年客户作出更精准专业的诊断。

现在定期到日照银行敬老室已经成为很多周边老年客户的习惯，叶大爷表示支行敬老室提供的测量血压、血糖等便民条件，的确为他保持身体健康提供了很好的帮助。

你好，我是李，无声

上海浦东发展银行青岛分行营业部感动故事

2017年的秋天，岛城的天空飘下了第一场秋雨，阴雨绵绵的天气刮起了阵阵寒风。然而，在浦发银行青岛分行营业部却发生了这样温暖的一幕。

中午11:40分，迎面走进来一对年轻男女，他们一面小心地将雨伞套进袋子，一面谨慎地环视着厅堂，大堂经理走过去轻声地问："您好，欢迎光临……"还没等大堂经理说完，先生指了一下耳朵，用手机打出：我无声，分期，信用卡……鉴于两位客户无法用语言交流，大堂经理拿出了便签，在上面写道：您好，您是要办理信用卡分期还款业务么？年轻的女孩伸出了大拇指，羞涩地点了点头。大堂经理写下：您信用卡和身份证带了吗？女孩脸上闪过一丝慌张，在下面写着：注册了，现在没有。经过反复在纸上交流，大堂经理得知两位客户在网上查询时误以为需要带着身份证到网点后，才能将卡寄给她。于是，大堂经理在纸上耐心地向客户解释办理信用卡业务的流程。看到这儿，姑娘显得有些焦虑，并与她同行的先生用手语沟通着什么。

看到两位客户的不安与无助，大堂经理一边微笑着安抚客户，一边在便签上写道：您别担心，我们一定帮您查清楚。年轻的姑娘仿佛吃了定心丸一般，会心一笑。大堂经理拨打客服电话查询得知，信用卡系统内并没有该客户的申请信息。于是大堂经理帮助客户从手机上申请信用卡，由于沟通耗费时间较长等原因，申请两遍都没有成功。姑娘看着手机上未显示成功的界面，脸上露出了失望的表情，并在纸条上写着：算了……大堂经理看着女士失望的表情，不禁想起了浦发银行诚心、专心、用心、贴心、全心的服务理念，便坚定地在便签上写着：别放弃，我们再试一遍吧！

看到页面显示申请成功时，年轻的姑娘脸上终于露出了开心的笑容，同行的先生也高兴地拍着手，不停地用手语表达着自己的谢谢！

令人感动的是，临行前，姑娘看了一下手表，在满满文字的便签纸的空隙中写下：我去买饭。大堂经理以为客户忙得都饿了，笑着写道：快去吧，信用卡已经申请了，有什么问题您给我发短信就行。姑娘摇了摇头接着在便签上写：给你们吃……看到这几个不是很工整却又让人心生一阵暖流的文字，大堂经理带着满满的感动谢绝了，姑娘看大堂经理这样坚决，便写道：我记住你们了……

目送着两位客户走出厅堂，大堂经理早已忽略了时间，忘记了饥饿，望着他们远去的背影，不知到底是我们感动了客户还是客户感动了我们……晚上9点多，大堂经理收到了这样一条短信：你好，我是李，无声……谢谢……

养老金融 点滴用心

上海银行深圳红岭支行感动故事

2017年圣诞节之际，红岭支行收到一封来自香港的感谢信，写信的是一位20世纪90年代初移居香港的上海养老金客户。81岁的张爷爷在信中深情地表达了对红岭支行柜面工作人员的感激之情，赞扬支行员工为其排扰解难的精神，让他感受到了支行的精致服务。

事情的经过是：81岁的张爷爷在上海退休后移居香港，每个月都一个人从罗湖口岸过关直接坐地铁一号线到红岭支行来支取养老金。2016年10月中旬，老人来取款时发现当月养老金未到账而且存折磁条无法读取，由于年纪大了听力又有障碍，打电话听不清，老人非常着急，要求我行员工帮忙询问原因。柜面人员一方面安慰老人不要着急，一方面主动帮老人找到上海社保局和原退休单位。经了解，原来是由于老人多年未交回生存证明导致上海社保局停发养老金；同时由

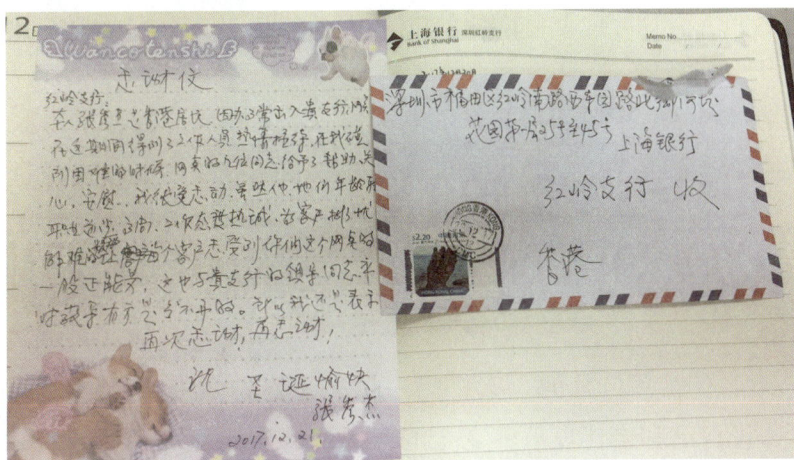

于老人身份的变更，还需要在上海社保局办理一系列的变更手续后方可在我行办理身份信息变更和更换新存折。柜面人员不嫌麻烦，支行主管更是找到自己在上海的朋友帮忙，多方打听养老金客户变更信息的流程，辗转多次找到了早已更名的老人原单位，并向社保局了解到办理养老金账户变更和补发的全部详细手续，帮助老人传递证明材料，一次次地电话跟进催办上海相关部门。终于在12月中旬收到了上海

社保局寄来的变更通知书，帮助老人修改了其在我行的客户信息，同时更换了养老金存折，老人也顺利地领取到了停发三个月的养老金。老人当时在柜台说："如果没有你们帮忙，我这么大年纪也没办法回到上海，耳朵不好，听不清楚，更不知道该怎么办，你们就像我的亲人一样！"

无独有偶，11月的一天，另一位80多岁的老人急匆匆地来到营业厅，说自己和老伴发放养老金的存折和卡全部丢失了，要求我们帮

忙补办。这两位老人同样也是多年前在上海退休移居香港的，我行系统预留的还是旧的一代身份证件，这些都需要上海社保局出具变更证明书后挂失才能补发存折。柜面人员一边安抚老人，一边协助老人打客服电话进行口头挂失，同时详细告诉老人需要办理养老金账户变更及补办的全部手续。老人听力不好，柜面人员就一遍又一遍地耐心解释。一个月左右，在柜面人员的大力协助下，收到了上海社保局寄来的两位老人的变更证明书，2018年1月10日也是深圳最冷的一天，柜员花了近两个小时，为两位老人办理了养老金账户的全部手续。全体柜面人员热情真挚的服务也深深感动了这两位老人，当晚，老人在自己的微信朋友圈中发信息："人间有真情，谢谢上海银行红岭支行的所有员工。"

红岭支行地处深圳罗湖金融中心区，由于临近罗湖口岸的特殊地理位置，也成为了上海养老客户的特色服务支行。从2017年星级网点创建以来，支行一直打造厅堂特色服务，牢记上银的服务理念"点滴用心　相伴成长"，用心服务特殊群体，用热情、耐心、细致的服务感动了多名深港两地的养老金客户，老人们把红岭支行当成了自己的家，我们也就是老人的家人，温暖着每一位老人的心。

平凡细微之处见真情

深圳农村商业银行松岗支行营业部感动故事

在深圳农村商业银行松岗支行营业部大厅，每天都会有这样一些客户，一进来就问引导员："柳明呢？找她办业务。""她在那边跟客户谈业务，您要不先……""不用不用，我坐这儿等她，事情交给她我放心。"

李柳明是营业部的大堂经理，2014年大学毕业后，只身来到深圳，无论工作还是生活，她常以"用心服务，真心相待"的格言来激励自己，多次获得过总行及支行"十大服务明星"等荣誉称号，发挥了党员的先进模范作用。

有次一位衣衫褴褛的老人家迈着蹒跚的步伐来到了支行，他拄着一根拐杖，脸上布满了皱纹。一进来在他身边的客户便纷纷走开。柳明过去询问他办理什么业务，这才闻到他身上有一股臭味，想必是许久没有一个舒适的住处，才显得邋遢。老人家说他有一张破了的100元，想要兑换，身边没有亲人。接过老人家手里的

钱，钱已经破烂了，颜色也泛白。柳明便让一位柜台的同事处理，马上兑换给了老人家一张崭新的100元。老人家非常感激地说，"我已经88岁了，老伴过世了，可怜啊！去其他银行都没有这么热情快速的服务，小妹谢谢你啊！"

这个小故事只是营业部工作人员每天日常服务的一个缩影，这样平凡中的感动又何止一个。

2018年6月的一天，天气沉闷，蜻蜓低飞，果不其然随后一场特大暴雨倾盆而至。突然一阵响，循声看去，原来是一辆电动车摔倒在地，骑电动车的这位大姐穿着雨衣，行动不便的她挣扎着想爬起，却始终没办法如愿。柳明放下了手中的事情奔了出去，帮忙扶起了大姐，她连声道谢，说："这雨太大了，我能在你们这银行牌子下避避雨吗？放心不耽误你们生意。"柳明连忙说："大姐，外头风大雨大的，还是进大厅里面避雨，不耽误。"而大姐由于满身的雨水和泥泞，怎么也不肯进营业厅，怕弄脏了地板。在柳明的一再劝说下，她才终于走进营业厅，但只肯在靠门的位置边角处。柳明给大姐端上一杯热水，找来了纸巾擦雨水，还赶紧把大厅空调关掉，避免她感冒。大姐喝了口水，终于不再局促不安，轻轻地说了声谢谢后便坐下来，静静看着门外等着雨停。

对于柳明来说，自己没有做什么感天动地的大事，然而，正是这些真实平凡的小事，却时常感染和感动着身边每一个人。她说："我只是做了一个深圳农商行员工最基本的工作，用一颗感恩的心将真诚的做人态度传递到每一个角落，而客户满满的信任、理解和认可，就是我最大的收获。我希望自己能做得更好，继续在最平凡的岗位上作出自己的贡献。"

携手私钻客户开展情系山区爱心助学活动

招商银行深圳金丰城支行感动故事

  为了能让贫困山区的孩子们有一个良好的学习环境，2017年6月7日，招商银行金丰城支行员工和部分私钻客户带着电脑、学习文具、生活用品等，冒雨驱车前往清远阳山县称架镇的漏水坪小学，开始了情系山区爱心助学之旅。

  经过4个小时的车程，爱心车队于当天下午2点到达了目的地漏水坪小学。来此之前，支行已经了解到，漏水坪小学是一所非常简陋的山区学校，学习环境恶劣，在酷热的天气下风扇对于孩子们来说都只是奢望，而且由于学校和居民区的路途较远，学生们每天必须要步行2~3公里才能到达学校，带来的午饭也没有办法加热，中午只能吃冰冷的饭菜。通过与校方的前期沟通，金丰城支行此次有针对性地采购了

爱心物资，为学校送来了电脑、微波炉、文具等学习与生活用品。

当地县领导和学校的师生热情地欢迎爱心车队的到来，学生们还给来自远方的客人系上了红领巾，并高唱《感恩的心》，表达他们的感激之情。同行的私钻客户及他们的孩子参观了学校环境，非常感慨，有些早已泪眼朦胧，大家都觉得带来的东西远远不能表达出对孩子们的关爱，于是又自发地拿出现金投进捐款箱。捐赠活动在一片招行"红色海洋"中展开，不到5分钟捐款数额已达到1万多元人民币，当地电视台等新闻媒体进行了现场报道。

此次爱心活动在孩子们的合唱声中结束，回程途中客户们都表示这次活动非常有意义，不仅献出了自己的爱心，也给自己的孩子上了一堂很好的教育课。也许，我们的捐款对于建立希望小学来说只是杯水车薪，但是，众人拾柴火焰高，滴水汇聚成江海，愿我们点点滴滴的付出能汇成爱的暖流，温暖孩子们的心！

专业服务　精彩共赢

南洋商业银行深圳分行营业部感动故事

2017年12月26日，分行营业部正在紧锣密鼓地为不良资产境外收购方客户（以下简称境外收购方）办理一笔跨境不良资产转让成交款项结汇及划转业务。

跨境不良资产转让业务是2017年深圳外汇局新获批的试点业务，分行为了这笔业务的顺利进行已经做了大量的前期准备工作，包括根据交易模式开立外债专户、还本付息人民币户，按照交易特性及客户需要为相关账户提供量身定制的资金监管服务，及时回应交易中客户各项问题，为客户提供靠谱专业的解决方案等，得到了客户的好评。

根据审批备案及协议规定以及成本控制的需求，境外收购方必须于2017年12月26日将交易款划付境内转让方。

为了确保当日资金划转能顺利进行，我行事前已与境外收购方沟通了资金的汇划途径。由于资金来源于美国，而收款日适逢西方国家圣诞节假期，跨境汇款难以准确预估时效，为了确保能如期收到款项，分行营业部建议客户提前将资金划转至其在国内开立的NRA账户，然后通过境内外币实时支付系统于付款日当日划付我行。此外，对于当日结汇、划款所需证明材料，已提前索取并已完成内部审核程序。

2017年12月26日当天，分行营业部安排专人跟进汇入款项到账情况，与客户保持紧密沟通，并协助客户与其NRA账户开户行沟通款项用途，配合同业尽快完成尽职审查程序。美元款项到账后，安排专人即时盯盘报价，为客户选择最优汇率时机完成结汇交易，并加紧办理人民币汇出手续，后境内资产转让方于16：40收到款项。最终确保了交易的及时顺利完成。

　　交易过程中，我行的积极主动、认真专业，给客户留下良好的印象，得到客户由衷的赞赏和感谢。这既体现了我行竭诚服务的专业精神，也为与客户后续开展更长久更丰富的业务合作奠定了坚实的基础！